陌生人溺水

STRANGERS DROWNING

[美] 拉里莎·麦克法夸尔 / 著

王燕秋 / 译

湖南人民出版社

献给我的父母

我们是什么?

我们的生命是什么?

善呢? 正义呢?

——犹太简明告解书 Ashamnu

目 录
Contents

第一章　行善者永远在战斗　　　/3

第二章　陌生人的身体　　　/15

第三章　最受压迫者　　　/41

第四章　责任和圣人　　　/61

第五章　即刻充满理性与热情　　　/71

第六章　备受质疑的无私　　　/101

第七章　陌生人的耻辱　　　/117

第八章　醉汉的遗产　　　/149

第九章　那些属神的事之一　　　/167

第十章	肾	/187
第十一章	请尽快回复	/199
第十二章	陌生人的孩子	/217
第十三章	叶兰是生命之树	/261
第十四章	从宇宙的视角看	/275
第十五章	远离生活之物	/287

| 致谢 | /295 |

一个年轻学生和他的哲学教授在新泽西一家泰国餐厅里共进午餐。

  年轻人：我不确定，如果每个人都像我这样想问题，这个世界会是什么样。在大学里我们做过一个思想实验：当三个人同时落水，而你必须在救自己的妈妈和救另外两个陌生人之间做出选择，你该怎么办？我想我应该救那两个陌生人，但我很可能没有勇气那么做，因为我爱我妈妈。可能更爱自己的妈妈是一件好事。我不知道，如果每个人都救陌生人而不是自己妈妈，这个世界会是什么样。我阅读佛教方面的书，发现僧侣们也在谈论类似的问题，他们并不认为选择他人就是不在乎自己的妈妈，而只意味着更关心陌生人。在这种意义上，如果你同等关心陌生人和自己的妈妈，那就只是一个数字游戏了。但这不是冷冰冰的计算问题，这涉及把同情的对象扩展到他人。

  年轻人脸上几乎毫无表情。就第一印象看来，他内心十分挣扎——他的情感正处于利他主义、理性和哲学式精确这些概念的层层重压之下。如果有人问他对受难怎么看，这个词会令他回想起在某些书里看到过的事实：几百年前那些默默无闻的人或者荒野中被捕食的猎物所承受的可怕之事。这一遥远信息的可怕程度会令他忍不住哭出来。起初他脸上看不出什么情绪，但此刻他显然正极力控制那毫无预警即将汹涌而出的情感。

年长者：但这是不可能的。如果你想要同等关心每一个人，你就会少关心自己的妈妈。当你关心自己孩子的时候，你也做不到同样关心其他人。

教授面容清瘦，留有胡须；他有孩子。

年轻人：这取决于你所谓的"关心"是什么意思。

年长者：这确实取决于"关心"的意思，但要使你的观点显得合理，必须将"关心"与"感受"区分开来，"关心"必须是一种行为倾向，或者类似的东西。我的意思是，想象一下你以关心自己孩子的方式去关心这个世界上的每一个人。你会知道，一直都有人在悲惨痛苦地死去，如果你总是像面对自己孩子悲惨痛苦地死去时那样情绪震荡，你会因此完全崩溃，无法继续活下去。

年轻人：我并不认为这显而易见。假设你的一个孩子已经离世，另一个孩子也即将离世，你并不会因此而崩溃——你会尽最大努力去救你的另一个孩子。

年长者：是的。但是我知道此刻在这个世界上有成千上万的人正悲惨地死去，如果我以关心自己孩子的方式关心他们中的每一个，生命将不可忍受。佛教徒或许是错的。我认为，除非你已经身为父母，否则很难理解人类关怀的这种极端状况。

第一章
行善者永远在战斗

STRANGERS DROWNING

与梦中的爱相比,行为中的爱是既粗鄙又可怕的事情。

——陀思妥耶夫斯基,《卡拉马佐夫兄弟》

这本书关乎会引起矛盾情感的一类人：行善者。我不是指那种常见的兼职行善者——他们拥有一份有价值的工作，或者在一个慈善机构做志愿者，黄昏的时候会回归日常的家庭生活。我是指那种打算尽可能按照伦理规则去生活的人，那种为道德本身所吸引、自发走向道德极端的人。他们把自己整个奉献出去，超出了看起来合理的限度。这种行善者让人感到不舒服。

这类人有非常强的责任感，强烈到为了去做他相信是正确的事情，能够抑制住绝大部分的基本冲动。这是一场战争，但是这样的人总是能赢。他们很少允许自己放下工作去休假，很少为自己花钱，以便可以捐赠更多。他们也有自己的快乐与幸福，但必须是恰当的——它们必须得到允许。正因如此，他们的生活方式显得有些刻板和狭隘，使得日常存在看起来既松弛又危险。他们关怀陌生人，为了照顾那些陌生人而在一定程度上疏远家人，对低级的快乐无动于衷。他们所坚持的标准和所培育的情感看起来崇高得没有人情味，这将他们与其他人区分开来。

一个热心的行善者的生活有某种令人崇敬之处——我的意思是，虽然其中包含着一种确切的美，但"美"这个字并不能准确描绘它所激起的矛盾和复杂的感觉。一个美丽的事物，比如一朵花或者一条小溪，通常以一种温和的方式取悦人，会激发出一种类似爱的感觉。一个崇高的事物，譬如一座高山或者一片汹涌的大海，在激起敬畏的同时也激起恐惧。在面对它时，你会看到它令人敬畏的高贵，同时你也会不舒服地感觉到，你无法长久地与之相处。我想适合行善者的正是这种崇高的感觉：面对这样一个生命，你会感到一种混合着不适的敬畏，你不可能也不想与之共处太久。

行善者既比他人拥有更多的自由，也比他人拥有更少的自由。在这个词通常的意义上，他拥有更少的自由，因为他相信他有责任以某种方式行动，他不得不那样做。但是在更原始的意义上，他拥有更多的自由，因为他能够控制自己，其意图不会被他希望自己没有的软弱所挫败。他很清楚，一旦做出某个承诺，就必须遵守，如果某件事是对的，就得去履行，不会因为看起来很难就放弃。因此，他的生活会是他想要的样子。

行善通常的方式是帮助你身边的人：一个人成长于某个特定的地方，认为那里有些事情是错误的，于是着手对其进行修正。或者说，这个人的工作突然要求一种英雄主义，而他做到了——他可能是在战争中将教堂变成避难所的牧师，或者是瘟疫来临时在医院工作的护士。不管用哪种方式，他都是在照顾自己人，并尽力让他们生活得更好——他理解他们，因为他和他们的生活经历是相似的。他可能并不认识他正在帮助的那些人，但是他和他们有一些共同之处——在某种意义上，他们是他的人。他和自己的工作之间存在着某种有机联系。

这世上还存在着另外一种人，他们的动机是更抽象的东西——对普遍存在的不公正的厌恶，以及对善本身的渴望。他们想要过一种公正的生活，觉得有责任去纠正错误或者减轻痛苦，但是并不知道怎样做才正确，因而索性去亲身实践。他们并不觉得行善必须先在与他们亲近的人中间践行：驱动他们行为的并不是归属感，而是一种想尽可能把事情做好的迫切心态。他和自己的工作之间并不存在某种有机而必要的联系——是他选择了工作，而非工作选择了他。我所谈论的行善者正是这第二种人。他们并不比第一种人好或者坏，但是他们更罕见，也更难被人理解。按照道德观念而非为了自己人的利益而采取行动，似乎有违本性，但是对于行善者而言却不是这样，这对他们来说很正常。

与行善者不同，第一种人并不会引起人们的不适感。他们常常被称为英雄，"英雄"是比"行善者"更确切的一个词（我是在现代的通俗意义上使用这个词，而不是在谈论阿喀琉斯）。这类英雄通常是偶然碰到一个麻烦，决定施以援手，他是被所见的外在事物打动。他无须行善时，就会回归日常生活。正因如此，他的高贵行为不会让人觉得是在责备他人：你没有做他所做的事情，这只是因为你当时不在场，你不是他世界中的一部分。你依然可以想象，要是你当时在场，应该也会做他做的那些伟大的事情——说到底，英雄其实是像你一样平凡的人。

另一方面，行善者知道危机无时无处不在，会有意追寻它们。他们并非无意识地行善，而是有意计划自己的行为。他们可能充满怜悯之心，但怜悯并不是行善的原因，在看到需要帮助的那个人之前，他们就已经做好了帮助的准备。他们没有日常生活，行善就是他们的生活。这让他们成为好人，但也让他们看起来行为有违常情——他们是那种患难中才会出现的朋友，当你遇到重大困难时会主动提供帮助的道德高尚之人。这就是为什么行善者暗示着一种责备：因为你和行善者一样，都知道在某个地方总是有人需要帮助。

当然，"行善者"这个词常常含有贬义。它可能意味着一种病态或入侵式的人格，这样的人总是好心办坏事。它也可能意味着过度热心、一本正经、自以为是，热衷于评判他人。本杰明·富兰克林就放弃了对道德完美的追求，他意识到：硬要表现得极端友善可能是道德上的一种愚蠢行为，让人显得荒唐可笑；过于完美的性格可能会招致妒忌或仇恨；一个仁慈的人应该允许自己有少量缺点以保持与朋友的关系。

当"行善者"仅仅指一个做善事的人时，这个词仍然会引起某种怀疑，甚至是对立。其中一个原因可能是内疚：没有人喜欢被人提醒自己的自私，哪怕只是暗示。另一个理由则是愤怒：没有人喜欢被告知他应该过怎样的生活，或者有人指责他的生活方式。没有人喜欢成为慈善行为的接受者。但这还不是全部。那些在非政府组织工作的行善者常遭到质疑，因为援助金常常被浪费，而且有时援助金还会伤害到那些本来需要它的人。但这也还不是全部。

对一个人应该如何生活的不确定的看法同样会挑起我们对行善者的矛盾情绪。尽可能过一种道德的生活——圣徒般的生活，真的好吗？这样的生活是否丢失了某些人类特有的品质？以牺牲自己人为代价关心陌生人真的对吗？将自己置于限制天性与自由的道德约束中真的好吗？有没有可能，一个人奉行严苛的处事态度却并不需要成为生性严苛的人？当一个人相信他可以改善世界或所做的事情举足轻重时，他是否太过自大或亵渎了神明，因为他不过是广袤宇宙中的一粒尘埃？道德应该是人类价值体系中超越一切的最高法庭吗？

哲学家苏珊·沃尔夫说，一个道德上完美的人是毫无吸引力的外星生物，驱动他的不是平常人的爱与喜悦，而是对责任有违天性的献身。只将自己奉献给责任的人生很难为艺术与享乐留下空间。"道德自身，"她写道，"似乎并不是激情的适当对象。"（这是测量行善者看起来有多古怪的一种方式：一个道德哲学家发现，对道德充满激情是不自然的——沃尔夫并不是唯一有这种感觉的哲学家。对道德的激情是一种对善的激情，有点像对上帝的激情的世俗版本，这在过去看来并不那么奇怪。）沃尔夫认为，如果成为高尚的行善者的理想并不是我们真正追求的，比如我们感到，这些人由于自身的冷淡和克制而缺乏某些关键的人类特质，换句话说，如果我们相信道德的理想状态并非人的理想状态，那么我们就应该修正我们对道德在生活中的地位的认识。道德不应该是人类价值体系中超越一切的最高法庭。

所以,在人们对行善者的复杂情感中包含着一种狭隘的抵触——对被责备以及因此必须为自己的选择进行辩护的怨气。可能还有一种狭隘的气愤——恼怒于行善者的较真、自以为是或者一本正经。但是,还有些与上述完全无关的强大力量在推动着行善者,而它们一点也不狭隘。这些力量中有些源自人类生活中最基本、最生死攸关也最值得尊敬的冲动。

以家庭和陌生人为例。行善者和别人一样拥有家庭,即便没有孩子,也有父母。但由于他遵从非常严厉且刻板的道德承诺,总有一天,这些承诺会与他照料自己家庭的责任相冲突。这个时候他必须做出选择。

大多数人显然会选择对家人而不是对陌生人负更多责任,这正是家庭这个观念的部分含义——意味着你对其成员负有更多责任。照料你的家庭似乎本身就是道德的要义:慈善始于家庭。在某些情形下,优先考虑自己的家庭被称为搞裙带关系,是不好的。在另一些情形下,优先考虑自己的家庭被称为乱伦,简直糟糕透了。但是对于多数人来说,在绝大多数时候,家庭与陌生人之间的选择根本不是选择:像关心自己孩子一样关心陌生人的孩子,不仅违背天性,更是荒谬至极。但行善者并不认为他自己的家庭比别人的家庭更应被优先对待。他爱他的家庭,但他知道其他人也同样爱他们的家庭。对于行善者而言,照顾自己的家庭可能类似于一种道德上的托词——看似无私,其实是只关心自己的一种延伸。

对于开展政治运动和维护宗教秩序来说,与家庭责任保持一定距离,有时甚至要求独身或抛弃家庭,是献身于更大目标的必要之举。亚伯拉罕准备牺牲自己的儿子,阿伽门农准备牺牲自己的女儿,佛陀抛下自己的家庭,圣弗朗西斯对自己的父母很残忍,甘地对自己的妻子很残忍。耶稣在《路加福音》中说:"人到我这里来,若不爱我胜过爱自己的父母、妻子、儿女、弟兄、姐妹和自己的生命,就不能做我的门徒。"有时,对现实家庭责任的排斥不会演变成现实家庭彻底被精神家庭吞噬：所有人成为兄弟，上帝成为丈夫。

一个行善者或许不会走到仇恨或者抛弃家庭那样极端的地步，但事实上，当他问自己应该为家庭做多少和为陌生人做多少时，把两者放在同一天平上权衡，似乎已经走得挺远了。但并不是所有宗教都允许人们为了陌生人而忽略家庭。按照传统，一个犹太人有义务将自己收入的百分之十赠给穷人，但绝不能多于百分之二十，以免他自己的家庭变穷，成为公众的负担。在《密西拿》①中有这样的话："如果一个人把自己的资产都给了陌生人而不考虑自己的孩子，他的安排虽合法有效，但圣灵却并不会因他高兴。"

甘地相信，善的追寻者不得不发誓抛弃亲密的友谊和排他性的爱，因为对爱与友情的忠诚会引诱他做错事，妨碍他不偏不倚地爱全人类。乔治·奥威尔阅读甘地的回忆录时，对这个主张颇为反感。他写道：

> 人类这种存在的本质在于，人并不会寻求完美，有时愿意为了忠诚而犯罪；不会把禁欲主义推到极致，以至于要禁绝合乎情理伦常的性爱；人会做好最终被生活打败击碎的准备，这是坚持爱其他人类个体不可避免的代价……很容易设想……一个平凡的人拒绝至善仅仅是因为这太难了，换句话说，常人是一个失败了的圣人。然而这个设想是否真实却是可疑的。很多人真诚地不希望自己成为圣人，而那些成为或者希望自己成为圣人的，可能也从来不想成为一个普通人。

同时，奥威尔对甘地深为敬佩。如果没有甘地，这个世界可能会更加糟糕；而如果没有成为奥威尔难以认同的那类行善者，甘地很可能没法完成他那些壮举。

---

① 犹太教口传律法集。

在一种情况下，行善者的极端行为会被视为正常行为，那就是战争时期。在战时，或者地震、飓风等和战争具有同等毁灭力量的危机中，责任的界限远远超出和平时期。在战时，为了使命离开家庭，被看作是尽职而非有违天性。在战时，家庭与陌生人之间的界线变得模糊，因为对自己家庭的责任扩展至同一阵营的所有人。人们认为行善者如此罕见很大程度上是因为只关心自己是人的本性。当然，这说出了部分真理。但很多人只关心自己也正是因为他们相信这是人性使然。当预期发生了变化，就像他们在战时所做的那样，人们的行为也会随之变化。

在战争中，那些平时被看作过度热心的行为变得令人期待。在平时，让一个人为陌生人牺牲生命显得极为粗暴无耻，但是在战时却司空见惯。那些在正常道德体系下看起来不可思议的坏行为或好行为，成了日常生活的一部分。在战时，不管是极端的恶意还是美德，都可以得到理解。人们以不同的方式回应这一新的道德体系：有些人承受着极致道德要求下的巨大压力，渴望着平常生活的宽容与松弛；另一些人则感到，这正是他们最生机勃勃的时代，相比之下其他时候的生活显得灰暗和缺乏目标。

在和平时期，无私看起来很温和——只是意味着太多同情、太少自尊而已。但在战时，无私看起来像是勇气。在和平时期，一个忽略自己的全部责任、不受教化、只做让自己高兴的事的人，比如一个为了艺术而抛弃家庭的艺术家，甚至是一个罪犯，可能看起来是迷人的，因为他们是非道德的、自由的。但是在战时，责任夺走了本属于自由的魅力，因为责任变得比日常的自由更激动人心，因为战争对某些在和平时期不存在的自由开了绿灯，比如杀人的自由。

这是行善者与普通人之间的差异：对于行善者而言，总是处于战争时期。他们总感到需要对陌生人负责，总把陌生人当成自己人，就像战争中的同胞一样。他们知道总是存在着像战争受害者一样急需帮助的人，这让行善者感受到责任的召唤。

那么，努力过一种尽可能道德的生活是件好事吗？或者，是不是存在某种朝向非凡的善的内驱力让行善者如此偏离普通的人性？我不认为这个问题可以抽象地回答。在抽象的意义上，关于圣人和完善的概念的确存在，但只有现实生活才能完整而真切地传达这种道德性存在的美与代价。

因此，本书的很大篇幅是由行善者的生活故事组成：讲述他们赖以生活的道德原则是如何形成的，他们为什么会做出这种选择。有些选择十分琐碎，只有在行善者严格的审视下才被看作与道德相关，比如是否将一只虫子从路上移开，是否要买一个苹果。有些选择则十分重大。比如，一个行善者决定在一场政治抗议中付出生命，但她也知道，选择死亡就意味着抛弃儿子；一对夫妇在野外为麻风病患者建了一个避难所，这也意味着，他们的孩子可能会因此得病，或者被野兽吃掉。所有这些行善者做出的决定都是对的吗？我不知道。他们也不知道。他们怀疑和质问自己正体现了他们的认真程度。

行善者相互之间也是非常不同的。有的人信仰宗教，有的人不信仰。有的人没有孩子，有的人生了很多孩子。有的人非常关心动物，有的人完全不关心。有的人认为痛苦是毫无意义的，因此希望痛苦被消灭；有的人则相信痛苦令同情成为可能，因此认为痛苦位于人类状况的核心。他们来自各行各业和世界各地，唯一的相同点在于，他们将帮助他人看作是自己的责任。这是他们呈现道德的方式，他们对纯洁或者禁欲主义不感兴趣。他们中没有一个是被载入世界历史的人物——他们不是甘地或者特蕾莎修女。绝大多数著名的行善者引起公众的注意是因为他们有一种与善行不相关的天赋：他们是建立制度的政治领袖或者改变大众命运的企业家，通过自己的成功进入公众舆论。但是我想将道德欲望与其他推动力区分开来，尽可能只探讨道德欲望本身。

行善者是古怪的人，但是他们的影响超出了自身。一方面，大家会感到行善者太过古怪，离普通人很遥远，同时也会感到，行善可能正是导致他们同普通人疏远的原因。一方面，大家感到极端的道德与人性相冲突，另一方面，也会害怕，依据道德准则行事可能会让自己远离人群。行善者的矛盾情感会使"尽量有道德地生活"变得不那么有吸引力，也没那么必要。你可能会好奇，行善者是否明白我们所爱的正是有缺陷、软弱而又普通的人？以及，如果行善者总是在想这个世界有多么不公正，有多么需要被改变，如果他们想用另一个更好的世界来取代我们这个世界，那么他们是否爱这个我们认识的、本就如此的世界？

第二章
陌生人的身体

STRANGERS DROWNING

有的人尽力在某个时刻帮助某个人，而有的人则努力改变整个世界。第一种行为中存在着一种诱人的亲密关系，但这种关系可能是混乱的、不可预期的。即使帮助成功了，成果也很微小，并没有真的改变什么。第二种行为则更有野心，也更清晰，更宏观，但要获得成功则遥遥无期。

第二章 陌生人的身体

在背叛发生一年后，多萝西·格拉纳达搬到了马塔加尔帕[①]。此前她一个人生活在首都，思考未来的规划。那是二〇一〇年，她当时已经快八十岁了，但还不想停止工作。正逢卫生部请她到这里来为坎波的接生人员做培训，于是这便成了她接下来的工作。到了人生的这个阶段，她本不期待在一个新的地方开始新生活，但是事情就这样发生了。

马塔加尔帕是一个山上的小城市，面朝大西洋海岸，离首都约一百三十公里。她租了一栋位于城市南边的山间小屋，和在合作社认识的一个家庭一起搬了进去——那家的丈夫以前是游击队员，妻子之前在警察局工作。要是在以前，她可以照顾自己，但是现在她老了，行动迟缓，身体虚弱，最好还是有人帮助。她的房子是水泥建造的，位于一条土路边，有着落满树叶的门廊和足够她和这对夫妇以及他们的孩子居住的卧室。房子后面有一处可以用来做饭和晾衣服的空地，远处还有几片林子。下面的城市很吵，总是有吵闹的音乐、汽车喇叭声和摩托车引擎声，有人坐在卡车里用扩音器大声地喊着政治口号。如果站在街道上抬头看，你能看到山，但在正午时分，它们看起来并没有让城市显

[①] 尼加拉瓜中部城市。

得更加高大，而是压迫着它，把它困在一个满是噪声的碗中。而这栋位于小山上的房子却是安静的。房子后面那条土路逐渐变窄，最终成为一条布满泥泞、坑坑洼洼的小路，为了走过去，人们只能将木板搭在路面上。路两边生长着杂乱无章的树木和灌木丛。多萝西会在那里遛她的狗。

房子的起居室里放着她的书和旧杂志，还有两张舒服的椅子，她总是坐在那里阅读、喝晚间红酒。她常读犯罪推理小说，她所知道的多数和平活动家都爱读犯罪推理小说。不然还能怎样释放他们的攻击性呢？她想，他们不能杀人，所以就只能读些类似的东西。还有一个狭小的房间，里面放着一张桌子、一个档案柜和一台电脑，还摆着一张她和克里斯托弗的照片，那是她第一次结婚后生的儿子，照片里他们的头靠在一起。

将要接受培训的接生员们住在远离医疗设施的偏远山区。她们已经从自己的母亲那里接受了教导：如果孕妇在任何一个这样的居住区遭遇难产，她会因此丧命。但难产不会像惊喜一样突然降临，所以培训的要点在于教接生员识别危险信号，并将孕妇送到卫生站。为了防止血压过高，她们必须时刻监控血压状况，还得对孕妇的腹部进行触诊来判断婴儿头部的位置。这些居民点甚至称不上是村庄，而仅仅是相隔很远的一二十户棚屋。她的学员，也就是这些接生员，可能不得不朝着一个方向走上一个小时到一户人家，再朝着另一个方向走上两个小时才能到达另一户人家。有些房子只能靠步行到达，而且土路在雨季会变得尤其危险。

在雨季高峰时节，河水暴涨时，人们几乎不可能离开屋子，所以也有必要训练接生员独自应对情况危急的分娩。这时事情就不仅关乎分娩本身了，因为孕妇也可能因为其他原因死亡。比如，如果一个家庭存在家庭暴力，那么妻子怀孕时家暴的情况会更加严重，所以接生员要关注的不只是高血压和糖尿病，还要留意伤痕与抑郁倾向。起初，多萝西计划将接生员限定为那些读写能力足以做笔记的人，但只有很少人能满足这个标准，所以她不得不降低要求，临时制定了新的计划：若是接生员不会写字，那就需要找到一个会写字的孩子做帮手。多萝西筹钱购置了基础设备——血压计、球形注射器、双肩背包、雨鞋、少量雨衣。重新开始工作的那一刻，她感觉好多了。这是她热爱的事，她擅长的事。

有的人尽力在某个时刻帮助某个人，而有的人则努力改变整个世界。第一种行为中存在着一种诱人的亲密关系，但这种关系可能是混乱的、不可预期的。人们可能会后悔曾如此亲密地帮助他人，因为如果做得不好，错误将由自己承担。即使帮助成功了，成果也很微小，并没有真的改变什么。第二种行为则更有野心，也更清晰，更宏观。但要获得成功却遥遥无期，概率很小，所以，保持对高贵的失败与少数愤怒者的友爱的欣赏是有益的。

多萝西从第一种行为开始：她是一名护士。但人到中年时，她感到当护士是不够的，她应该做得更多，所以她转向了第二种，成为一名抗议贫穷和核武器的活动家。她为这项事业贡献了很多年，最终意识到自己并不喜欢努力改变整个世界的人。"我做过公民抗议这类事，"她说，"全都是牺牲。为了事业，个人的幸福变得毫无意义。我们面对各种强权和地方势力，随时会进监狱。那个时候我就想，我们太认真了——所有我们这些和平正义的人。这种人不能有什么爱好，必须一直在火线上拼搏。"在过去很多年里她都是这样的人，肩负着责任的重担——这个世界处于核毁灭的边缘，但只有她和少数人足够理解和在乎这件事并为之奋起反抗。"那些人做了很多杰出的工作，但是他们并不是好相处的人。"她意识到，"你会发现你并不想和这些人待在一起。他们非常尖锐，对待任何事都像是生死大事：我们必须要这样做，这个世界就全靠它了。"

她想：什么能让我幸福？成为一个护士让我幸福。只要我还在为这世上的善而努力工作，为什么不去做让自己幸福的事？上帝不希望你看上去苦大仇深，他只是希望你做点好事。事实上，她认为，由于做了更好的工作而感到开心是再幸福不过的事。

她经历过很多种生活，因此，抛下一种生活开始另一种对她来说似乎没有什么大不了的。那可能是一场冒险，但她是一个乐观主义者，况且据她的经验，任何一种新生活都很可能比之前的生活要好。她有一半墨西哥血统，一半菲律宾血统，在洛杉矶的贫民区长大。以往的生活都没有好到让她后悔离开的程度。

人到中年时，她厌倦了和平运动，也厌倦了在北美做一个棕色人种。于是在二十世纪八十年代中期，她和丈夫查理·格林搬到了尼加拉瓜，和像她一样的拉美人一起工作。她想，那个早晨三点就起床碾玉米的女人，她有十三个孩子，其中一半都死于疾病或战争，这个女人从来没有哪怕五分钟的时间去思考她本可以成为什么样的人，因为她总是在做饭、怀孩子或者埋葬她的孩子——我愿意和这样的女人一起工作。

她希望能在为女人服务的诊所工作，但并不想自己创建一个——她不想成为带着行善计划而来的外国女人，而是想找到一个现成的在物色护士的妇女团体。寻找这样的团体花了她一些时间，在此期间，她和丈夫住进了一个棚户区——那些从乡村逃难出来的人为躲避战争而聚居的营地——她在那里开办了一个培训卫生工作者的诊所。当时，美国支持的尼加拉瓜反抗军与苏联支持的桑地诺之间的战争正打得如火如荼。桑地诺得了势，而反抗军试图推翻他们。在到达尼加拉瓜之前，她并不怎么了解桑地诺，但她很快就投靠了他们。她听说在一九七九年叛乱发生的第一天，他们就成立了文化部，还废除了死刑，于是她想，她会喜欢这个组织。桑地诺不断开办卫生所，甚至开在乡村里。那里设有婴儿看护中心以及学校午餐项目，还会有志愿者带着铁铲来帮忙清理垃圾。但导致她投靠桑地诺的最主要的原因是艺术。在桑地诺组织中到处都能看到壁画，每个人似乎都在写诗并大声地朗读。文化中心开始涌现，教授人们绘画、跳舞、读书写字。对她而言这里就是天堂。"你能打败一场基于这些活动的革命吗？"她说，"哦，八十年代，节日般的日子！我们从世界各地涌向桑地诺，简直像庆典一般！多了不起啊！"

几年后，她听说在一个叫穆卢库库的小镇上有妇女合作社正在为诊所招募护士。他们苦于找不到愿意搬到那里的人，因为当时那里仍然很危险。虽然官方来看战争已经结束，但到处都有肆意妄为的退伍军人，他们身上没有钱，手里有枪，任意绑架勒索。那里是没有警察的灰色地带。

穆卢库库这个新兴小镇是偏远边境上的居民点，位于首都马那瓜东北方向二百四十多公里远的地方。人们在战争期间开始出现在那里，当时那儿还没有小镇，只在图马河附近有一个军事训练学校以及三三两两的酒吧和妓院。当乡村的战况越来越糟糕时，难民开始聚集到穆卢库库，希望士兵们能够保护他们。脏兮兮的街道两边搭起了一些茅草棚，下面支起了小摊点，马拴在外面，猪就在四周游荡。到达这里的人中有很多是战争寡妇，所以常常是女人来搭建房屋。她们清理土地，挖茅坑，搭建简易塑料棚，用旧木板与金属薄板建房子。之后她们创办了一个日间护理中心，并启动了制作煤渣砖的工厂以便修建真正的房子。在战争期间，很多人死于穿透木墙射进来的子弹，所以人们想要砖块。

房子刚一修好，妇女们就成立了合作社，由一个叫格蕾特·蒙托亚的女人领导。格蕾特的丈夫诺埃尔以前是马那瓜的一名工程师，他当时继承了穆卢库库周围的大片森林土地。农民因为战争逃走了，粮食稀缺，政府号召每一个有田产者耕种自己的土地，所以诺埃尔辞掉了工作，清理了土地，在上面种上庄稼。这时，大约有一千人生活在穆卢库库。很多女人死于分娩或者不安全的堕胎，而另外一些女人生的孩子比她们想要的多。合作社意识到小镇需要一个女人的卫生诊所。

多萝西决定就在这个地方生活。她丈夫查理·格雷以前是做木工活的，用葡萄藤绑着竹子在小镇边缘的山间建造了一座房子。由于要拉足够多的洗澡水上山实在太难了，他们就在山脚下的小溪里洗澡。蚊子很毒，但他们晚上有蚊帐。合作社的女人希望能有一家木工店，查理·格雷就去教她们怎么做房屋、窗户和家具的木质框架。

他们一步步建起了诊所。起初她在学校的空地上为病人看病，但当他们终于积累了足够多的捐款后，他们便建造了这个由煤渣砖砌成的新诊所。这里有四间诊察室、一间候诊室和一间为待产或逃避家暴的妇女准备的宿舍。诊所提供节育服务，开展产前检查和子宫颈抹片检查。有时候，诊所开门后会有上百人在门外等候。有的女人因为住得太远不能来诊所，就需要外派医护前去，路上来回就要花好几个小时。没有大路可走的话，就得步行、骑马或者坐船去。

如果有病人需要动手术，多萝西会乘坐各种交通工具赶到能够帮上忙的最近的医院。这里与马塔加尔帕相距一百四十五公里，但是路况非常糟糕；与马那瓜相距二百四十公里，早前需要花整整一天才能到达。在雨季，道路被洪水淹没，几乎无法通过。有时，她只能祈祷道路畅通，却最终困在几尺深的泥泞中，不得不等待牵引车将她拖上来。有时，部分道路被淹没，他们只能从车里出来，用担架抬着病人往前走，直到他们在路的另一头找到其他交通工具。

多萝西会对那些在几年内生育很多小孩的妇女说，等到这次生产后你需要好好休养一阵子。很多女人都不想要更多孩子，她们负担不起，筋疲力尽，并且因过多生育而患有严重的子宫脱垂。但她们很少节育，因为她们的丈夫和教堂都反对这样做。一个女人的丈夫发现她口服避孕药，去教堂告发她，教堂的人大声斥责她是个婊子，不准她再去教堂。那个女人告诉多萝西，要是再经历这些的话她就不会来了。她几乎死于最后一次分娩，她知道如果自己再怀孕可能会死掉，但是死亡总好过被驱逐。

在穆卢库库有一个严重超重的女人，她患有糖尿病和毒血症，已经生了六个孩子。她怀上第七个孩子的时候，多萝西去她家里告诉她这很危险，她必须得做产前检查，并且去医院里生孩子。她之前生孩子没有出现过任何问题，因此不能理解为何要这样大惊小怪，最后拒绝了这个提议。多萝西恳求她，再次去她家里说服她，但她仍然不为所动。过了一阵，这个即将分娩的女人来到了诊所，但那时已经太晚了，孩子已经胎死腹中。他们没有做剖腹产的设备，只得将孩子从她身体里拖出来。这是个硕大的婴儿，足有十一斤重，要好几个人才能将他从母体中拖出来，糟糕的是，他们没有麻醉剂给这个母亲缓解疼痛。这太可怕了！那幅场景困扰了多萝西很多年。她想知道自己原本可以做些什么：她该绑架这个女人吗，还是该把她带到警察局？

在那些日子里，她看到了很多这样可怕的事情：在她面前死去的婴儿，因生产而丧命的母亲，被丈夫毒打甚至被杀的女人。她尽量不在病人面前流泪，而是在夜里独自哭泣。合作社将女人们组织到一起，如果有人正被丈夫施暴，其他人就会敲打家里的锅和盆子来向周围发出警报，把那男人吓跑。如果有谁的丈夫进了监狱，她们会帮她贷款开展一项生意。穆卢库库是一个新兴城镇，每个居民都来自别处，那里的人是没有根的，邻居之间互不了解。很多对妻子施暴的男人都是战争结束时被遣散的士兵，他们为了土地而来，却没有从战争中获取任何报酬，只有装备和食物，所以，即使找到了土地也没钱开垦，没钱买种子、肥料、篱笆和犁。多萝西想，他们无法维持生计，生活失去了目标，所以他们才会开始喝酒和打自己的妻子，因为只有这样他们才能重新感觉自己像个男人。

在早期，合作社里的很多女人认为诊所应该只医治支持桑地诺的家庭，但是多萝西告诉她们，如果真这样做她就只能离开。她没能马上说服她们，但她们需要她，所以也不再坚持。对她来说，这并不关乎政治策略上的公平。她认为，卫生保健可以成为和解的手段之一。如果能够好好医治反抗军，在其生病的时候治愈他们，他们可能会不再憎恨你，也许还会停止憎恨其他桑地诺成员。善意可以改变人。是的，被她治疗的反抗军的确有可能在痊愈后杀害更多桑地诺支持者，但那是她必须承担的风险。

　　她想她很可能干过这样的事。有一次，她乘坐的巴士被六七个扛着AK-47步枪的人截停了，所有人被要求下车并排队站好。乘客中有两三个人想要逃跑，士兵向他们开枪，并射中了其中一个人的脚踝。她取下头巾缠在那人腿上帮他止血。士兵是桑地诺成员，而受伤的是一个反抗军，他们打算杀了他。她对其他乘客说，我们必须阻止他们。让我们躺在他身上，形成一堵肉墙。乘客们望着她，当她是疯子，而桑地诺士兵们开始拽着这个受伤的反抗军走向灌木丛后面。她跟着他们，大声喊道："不要伤害他！我能看见你们在干什么！我是目击证人！"然后，其中一个桑地诺士兵说，好吧，我们就把他交给你。她把他拖回到巴士上，带他到里奥布兰科的一家卫生院。之后她发现他是一个强盗，他的身体恢复得很好，腿上的伤一痊愈，就恢复了抢劫的生活。他杀过人吗？她不知道，也许杀过吧。但是她仍然感到，这是她所能做的唯一选择。

　　有一天下午，她正在诊所里给人看病，因为天太热了，所有的门都开着，她可以看到女人和孩子们在外面的走廊上等着进来。突然之间，所有人都消失了。她不知道为什么，直到下一个病人进来，她才明白。这个男人有张令人害怕的脸。她曾在危地马拉的杀人小队中见过这种可怕的脸，如果你折磨过或者杀过人，脸上就会留下一些痕迹。这张脸看起来冷酷而空洞，好像已经被耗尽了。随后她得知，这个人是一队反抗军的头领，在穆卢库库周边做了很多可怕的事情，他屠杀幼童，将婴儿扔向树干。当时他因为慢性头疼来到诊所——一颗桑地诺的子弹嵌在他头颅中。她说可以给他一些药物来缓解头疼，但是他必须去马塔加尔帕找神经科的医生看一看，她能帮他预约。他说他不能去马塔加尔帕，因为在那里他会被杀掉，但她说她会亲自带他去。

　　在这之后，这个男人带自己的妻子来诊所看病，而这个妻子又带自己的兄弟姐妹和孩子们来看病。最后，他把自己的母亲也带来了，多萝西那时知道他们已经获胜了。一段时间过后，这个男人听说山上的反抗军正在计划攻击诊所——因为和桑地诺联合,诊所受到很多死亡威胁。他跑去找山上的反抗军,告诉他们不要杀害诊所的工作人员,因为他们正在照顾反抗军的家属,最终这个反抗军小组放弃了攻击计划。

有一阵子,诊所是安全的,但也只限于诊所。一九九五年左右,有一段时间,多萝西独自一人生活在镇子边缘的竹屋里——在一场她拿着刀子威胁查理的戏剧性争吵后,他们分手了,查理回了俄勒冈。合作社听说有一队反抗军正在来杀他们的路上,他们有一份名单,而多萝西也在那份名单上。合作社为此召开了一个会议来讨论该怎么应对。多萝西说,她认为没有哪家人有能力对付一队拿着机关枪的反抗军,得救的唯一希望是让攻击者自己改变想法。所以,合作社的成员应该好好款待他们,而不是以暴制暴。女人们决定,如果反抗军出现,她们就每天晚上都为他们准备一些食物。格莱特说她会一直备着玉米粽子。多萝西不知道怎么做粽子,但是她知道尼加拉瓜人总是没日没夜地喝咖啡,所以每天晚上睡觉前,她都会趁着最后一点火煮一壶新咖啡。

一天夜里,反抗军来了。他们到她房前,叫她"多娜·多萝西",并推开了她的门。一共来了两个人,都扛着步枪。他们控告她在山里为桑地诺运送枪支,并声称要抢走她的钱。他们认为这个外国女人肯定有钱,因此,等搜遍了房间都没发现任何东西时,他们火冒三丈。为什么她没有钱呢?她告诉他们,她把钱都给了镇里的医药代理商,用以支付将病人转送到医院的费用。他们继续拿步枪顶着她,控告她运送枪支。她告诉他们,她害怕枪,因而从来没有靠近过枪。

然后,他们准备强奸她。她已经想到自己可能会被杀掉,但没想到会被强奸。不过最终他们并没有这么做,而是离开了。就在他们正要离开的时候,她突然想起了咖啡;她害怕到把这都忘了。她跑出去叫住他们:"等等,我忘了一件事!你们想喝一杯咖啡吗?"反抗军拒绝喝她的咖啡,因为怕她会在咖啡里下毒。她保证自己绝不会毒害他们,她是一个和平主义者,绝不允许自己那样做。他们看着她，像在看一个疯子，之后他们便离开了。那之后，她再没有在竹屋里待过一个晚上。她搬到了镇上，如果再发生这样的事情，那里起码会有人听见她的呼救声。

但是接下来发生了一件意料之外的事。在一九九六年的选举中，右翼自由主义联盟的头儿，被叫作"大胖子"的阿诺尔多·阿莱曼战胜了桑地诺的领袖丹尼尔·奥尔特加。她想，阿莱曼一定认为NGO组织是与桑地诺阵线联合的，似乎正打算将它们关闭。二〇〇〇年，他控诉多萝西治疗左翼反叛者以及组织非法堕胎，命令将她驱逐出境。她只好躲在一个又一个朋友家中，坐着小车四处漂泊，戴着头巾和深色眼镜，就像在拍电影。诊所停业了——她是当时唯一的护士。

人权组织对多萝西遭到的迫害提出抗议，美国国会的某个组织寄来了一封信，请求当地政府改变主张。这件事被大量媒体报道，多萝西很快就闻名全国——报纸上提到的只是她的名，多萝蒂，就像丹尼尔·奥尔特加总被叫作丹尼尔一样。几个月以后，法院暂停了驱逐令，她才不再躲藏。她返回穆卢库库，受到热烈欢迎，用报纸上的话来说，她是"女神，殉道者，上天的信使，母亲的保护者，一颗星星，照亮千千万万生命的太阳"。六年后，奥尔特加又一次当选总统，授予她鲁本·达里奥奖章，这是尼加拉瓜政府授予的最高荣誉。

在诊所里的某个时刻，她意识到自己已经不再信仰上帝。这确实太难了，因为她被痛苦与战争包围着。同时，不再信仰上帝之后，她开始信仰人类自己。她见过人们做过很多可怕的事，也见过人们做过很多英勇的事，至少在二十世纪八十年代，她目睹了一场革命是什么样。

在目睹人们的英勇行为之前，她的预期一直都很低，尤其是对男人，所以尼加拉瓜的革命热情与公共精神的短暂涌动对她而言简直就像一个奇迹。她之前一直是一名护士，一直想要照顾他人，但直到中年才设法从阴郁的童年和婚姻生活中解脱出来，意识到自己可以做更多事情。成为一名护士，做一些如果她不做也会有其他人代替她做的工作对她而言是不够的。她想改变自己的生活，想做一些重要的但因为太困难或太危险而没有人愿意去做的工作。

她在洛杉矶市中心的贫民窟被培养成天主教徒。她妈妈是墨西哥人，他们一家住在一个墨西哥社区的边上，后来那里变成了韩国城。由于她爸爸是菲律宾人，和她妈妈后来所有男朋友一样，他们家在那里不被接受。多萝西的妈妈出生在美国，她的外祖父曾经在洛杉矶东面的奇诺拥有一片农场，但是在大萧条时期失去了它，在那之后不久，他和妻子就相继去世了，只留下多萝西的妈妈和三个更小的兄弟。为了养活三个兄弟，还是青少年的多萝西的妈妈搬进城里找工作。她在大街上卖苹果和报纸，一九三〇年，十六岁的她怀孕并生下了多萝西。多萝西的妈妈肤色很白，爸爸肤色很深，在这点上，多萝西继承了爸爸。

多萝西的爸爸是来自菲律宾南部的移民。她对他并不了解，只知道很多菲律宾人在二十世纪二十年代来到加州从事农业或者修建铁路等方面的工作，他可能是其中之一。在她还是婴儿的时候，他抛弃了她的妈妈，在那之后只是时不时露个面而已。他是个很暴力的男人，过去总是打她妈妈。对于他，多萝西唯一清晰的记忆是他想要杀掉她们的场景。当时她大概三岁，全家开车去山上的什么地方，车子经过好莱坞时，他大声咆哮着，说要开车冲下悬崖。她妈妈一直在哭泣，她坐在父母中间，试图扳手刹让车停下来。后来，她从一个发小那里听说，她爸爸已经在监狱里被判了死刑，在圣昆汀被同狱的一个犯人杀死了。

她妈妈一直在搬家，以便找工作和更便宜的公寓——她在工厂里工作，非常自傲，不屑于打扫房间——所以多萝西也一直在换学校。在小学快毕业的时候，她还几乎不能读写。她妈妈一个接一个地换男朋友，房间里永远充斥着混乱和暴力——那些男人会打她和她妈妈。十岁的时候她开始从家里逃跑，有时会去某个亲戚家，有时在被遗弃的建筑里过夜。她还是孩子的时候曾被一个亲戚性虐待，多萝西肯定那个人也和她妈妈上过床。青少年时期的她曾好几次企图自杀。

她常常逃课去图书馆或博物馆。她本来和一些日本小孩是好朋友，但她十一岁时，白人洗劫了那些日本人的家，并将他们监禁在圣阿尼塔赛马场的马厩里，随后又转移到了更远的集中营。她知道她想成为一名护士，她想要照顾别人。她知道，如果不能中学毕业，就当不了护士，于是她答应和继父一起去菲律宾完成学业。继父让她进了一所非常严格的多米尼加修道院学校，在那里，她通过在浴室里抽烟来释放对修女们的怨恨，但还是尽了最大努力拿到毕业证。

她开始仇恨天主教。她小时候听说的都是疼痛、牺牲和流血的耶稣。生活是一个眼泪之谷，对于她身边的天主教徒而言，每一天都是耶稣受难日。她在青少年时期进了一所圣公会教堂，有生以来第一次看见一个空十字架：没有流血的尸体钉在上面，只是一个空的十字架。当然，她想，耶稣已经复活了。圣公会教堂变成了她的庇护所，它让人感到安全，并且给了她的愤怒一个出口。但是随后主教牧师诱奸了她，那时她还在上学，性侵持续了好几年。那时她不知道这是性侵——她以为自己获得了拯救，而这是为拯救付出的代价。

从那里搬走以后，她在波多黎各生活了三年，在一家医院当护士长，同时管理着一个护理学校。遇见她的第一任丈夫时，她正在海德堡的美国陆军医院工作。罗伯特·卡特勒比她小几岁，当时正在曼海姆服役，是一名陆军医生，由于出血性溃疡成了她的病人。他出身新英格兰名门，在康涅狄格州长大，夏天通常会去位于缅因州的别墅打网球、玩帆船；他的父亲是一家航运公司的头儿。她被迷晕了，他们对于彼此而言都相当有异域情调。他们回国结了婚，定居在芝加哥，生了一个儿子，取名为克里斯托弗。罗伯特·卡特勒是大学医院的住院医师，多萝西则是医疗护理主管，他们住在海德公园附近。她穿着佩克牌衬衣式连衣裙和紧身褡，努力做一个完美的妻子，但事与愿违，罗伯特·卡特勒开始只为了吃饭而回家，接着就回到他的实验室工作到深夜。最终，在十一年的婚姻生活后，他们离婚了。

她竭力振作起来并决定改变自己的生活。在波多黎各生活时她就已经意识到，只有在拉丁美洲的土地上她才能找到家的感觉。她决定告别中产阶级的生活，告别特权，不再在白人中间扮演有异域情调的棕色人种。她辞掉了在大学医院的工作，来到一个墨西哥人聚居的社区中心做免费诊所的护士。出现在社区中心的人大多数是在铁路上工作的墨西哥移民，有的则属于"褐色贝雷帽"，这是一个来自洛杉矶东部的好战的奇卡诺人①团体。起初她很喜欢这个组织，他们也喜欢她，因为她改善了诊所。但后来他们发现她仍然住在海德公园附近，那里是白人社区，他们问她为什么不住在贫民区。她告诉他们，她就是从贫民区出来的，不会再回去了。"棕色贝雷帽"因此把她当作敌人赶出了社区。

她想，如果不能继续在社区工作，那就搬到能让克里斯托弗划独木舟和爬山的地方去生活。她搬到了俄勒冈州的波特兰，找了一份在乡村卫生服务部门做护士长的工作。一九七八年一个周日的早晨，她在教堂里突然听到，耶稣启示的核心就在于抵抗暴力并和穷人站在一起。她吃惊地想：这太简单了。对她而言，站在穷人一边意味着成为其中一员。她已经和医生离了婚，并离开了芝加哥，但是她仍然有一份全职的工作，一年可以挣三万三千美元。她有一辆车，有一栋只住他们母子两人的有八间卧室的大房子。现在她要摆脱这一切。通常来说，她一旦做了什么决定就会马上执行，但是她不想这一切发生在克里斯托弗身上：他成长在一个衣食无忧的医生家庭，她不想把他拽进贫困的生活中。她决定再等几年，等到克里斯托弗上大学之后，她就可以摆脱这一切了。

---

① 指墨西哥裔美国人或在美国讲西班牙语的拉美人后裔。

但她已经开始参与抵抗暴力的行动了。她开始思考暴力,她能想到最暴力的东西是核弹。俄勒冈倒是没有核弹,但有一个核电站——普雷斯科特的特洛伊核电站,位于波特兰以北六十多公里的哥伦比亚河边。她认为核电站和核弹是同一个系统中的东西。她加入了唯爱社,一个由基督徒于一九一四年在欧洲创立的和平组织。它支持过因良心受到谴责而拒绝服兵役的人、劳工运动、自由乘车运动者和民权活动人士,它反对战争、死刑和核能源。这正是她所寻找的。

她第一次被捕时在监狱里待了四天,和另外十个一起被捕的活动家关在一个房间里。房间里没有床,他们只好躺在地板上。有人很害怕,但是她不怕。她很振奋。她对他们说:"你知道还有谁和我们一起进了监狱吗?恺撒·查韦斯①!多萝西·戴②!"她告诉他们,待在这里是一种特权。她觉得她所在的地方圣人们也曾经待过,这让她有一种家的归属感。

一九八〇年夏天,她被牵涉进了非法闯入特洛伊核电站的行动中。她太矮小,无法翻过围墙,是一个名叫查理·格雷的又高又瘦的白人把她举过去的,在那之前已经很久没有男人碰过她了。

从此,多萝西开始了她人生的中期,这段时期她都是和这个有着古怪道德渴望的复杂的男人一起度过的。一开始,他的行为还算正常,比如加入抵抗活动和参与捐款。但是他渴望越来越多的牺牲,最终差点儿让他们两人都丢了性命。在遇到多萝西的前几年,他就开始过一种他认为是正义所要求的极端的生活方式,既极端激进又毫无意义。除了多萝西他没能说服任何人加入,而她当时正决定去干一些类似的事情。不过,这么多年来,有很多人从他堂吉诃德式

---

① 恺撒·查韦斯(1927—1933),墨西哥裔美国劳工运动领袖。
② 多萝西·戴(1897—1980),现代美国和平运动史上的标志性人物。

的实践中看出，一个人可以比自己想象中更彻底地改变自己的生活方式。

查理·格雷当时正因害怕核战争而抗议特洛伊核电站。他已经担心了很多年，在古巴导弹危机后，他带着他的第一任妻子和年幼的孩子们搬去了新泽西，他觉得那里不太可能受到攻击。那时他还是一个大学教授，但在搬回俄勒冈后，他与一些政治上很极端的贵格会教徒扯上了关系，辞别学界成了一名反核与反贫穷的全职活动家。他在这些事上有一种天分，总能想到会引起反响的宣传方式，他也很快在当地出了名。他将原子博士世界著名的药品巡展与图书馆结合在一起，组合成了一个流动的反核产品，和其他人一起用自行车和公交车载着它在整个俄勒冈转悠。

他出生在一个贫困的家庭，但他的妻子继承了一些钱，现在他们打算为了政治捐出这些钱。他们捐掉了一半的财产，并把他们的房子改造成了一个公社，但他还想做更多。捐掉这么多钱以后，他体验到一种解脱的兴奋，想再次体验这种感觉。有钱总是让他感到内疚，而现在他看到摆脱这种负疚感是多么容易。他接着想到，他们这么有钱，而其他许多人却一无所有，这是多么不正确的事情。过了一段时间，他想到了一个主意，即世界财富应当公平分配——他称之为世界公平预算，或者WEB①。起初他关注这个仅仅是要按照人数来划分世界总收入，但随后他想到后代的问题，由于世界人口是增长的，因此需要周期性地降低预算来维持局面。最终，他算出每年可以使用的金额大约为一千两百美元。他的妻子拒绝了这个计划，她认为捐掉自己一半的钱已经足够了。她告诉他，他必须在世界公平预算和她之间做出选择。即使他依然爱她，而且他们已经结婚三十年，有了两个孩子，他最终还是选择了预算，和妻子离了婚。

除了少数衣服和家居用品，他捐献了自己的全部财产。他的朋友们都认

---

① World Equity Budget 的缩写。

为，为了与那些素未谋面的穷人保持一致而放弃自己的婚姻，这种做法古怪而可怕。人们认为他在表演纯粹和自以为是的正义，并以此为标准评判他人做得太少。他们告诉他，他所做的一切并不能帮到任何穷人，这个计划作为一项社会运动没有任何潜力，没人会在意，他只是白白地挨饿罢了，穷人所需要的是制度上的改变，而非个人的见证。但对他而言，这些言论听起来就像是继续过富人生活的借口。他知道他并不是在开启一项运动，虽然他确实写了一条标语（"立刻变穷，远离欲望"），并发布了一篇像书一样长的宣言《走向非暴力经济学》。但他觉得，既然谈论的是平等与贫困，那就不该停留在滔滔不绝的演说上。他当然知道选择贫穷非常不同于被迫贫穷，他所受的教育让他与那些最贫困的人不同，但他至少不再觉得自己是造成他人不幸的共犯。在多年的内疚和矛盾之后，他终于感到了平静。

一九八〇年年末，多萝西从波特兰搬到了尤金。她已经爱上了查理·格雷，并接受了他的世界公平预算计划。他有趣、英俊、聪明，深深地投入到她自己也醉心的事业中。在改变自己的生活方式之前，他花了好几年时间来整理自己的财务状况和做心理准备，但是多萝西却立刻就全情投入。她一直在等待这种生活。她辞掉工作，卖掉房子，捐掉所有财产，只保留了两箱书和一辆自行车。她不再需要钱——克里斯托弗的父亲现在是斯坦福大学的教授，斯坦福会为克里斯托弗支付大学学费。她感到自己是自由的，并对拥有这种选择自己生活的权利充满感恩。

多萝西喜欢按照WEB的原则生活，这是一种挑战和冒险。在那个阶段，查理靠每个月六十二美元生活，再做木工挣一点小钱；多萝西则在一家养老院兼职，全身心地投入到她的激进主义中。查理教她怎样在垃圾中找食物，最好的垃圾箱在哪里，而她立刻就成了新教义的皈依者。他一开始会觉得不好意思，而她完全没有。她对新发现的事情感到吃惊。俄勒冈大学宿舍外的垃圾堆每年都有一段时间会变成宝库，因为离校的学生会扔掉他们全部的东西，包括家具。她尽量不去光顾西夫韦商店的垃圾箱，因为她不喜欢西夫韦，他们售卖的商品被喷过杀虫剂，并由受到虐待的农场工人收割。她意识到这是一个荒诞的立场——就好像西夫韦会在意她不怎么跑来捡垃圾一样——但她无论如何也要坚持。

她意识到她一次只能穿一套衣服，使用一个房间，吃一定量的事物，其他一切都是多余的。大多数时候，他们的花费甚至比自己设定得还要少。他们知道，只要他们其中一个病了，他们就不得不打破预算，或者面对一般穷人此时通常会面临的情况：死亡。所幸这并没有发生，他们也就不必为此担心。有一次，查理进了医院，被划为穷人，所以不用付费，但是一般而言他们都尽量避免福利项目，即使他们意识到，其实他们从各方面都受益于美国的财富，比如使用停车场、图书馆、公路与城市用水。

在早期，他们还住在合租房的其中一个房间里，查理告诉多萝西，他认为他们应该住在街上。他们花钱租房子，但其实他们可以把钱给那些更需要的人，住在室内对他而言似乎渐渐变得过于奢侈了，而这种奢侈让他不舒服。多萝西告诉他，她不愿意住在大街上，她不认为那样就更加纯洁，也不认为任何人应该住在大街上。他尽可这样去做，但她不会陪着他。

对她而言，节省的原则并不关乎朴素与纯洁，她并不崇尚这些，而是关乎正义。她喜欢美好的事物，好食物、好酒、漂亮衣服，以及金钱带来的安全感，她只是因为觉得它们参与构建了一个不公正的世界而不那么爱它们。她相信上帝想要她站在穷人这一边，而那就是她想要做的。为此，她不得不也变得贫穷。对于查理而言，WEB是不能被违背的绝对道德：超出预算对他而言是一个灾难。但对于她来说，WEB则是一种理念，一个指导纲领，假如超出了预算，"好吧，这就是生活"。"我告诉查理·格雷：'好吧，我爱你，我爱这个项目，我愿意加入世界公平预算的计划，但是我必须在晚饭前喝一杯酒和咖啡，没有这个可不行。'我们过去常常吵架——他计较每一分钱，并为此做了一个记账本。有一次,他告诉我,我超支了三毛八。我说:'你能把你刚说的再说一遍吗?'然后我告诉他我们本该如何对待他的世界公平预算。"

查理需要把自己推向极致,轻松感从不存在,他感到自己是被选中的,而他的任务非常紧迫。但她从未感到自己或自己的生活特别重要,她只是这地球上芸芸众生中微不足道的一个。"他是一个纯粹主义者和清教徒,"她说,"我不知道我是怎么和清教徒搅和在一起的。我是个拉美人,我很放松,我不知道自己怎么会嫁给他。这是一场探险。不过,他在床上表现很好,因为他有很多实践。"

人们说,在尤金,如果有一个女人超过五分钟站着不动,查理就会去勾引她。查理的第一任妻子能够忍受他关于性自由的观点,但是多萝西却非常保守和嫉妒。她对自由性爱没什么兴趣,也从未思考过睡自己想睡的任何人也许正是人性解放的重要部分,或者通向新世界的路径、与自己的感受保持联系的方式等。查理没有轻易放弃。他把她带到尤金的一所房子里,那里面有八个或十个男人和女人住在一起,每天夜里按照日历来决定谁和谁一起睡觉。(他们必须有规律地轮换,否则大家就会发展出偏好来。)一个男人带她参观了屋子,并解释了他们的制度。耐心地听完之后,她对查理说,这些人是疯子。如果你想要和我在一起,就必须是一夫一妻。我已经老了,像这样的尝试我承受不起。

他们于一九八一年在威拉米特河岸边举行了一场不完全合法的结婚仪式。一个圣公会牧师主持了弥撒,并完成了祈祷书中的婚礼仪式——他们无法全心融入这个国家,所以并没有拿结婚证书。她穿了一身长长的白棉布裙子,他则身着白衬衫与白短裤,有朋友为他们临时制作了花环。有人弹奏吉他,大家一起唱歌。

一直以来,查理都被核战争威胁所困扰,他不能理解为什么不是每个人都感到害怕。当这个星球随时都可能被焚毁，人们怎么还能够若无其事地生活？这太疯狂了。目前为止他参与过的抗议主要是翻进核电站，但明显没有造成多大影响。他总觉得甘地绝食的效果很了不起，于是，最终在二十世纪七十年代末期，他认为情况已经万分紧急，不得不用他所能做到的最强烈的方式来表达抗争：无限期的绝食，可能直到死亡。

当他遇到多萝西的时候，他已经开始筹划这个被称为"为生命而绝食"的行动，以抗议在欧洲部署巡洋舰和潘兴导弹。这是多萝西的包袱之一——她当时不仅接受了它，还同意加入他的行动。她对这件事也很热衷，但是他们俩热衷的原因却并不相同。他反对核弹是因为他担心世界爆炸，而她并不那么担心世界末日，她反对核弹是因为它们非常昂贵，花掉了那些本可以用来保障人民生活的政府资金。当她想到核武器时，她想到的是孩子们挨饿的样子。

他们研究绝食，发现长期绝食也和其他事情一样需要训练，身体和精神都必须准备好。他们练习了三年：绝食三天，绝食一周，绝食两周。他们花了一年的时间周游全国、欧洲和亚洲，招募绝食者和散布消息。他们的行程费用由支持绝食组织的捐助者负担，不管去哪里都住在民宅里，但是这个项目与WEB计划完全不协调，这让他们很不舒服。在准备期间，一九八一年，博比·桑兹，一个爱尔兰共和军临时派的年轻成员，因为绝食死在了监狱里，他们看到，他的死引起了对死亡原因相当多的同情和关注。

他们在一九八三年的广岛日，即八月六日开始绝食。核心成员在几个城市建立了指挥部：有四个人在巴黎（包括绿党的索朗热·费尔内），两个人在波恩，一个加拿大人和一个日本人在奥克兰，此外就是多萝西和查理。另外，还有数以千计的绝食者进行短期绝食——一天、三天和十天。他们在奥克兰设了一个通信部门，有数十名志愿者接听电话、阅读来信和处理事情。在波恩，维利·勃兰特会见了绝食者并在德国投票反对发展导弹；在巴黎，来自密特朗政府的两名部长会见了绝食者。

四天以后，多萝西不再感到饥饿，只是觉得腹中空空如也。她从之前的研究中了解到，身体要花三周左右才会燃尽容易代谢的脂肪，开始代谢肌肉。随后，她感到非常累，但同时也感到一种精神上的幸福——一种神圣的存在，似乎上帝和她在一起。她开始觉得绝食是一种祈祷。

她对绝食至死的主意持开放态度，但需要考虑克里斯托弗。她对他发誓说她不会死，但事实上她也不知道会发生什么。在绝食开始后的某一天，克里斯托弗读到一个采访或者在电视上看见了什么，意识到绝食是无期限的。他变得非常不安。母亲可能对他撒谎这件事摧毁了他内心的某些东西。即使绝食的事情已经过去三十年了，他依然决心不再相信任何承诺，也绝不向他人做出承诺。

九月一日，绝食的第二十七天，从纽约飞往汉城的大韩航空007次航班被苏联政府在日本海上空击落。航班上的所有人，包括一名美国国会议员，全部遇难。这是冷战中一个可怕的时刻，很快大家就明白了：即便美国曾经认真考虑过解除核武器，这件事也不可能实现。多萝西当时已经瘦了十八公斤，并开始失明。到了第三十八天，丹尼尔·贝里根，一个多萝西非常尊敬的著名天主教反核活动家，告诉她：够了。于是她停止了绝食。两天以后，在第四十天，查理也不再绝食。有些活动家非常愤怒，他们说，是查理自己说要绝食至死，他违背了自己的承诺，绝食不算数。其他人则不满他们竟然选择绝食来表达意见——他们认为这是一件很暴力的事。多萝西和查理感到他们已经做了他们所能做的。

从绝食中恢复过来以后，多萝西提出这一次由她来安排他们的日程，查理同意了。过简朴生活和绝食至死都是他的点子，而现在她想要做一些不一样的事情。她告诉她的活动家朋友们，她要搬去尼加拉瓜当一名护士。她的离开令他们感到震惊，并且受到了严厉的批判。没有人理解她的行为，也没有人祝她一切顺利。她已经是被选中的人之一，是明白核问题的严重性并愿意以生命为代价去对抗的少数人之一,而现在,她却想当一名护士?任何人都可以成为一名护士!她怎么能够放弃这更高的和平召唤?她怎么可以这样自私?

有一个人对她说:"如果你放弃了运动,谁来对付种族主义呢?"这些年来,她一直作为和平运动中的棕色人种为种族问题而工作。她回答说,种族主义是他的问题,而不是她的。一直以来还有另外一件令她烦恼的事:休几天假去筹划一个抗议行动,故意被抓进监狱,放弃中产阶级的收入乃至变得贫穷,这些都是一种特权,多数棕色人种并不享有这种特权。"我记得和一些黑人朋友谈论过,他们说:'你参与这些白人运动干什么?让他们自己去死吧!谁在乎啊?'"

她和查理动身去尼加拉瓜。中途在墨西哥市停留的时候,他们收到了一条口信,请他们立刻去危地马拉市。他们的朋友阿兰·理查德,在奥克兰绝食期间曾与他们住在一起的法国方济会工人神父,非常需要帮助。他当时正为支援墨脱组织(简称GAM,主要由失踪男人的妻子们组成)的中心运作一个租借会场,这些人中有一些此刻正处于危险之中,需要保护。第二天,多萝西和查理就搭巴士去了危地马拉。

他们到达时是一九八五年圣周的星期二。他们从墨西哥上车时,GAM的一个成员被绑架了,随后人们发现了他的尸体,他的舌头被割掉了。他们到达后的第二天在屋里开了个会,与会者包括罗萨里奥·戈多伊·德·奎瓦斯,一个嫁给了失踪的大学生领袖的年轻女人,她有一个两岁左右的儿子奥古斯丁。开完会第二天下午,圣周的星期四,罗萨里奥和奥古斯丁都不见了。GAM的主席奈斯·加西亚打电话给中心说,罗萨里奥失踪了,我们必须找到她,我会过来一趟。奈斯与另外四五个女人乘出租车过来,他们是GAM理事会留下的全部人员。查理说,他不知道她们是否应该去,因为她们没有任何许可;多萝西说，如果你不想去你可以留在这里，但是我要去。

那时，天已经黑了。他们先是开车到最大的医院看罗萨里奥是否在太平间里，但并没有发现她。这个时候已经是凌晨一点了，奈斯决心去技术研究部（DIT），那是一个在内政部控制下的特别警察机关，通常被认为是由杀人分队成员组成。他们去的DIT办公室是一个光线不足的脏兮兮的房间，等待区有一个小小的木头条凳，柜台后面有几个令人害怕的男人。多萝西斜靠在墙上，她的膝盖抖得厉害，觉得自己快要倒了。奈斯取出一支香烟，向她借火。他们正上方的墙上有一个标志，上面写着：禁止吸烟。多萝西指了指这个标志，但是奈斯说："他们都在吸烟，问他们借个火吧。"于是多萝西蹒跚至桌边，问那些人是不是可以借火柴给奈斯点烟。奈斯的表现让多萝西感到很吃惊，因为她看到，当某些事情发生在那些已经失去了家庭成员的人身上时，他们并不害怕。这并非因为他们不在乎能否苟活于世，而是他们更想弄清楚究竟发生了什么。很明显，DIT那些人并不清楚罗萨里奥的事，所以她们离开了。

她们决定开车到危地马拉市最老的停尸之所维尔贝纳公墓。到达时是凌晨三点，已经是耶稣受难日了，城市的主要街道被封堵改造成了苦难之路，上面撒满了花瓣；为了布置这条路，人们整夜都借着灯笼的光铺撒花瓣。她们通过一条小路到达了公墓，在一块木板上看见了罗萨里奥。她的弟弟和奥古斯丁也在那里，都死了。罗萨里奥有一边脸被揍塌了，颜色乌青，她的手几乎断了。她们随后听人说，他们当着她的面折磨和杀害了她的弟弟和儿子，而她试着去阻止——她的手被电线绑着，所以她的手臂几乎被电线勒断了。

那天晚上以后，多萝西认为作为GAM领袖的奈斯很可能是下一个受害者，所以她决定保护她。她一天二十四小时都守在她身边，不管她去哪儿。她希望因为自己是美国公民，在大使馆有登记，因此杀人分队会对杀害她有所顾忌。阿兰·理查德从一个外交官那里听说，GAM的每个理事会成员都在一张死亡黑名单上。

她这样坚持了三个星期，一直担惊受怕。她知道任何时刻都可能有某个人开车赶来抓住奈斯，她感到阻止他们是她的使命。曾有一辆黑窗户的白色货车到处跟踪她们，并停在了奈斯的房前。多萝西没有武器，她也不想要武器：带枪和被杀一样令她感到害怕，而且她知道带枪也起不了什么作用。她盘算着，如果他们要抓走奈斯，她就大声尖叫，或许这可以让他们住手——她不知道还能怎么办。

她准备好了为奈斯去死，她认为奈斯的工作比她的更重要，但是她知道这不太可能。更有可能的是，当有人来带奈斯走的时候，她会先被一棍子打晕。她一直在奈斯身边简直让奈斯有些抓狂，但是她片刻也不让奈斯单独待着，她把保护奈斯当成了自己的工作。在罗萨里奥去世后几天，美国国务院宣布，如果再有GAM成员被杀害，美国会表示不满。三周以后，有新人来取代了她的位置——国际和平部队决定由外国人来协助GAM的常规工作。于是，她和查理启程去了尼加拉瓜。

多萝西在穆卢库库的诊所工作了近二十年。在最后一段时间，镇上开了一家免费的公立诊所，提供医疗护理和疫苗接种。多萝西建议，合作社的诊所将自己的服务简化为公立诊所不提供的那些服务：子宫颈抹片检查，预防医疗。她还训练那些公立诊所的医生到草原上出诊以及去居民点做产前护理。合作社的其他女人也都同意了，或者说她认为她们同意了。但是，当她从美国募集资金回来后，她吃惊地发现，由格莱特领导的合作社已经决定做一些完全不同的事情：把诊所变为服务收费的私人诊所。

多萝西感到震惊。在工作了二十年以后，她所做的一切努力都遭到了否定。她感到被合作社背叛了，尤其是被格莱特所背叛。她们曾经每天都一起工作，她们是近二十年的好朋友，几乎变成了一家人。她刚从竹屋中逃到镇上的时候就留宿在格莱特的房子里，她一直认为她们拥有共同的政治立场和观念。

她一度以为自己将在穆卢库库终老，然而，她回到了马那瓜并思考了发生过的一切。人们告诉她，美国的捐款正在减少，诊所除了逐渐向自负盈亏转变别无他途。也许这是真的。她努力记住，即使合作社确实与她对着干并背叛了她的想法，但它依然对尼加拉瓜的女人们有益。

在马塔加尔帕，多萝西日复一日地工作。当她在工作时，她是快乐的。这里仍然有很多她能为那些几乎一无所有的女人做的事。工作是她现在追求幸福的唯一方式，只要能感觉到幸福就够了。

她不再相信世上存在全知全能的上帝，转而寄希望于好的政府，但即使是这方面的希望也降低了很多，尼加拉瓜和桑地诺的支持者已经今不如昔。自由主义者到来时涂掉了过去的壁画，直到现在都没有恢复。二十世纪九十年代末，当电力进入穆卢库库，每个穷人的房子里都有了一台电视——不是每家都吃得饱饭，但每家都在看巴西和墨西哥拍摄的讲述有钱人痛苦的电视剧。事态比过去好了一些，毫无疑问，人们不再挨饿，到处都是公立的卫生诊所。但如果只是为了创造一个消费者的国家，革命的意义何在？"如果我们重新分配了财富，如果穷人变得和富人一样贪婪，只是程度弱些，谁会在乎呢？"她感到纳闷，"这些和做一个人之间有什么关系呢"。

她八十四岁了，但是仍然有很多想做的事。她想去那些从未去过的地方看看，她想去秘鲁看马丘比丘。克里斯托弗已经成了一个自然主义者，在亚马孙和哥斯达黎加做导游，她时不时和他一起旅行。

她不知道自己还剩多少时间。她战胜穆卢库库的众多疟疾存活下来，知道自己相当强壮。她的妈妈活到了九十四岁，但她临死时精神不大正常。这太难看了，她不想这样，她决心按照自己想要的方式迎接死亡。当她准备好了，当她不再能照顾自己，她就停止进食，也不再喝水。某天，她会喝下最后一杯酒，在几天后死去。她听说查理·格雷就是那样死的——几年前在俄勒冈，这是一个不错的死法。她已经跟克里斯托弗安排好了一切。他理解她。

第三章
最受压迫者

STRANGERS DROWNING

为什么神圣的善意应该在这里停止？让我们带着敬畏之心，考虑一下猴子的情形。是否可能存在为猴子而建的大厦？格林福特老先生答道，没有；但是年轻的、更加进步的索利先生答道，有。他不明白为何猴子就不能顺带分到一点福气，他和他的印度朋友曾就此进行过讨论。那么豺狼呢？索利先生确实更少考虑豺狼，但他承认上帝的仁慈是无限的，因此很可能会包括所有的哺乳动物。那么黄蜂呢？在物种级别降低到黄蜂时，索利先生变得不安，想要改变话题。橘子呢？仙人掌呢？水晶呢？泥土呢？在索利先生身体中的细菌呢？不，不，这扯得太远了。我们必须将某些存在排除出我们所属的那个集合，否则我们将一无所有。

——E. M. 福斯特，《印度之行》

亚伦·皮特金还年轻时，就开始为自己寻找一个能奉献毕生的目标，某种能减少世间存在的痛苦的途径。他想出的答案是鸡。这基本上是一个数字游戏。美国每年有超过八十亿只鸡被宰杀，平均每小时约一百万只。被宰杀成为食物的绝大多数是鸡，因为它们太小了，成为肉的比例简直太高了。工业化农场在鸡死前的所作所为令他震惊——处于慢性疼痛中的它们最多可以活六周左右，它们被喂得很胖，孱弱的腿承受不了身体的重量，只能全身满布疮口坐在自己的粪便上。亚伦意识到，如果他能找到一种方式让鸡生活得更好一些，那么能减少的痛苦会比其他方式多好几倍。

他并不认为鸡比人更加重要、无辜或更能打动人，他关心它们是因为它们更无助，比那些最受压迫的人受到的践踏还要残忍；它们的痛苦更大，处境也更加不公正。他并没有考虑一只鸡在更好的处境中能有多么快乐，他对快乐不感兴趣，他只关心痛苦。

虽然他将减少动物的痛苦当成自己一生的工作，但情绪上并不会有太大波动。当他听到一些之前不知道的可怕的虐待或者看到令人惊骇的镜头时，有一半时候他的第一反应是：太棒了！这对实现自己的目标而言是个好消息。虽然曾经有一个美国中西部的犹太宰牛工厂的视频让他哭了，视频中对牛的性虐待非常残酷，但这并不常见。无动于衷的态度并没有对他工作的努力程度或时间长短产生什么影响。在卡特里娜飓风过后，他驱车数百公里到新奥尔良去拯救那些鸡，因为他知道工厂会被淹没，而没有人会在乎那些鸡。

亚伦四十多岁了（亚伦·皮特金为化名）。他在一个大型动物权益组织工作，已经是一名非常有影响力的鸡的支持者，在法律和公众态度方面都促成了巨大的变化。他是一个纯素食者，因为他相信这是正确的事，但是他并不是在追求纯粹——他是一个实用主义者，相信减轻痛苦比捍卫原则更加重要。出于这个理由，他认为与牧场主人（他也从事奶牛方面的工作）会面时或许应该吃肉，以证明他不是那种可怕的极端狂热者，而是一个不难对付的正常人。麻烦在于，如果被这场运动中的任何人看见他吃了肉，他的权威将遭到不可挽回的损害。他想到了一位著名动物权利活动家的例子，他听说那是个可怕的人爱喝可乐，惯于性骚扰和持枪炫耀，但真正令他的追随者震惊的是他吃M&M豆的传闻。是的，那些针对M&M豆的挑事者是有点疯狂，但他们是亚伦工作的基础，他需要他们。

亚伦从高中就认定吃肉是错误的，但他花了整整六个月才成为一个素食主义者。每天他下了公交车，会去哈迪快餐吃一份培根芝士汉堡，他对此感到难过。到了圣诞节的时候，他本应该去女朋友家吃晚餐，他知道他们将端上一整只火鸡和一条大火腿——远不是一份培根芝士汉堡那么简单，而是更像一个动物——他终于感到无法面对。那是他食肉生涯的终结。之后，他还去参观过一个叫作农场动物庇护所的地方，这个组织将动物从农业经济中拯救出来，但他发现，动物在产蛋和产奶的过程中也会受到伤害，所以他决心成为一个纯素食主义者。他心想，我将会想念冰激凌，但是我别无选择。

高中时期，他迷恋死亡金属，留着一头羽毛状的长发。他有一条名叫施耐基的近两米长的宠物巨蟒，夜里就和他睡在同一张床上。他不喜欢别人告诉他应该怎么做，他跟老师顶嘴，玩乒乓球玩到疲惫不堪。一个老师曾将辣椒放到他舌头上，因为他话说得太多了（他将他对辣味食物的爱好归结于此）。他总是在谋划反抗或者诡计。某天他突然意识到，买给女朋友们的珠宝其实是一个骗局——商店批发购入，却在零售时被标上极高的价格。于是他索性用二十五美元买了一个执照，这样他就可以去宝石展，批发买入珠宝，再将其转卖给他的朋友们，并将盈利部分捐给慈善机构。

　　大学期间，他决定将他的生命奉献给社会正义。他的初步计划是在第三世界国家当一名医生，但这时他读到了一篇改变他整个人生的文章：哲学家彼得·辛格的《女性、富足与道德》。辛格认为当捐出几百美元就可以拯救一个人的生命时，用这些钱来买奢侈品简直不可原谅。读了辛格的文章以后，亚伦买任何东西，甚至是最小和最便宜的东西，对他而言都像是从某个垂死之人那里抢来的。他想，如果在贩卖机旁边一直站着一个挨饿的小孩，就不会有人买苏打水了；此时此刻，对他而言，总有一个挨饿的小孩站在贩卖机旁边。他变得非常节俭。他去垃圾箱里找食物，也不再喝酒（不仅仅是因为花费，他更不能忍受大脑失去控制）。每次花钱的时候，不管多少，他都要把金额记在笔记本上。他读到一个叫查理·格雷的人曾经依靠每年两百美元生活，虽然他不清楚怎样才能做到，但是他发誓要尽量靠近这个目标。

　　亚伦知道，他必须尽他所能多捐钱给国际援助组织，这一点毋庸置疑。但是还有其他需要做的吗？他认定动物比人受到更多的压迫，而在动物之中，处于食物链下游的非哺乳类动物，那些不聪明或不可爱的，则受到最多的压迫。几乎人人都关心小猫小狗，也有很多人关心兔子和奶牛，但是很少人会关心鸡。起初，在做出关心动物的决定之后，为了检验自己的原则，他特意每年在图书馆花一些时间读反动物权利方面的文献，来确保没有能让他改变目标的充分理由。他想要对此保持理性，毕竟他是出于逻辑而非感情选择了动物权利的工作。但是一段时间以后，他已经确信自己是在正确的轨道上，便不再做调查研究。这并不是说农场动物权利与人类的权利是相互冲突的，少吃点儿肉对人的健康有利，对环境也好，而工作在屠宰场的非法移民是这个国家待遇最差、处境最悲惨的工人群体之一。

在决定将动物权利当作自己的事业之后，他随处都能见到痛苦的动物。在他还在读大学时，有一次，他匆忙赶去参加一门课程的期末考试，这门课对他很重要，因为想读研究生，而这个期末考试的成绩会占研究生入学成绩的很大一部分。但当时在下雨，虫子爬出草丛在路面上蠕动。他知道，如果不把这些虫子捡起来，就会有人踩死它们。于是他停下脚步，将这些虫子捡起来放回到草地上，他因此迟到了。在考试快结束的时候，他匆匆忙忙地答着最后一个问题，正当他在计算器上得出了答案要写到卷子上时，考官大喊了一声："把笔放下！"当然，其他学生也正在潦草地写着。他已经有了答案，就在计算器上，但是他把笔放下了。

对他而言，这是一个转折点。在那天之前，他一直相信绝对的原则和义务——绝不撒谎，绝不这样，绝不那样。但是，他想到参加考试的自己，想到其他人都还在写，他却放下了笔，于是得到了一个较差的分数，并且很可能因此无法进入研究生院学习，而这一切都是因为那些愚蠢而浮夸的原则感，于是，他动摇了。他意识到，有道德并不意味着纯粹，而是关心痛苦。从那时起，他开始通过考虑结果而非原则来判定某件事是否符合道德。是的，通常意义上诚实更好，但当安妮·弗兰克[①]躲在你的屋子里而纳粹军官正在门口时，撒谎则是更好的。

读研究生期间，他利用空闲时间为慈善机构工作，借此从情感上缓解道德孤立状态。他安排好课程，以便每周五都可以在名为"要食物不要炸弹"的非政府组织做志愿者。那是份折磨人的工作。在寒冷的波士顿，天亮前他就得

---

① 第二次世界大战期间的反犹大屠杀中最著名的受害者之一，著有《安妮日记》。

起床，赶到一条到处都是排泄物的小巷子里，将箱子一个接一个从货车上搬下来，直到指关节出血，而后在一个闷热的地下室厨房中辛苦地把饭做好。最开心的部分是看到人们分到食物时的表情，但一般这个时候他已经走了。他想，总有人想要做那个开心的部分，但只有他希望做比较劳累的部分，所以他会一直那样做。

不做饭的时候，他会参加一些抗议活动——打扮成一个龙虾站在大街上，拿着一个标语牌，上面写着"被煮好疼"。他一直很钦羡他妈妈由于反对种族主义在一场抗议中被逮捕，于是他也想办法让自己被逮捕。在波士顿有一条他感觉不很公正的法律，即夜里禁止人们在波士顿公园逗留。无家可归的人一直在长椅上睡觉，而警察则总是来将他们拖走，所以亚伦和其他一些人举行了一个静卧示威，于是被捕了。他高兴地给他妈妈打电话告诉她这一切，她说："你怎么现在才做？"

亚伦的父母，迈克和芭芭拉，在少年时期就认识了。她生活在布鲁克林的弗拉特布什，夏日里去了他生活的长岛附近的海滩。他们在一九六四年结了婚。芭芭拉去纽约工作，在一个福利部门做调查员；迈克则开始做一名摄影师，为政治抗议活动拍照片。他和芭芭拉都是布鲁克林CORE（种族平等议会）的成员，因此参加了大量的示威游行。迈克最成功的照片拍的是一个参加抗议民族主义游行的黑人被警察逮捕的情形。那天有几百人被逮捕，其中就包括芭芭拉。迈克为坐在地上微笑的芭芭拉拍了一张照片——就在她马上要被逮捕之前，旁边还站着一个警察。亚伦在他的桌子上放了这张照片，并喜欢把它描述为"妈妈正要被拖走"。

一九六五年，迈克和芭芭拉离开布鲁克林，搬到了科罗拉多，迈克在当地一家报社找到了一份图片记者的工作。芭芭拉热爱西部生活，但是迈克却莫名其妙地变得越来越不对劲，他的行为变得古怪，甚至因此丢了工作。在那之后，事态急转直下。他先是找了一份在怀俄明的工作，当他再次被解雇后，又在邮局找了一份工作。他的行为越来越奇怪：他开始向别人展示自己的裸照，威胁别人，总是追求其他女人，还几乎不怎么睡觉。芭芭拉试着向孩子们掩饰他的疯狂行径：当她不得不带他去精神病院时，她对他们说，他是要去执行一项摄影任务。当他在家时，她感到恐惧：他总是带着亚伦和他的兄弟去做些疯狂而危险的事情，而他们又很喜欢这样，觉得爸爸比妈妈有趣多了。

等他在阿肯色州丢掉最后一份工作时，他的状况恶化得更快了。他相信纳粹分子正在从门下的缝里往他家喷毒气，还让屋子里每个人都小声说话，因为他觉得他们的邻居就是纳粹分子，一直在监视着他们；他开始购买枪支，认定自己是救世主。在某些时候，芭芭拉认为屋子里有枪让她感到不安，治疗他的精神病诊所的人也觉得不安全。最终，事情越来越糟，她只能将他送回他父母那里，让他一个人过。

芭芭拉总是保护着亚伦，不让他知道太多关于他父亲的事。她从没有对他说起过他父亲频繁的不忠。当她离开迈克时，她对当时约九岁的亚伦说，他们之所以离开是因为他父亲病了。亚伦感到震惊，哭了起来，如果他父亲病了，他们应该做的当然是照顾他，而不是抛弃他啊！如果是他自己生病了，妈妈也会离开他吗？

离婚以后，芭芭拉决定举家搬往东部，主要是因为他们家是镇上唯一一个犹太家庭——亚伦在学校里总是遭到殴打就是因为犹大杀害了耶稣，但是损害已经造成了。当他作为犹太人被殴打时，他会想：如果我也出生在这里，作为他们之中的一员，我会相信他们所信仰的，我也会打我自己。所以，怎么能肯定我的信仰就是正确的呢？他才八岁，就对妈妈说他不相信上帝。

亚伦在二十多岁的时候遇到了珍。她当时正在新英格兰反活体解剖社团工作，亚伦作为一名疯牛病专家为他们提供服务。他刚从外面走进来，她立即就很讨厌他。他对人冷淡，傲慢，脾气很差。当时他已经开始在动物权利运动中崭露头角，周围总是围着一些女孩。但几个月以后，有一次吃晚饭的时候他们相邻而坐，他决心要表现得有魅力一些。她当然被迷住了，当他提出要和她约会时，她接受了。

那时候，他们感到彼此非常相似：他们都将自己完全奉献给了反抗不公的战斗。她关注动物权利的过程比他更加迂回——她从女权运动开始，随后通过生态女权运动认识到动物和女人在被践踏这件事情上有相同之处——但他们最终殊途同归。他们嘲笑一样的东西，他们都爱看有些古怪的小卡通片。让珍吃惊的是，亚伦其实挺有趣的，即使在谈论纯素食主义的时候也能把人逗笑。他有一张表，上面有七种不同的人类大便的图片，以及哪种大便最健康的说明——当然，最好的粪便是那些纯素食主义者的粪便。

亚伦和珍搬到了一起，然后麻烦就开始了。首先，亚伦很不爱收拾。他不只是不整洁，简直就是邋遢。要洗的衣服堆在房间里，水槽里都是碗碟。为了省钱，他会一次性做大量食物——好几斤的扁豆炖汤或者鹰嘴豆泥——然后把用过的锅和碗放得满厨房都是。当她抱怨的时候，他就对她说，洗碗的时间可以用来为动物争取权利，相比起来后者更加重要。对此她想不到什么反驳的好观点，事实上，从道德的观点来看，她认为他是对的。所以，当她感到自己快疯了，被厨房里的脏乱不堪逼到了崩溃边缘，她所能说的只是："但是我需要这样，我想要这样，我求你。"多年以后，她希望自己当时曾朝他大吼过："你知道吗？一切都和平衡有关，我们生活在一个不完美的世界，是的，你说的对，洗碗会减少你对动物的关注，但是在我神经崩溃之前去把碗洗了！"但是那个时候，她还年轻，不确定什么是对的，什么是正常的，或者什么是她应得的。要命的是，她之前一直认为自己是个极其道德的人，而现在她感觉自己是个自私的人，一个典型的中产阶级。比起动物正在被折磨和人们正在挨饿，她似乎更关心洗碗。

珍来自一个很糟糕的家庭。她的妈妈在孤儿院长大，很年轻的时候就怀孕了。她爸爸拥有一家汽车修理厂，挣了很多钱，但是后来变成了一个粗暴的酒鬼，把自己的钱都败光了。作为一个孩子，珍遭到她爸爸和两个兄弟的性骚扰。当她告诉妈妈她被骚扰并想自杀的时候，她妈妈表示理解，但她说，如果珍自杀了，她也会跟着自杀。她爸爸开始购买枪支，并一度想要勒死珍和她妈妈。（多年以后，她的一个兄弟因为谋杀自己的妻子进了监狱。）

在她十五岁时的一天夜里，她妈妈把她叫醒，告诉她必须马上逃走，否则她爸爸会把她们都杀掉。珍先逃了出来，但她妈妈花了一个小时才从房子里逃出来，因为她爸爸用枪指着她妈妈，扣留她做人质。珍在外面的雪中等待，想着，她就要死了，她就要死了。最终，她妈妈设法逃出了屋子，两人一起逃到受虐待妇女避难所。她们有几个月无家可归，珍睡在朋友家的沙发上，但她还是继续上学，取得好成绩，因为她知道不这样做就完了。

在整个学生时代，她都通过工作挣钱来帮妈妈分担房租。大学期间，她有时还通过回收易拉罐来挣吃饭的钱。她的信用卡债务开始增加，但她信仰妇女运动，所以在毕业以后并没有去找一份高收入的工作，而是去几乎没有报酬的受虐妇女组织工作。尽管如此，珍觉得，如果偶尔买一双鞋子可以让自己感觉好一些也是完全没有问题的。她花起钱来精打细算，但亚伦比她更节约，她因此感到内疚。甚至在深冬时节，亚伦也会让暖气保持比较低的温度。他将自己一年的花费削减至两万四千美元，然后是两万，再然后是九千。当她买了一些他认为不必要的东西回家时，他从不说什么，但是他也无须说什么，她知道他是怎么想的。

珍工作很努力，但亚伦却总是在工作，工作永远排在第一位。他觉得在这个世界上有那么多的痛苦——他几乎是从物理意义上感受到这一重负——他怎么停得下来呢？人们都还在挨饿，他怎么能够放松和看电视呢？甚至当他和她在一起时，她也感到他总恨不得回到工作中去。如果她反对，他会对她的自私感到吃惊。如果她感到不安，他也会感到不安，但是他会坚持自己的原则。有时她想他这样做是对的，但是有时她又觉得自己作为他的女朋友，应该得到一些特殊待遇——人们总是对更亲近的人比对陌生人负有更多责任。有时他们会在哲学层面讨论这个问题。珍会问，假如那边有两个人溺水了，我在这边也掉进了河里，你要么救那两个人，要么救我，你会怎么做？这些讨论通常都不会有什么好结果。

她意识到，他的行动主义是他们关系中的第三者，是那个她绝对竞争不过的对手。在他不用去上课的日子，他会继续巡回演讲，接连好几周都在路上。她为他做饭，清理房间，帮他打包好行李，从邮局给他寄过去。唯有一次他完全陪着她，那次她处于可怕的危机之中，他感到把注意力转移到她身上是可以被原谅的。当时她父亲去世了，她很害怕去葬礼，因为以前虐待过她的兄弟也会去。但是亚伦照看着她，葬礼那天，他帮她穿好衣服，因为她已经僵硬到几乎不能动弹了。他把自己对宗教的厌恶放到一边，和她一起念祈祷文，因为她不想一个人祈祷。

亚伦最终选择了有着珍这样背景的女人并非偶然，他曾经和心理受到创伤的女人有过情史。在念高中的时候，他开始关注一个受到虐待的女孩，她从幼年起就惨遭自己的父亲和兄弟强奸。她父亲是个赌徒，也是个酒鬼。她有夜惊症，不能安睡。亚伦决心要拯救她。他感到她深受伤害，过着这样可怕的生活，因而值得有人对她好。他过去总感到一种想要帮助别人的强烈欲望，但他只是一个孩子，不知道该怎么帮，而这是他知道他能做到的事。他知道，如果让她单独待着，她永远走不出来，所以他愈发靠近她。

当她开始痛打他的时候,他总是瞒着他妈妈。有时候被打到嘴唇出血或者留下了瘀青,实在瞒不过去,他会告诉妈妈他在学校里和同学打架了。她偷他妈妈的钱去买可卡因,这事他也试图瞒着。有一天,他妈妈走进他的房间,看见他女朋友正挥舞着拳头打他,而他缩在床角。从那以后,他妈妈再也不许她进这个房子,即使那样他也没有和她分手。他估摸着可以承受这些虐待——他足够健康,并且来自一个足够好的家庭。他打算和她结婚,照顾她,并在她以后的人生中保护她。

他只反击过一次。那一次,他开车送她回家,但是她拒绝下车。她开始打他,他蜷缩着躲避,但是车里的空间太狭窄了,他没有办法躲过她的拳头。就在她打他的时候,他越来越生气;突然,他猛地出手,打到了她的头部。她看到他打过来就躲闪了一下,而那一击落在了她的后脑勺。他的手疼极了,两个人都开始哭起来,陷入一种悲伤的、歇斯底里的情绪中。在这个过程中,他意识到他做了什么,并对自己的行为感到厌恶。他想,他的整个人生都致力于保护弱者,但现在他却打了一个被严重伤害的女孩——他变成了她生命中另一个残暴的人。尽管他也知道,这正是她长时间以来想要的:她想要他反击,因为她可以借此来威胁他。当他去上大学的时候,她跟着他,什么都不让他干。有一天,他要去参加一个测试,而她拦住了他的路,这时他意识到不能再这样下去了,才和她分了手。

珍非常吃惊地发现,在某种意义上,亚伦是有钱的,他有一笔信托基金,数额虽不是非常大,却足以让他做自己想做的事。她让亚伦帮着还她的信用卡债务。她正在偿还这些钱的利息,但这对他俩的财务状况没有什么实质帮助。如果能偿还更多,就可以将她从多年来困扰她的负债感中解救出来。她畏惧贫穷,无家可归的时期给她内心留下了深深的创伤。但是他不愿偿还这笔债务。他对她说,世界上有更需要那些钱的人。他说,她有东西吃,有地方住,但这世界上有很多人正在挨饿。他当时已经将钱分配给了一个慈善组织。在亚伦眼里，这是沾满血腥的钱。他妈妈的父亲开办的公司制造镀金的浴室附件，而他爸爸的父亲则通过生产皮毛大衣来挣钱。这一污点只能通过一种方式擦除，即用这些钱来减轻那些最不幸的痛苦。这些痛苦包括珍的痛苦、索马里人民的痛苦，以及被关在笼子里的动物的痛苦。她怎么能与他们竞争呢？她不能。她知道他是对的。

他们在一九九九年结了婚。他们为此争执了许久，因为亚伦觉得马萨诸塞州不允许同性恋结婚，因而是一个歧视的体制，他们不应该参与其中。珍告诉他，她会用接下来的十年时间为促进同性恋平权而工作，但是她想要现在结婚。毕竟她已经对他够宽容了，现在她想要一枚戒指。她知道他绝不会同意要孩子，所以她没有考虑这个问题，即使她并不确定自己的想法。她整个婚礼的早晨都在呕吐。

这段婚姻持续了两年。对珍而言，分手最艰难的部分之一是她现在必须承认她并不是自己过去所认为的那种道德高尚的人。她不只是离开了亚伦，而且选择了自私。她选择了她自己的幸福，而不是其他生命的幸存。她不能为此辩护，她也觉得这是错的，但是她无法克制自己，她不是他。

痛苦是暂时的。然后，慢慢地，在她和亚伦共同生活期间一直受到压抑的怨恨与痛苦达到了一个爆点。她背叛了她和亚伦执行多年的严格素食主义——现在珍开始吃奶酪。她去了巴黎，贪婪地吃着奶酪。她去购买当季的新衣服，并在有生之年第一次喝了酒。她吸大麻，还很喜欢。她改变了对以色列的看法，她的工作是为恋足癖者扮演施虐狂。她不再做垃圾回收。

而同时，亚伦在另一个方向上艰难前行。和珍分手以后，在将近一年的时间里，他没有地方住。他放话出去，只要有人邀请他，他愿意向任何人免费宣讲素食主义、营养学、动物权利或者社会正义，他们只需要付给他路费并让他晚上在那里过夜，即使是在地板上。一开始，他很兴奋。在内疚地和珍生活多年以后，现在他终于可以无拘无束地完全投入到他的行动主义中。他不挣钱也不花钱，一直四处奔波。他一个月要发表四十次讲话，开着一辆捐助的车子走遍了全国各地，如果没有地方过夜，他就睡在车里。但是，这样过了大约八个月以后，他觉得应该适可而止了，他又想要一个家了。他面试了一份动物权利组织的工作，就在同一天，他在家具商店的楼上发现了一个小小的昏暗的公寓，并当场租下了它。

他实在是太热爱自己的新工作了，他很快就觉得每周花一整天来煮小扁豆实在太浪费时间。在过去，他认为自己所拥有的时间基本上是没有价值的，所以要做的就是用它来节约金钱。但现在他已经是一个有学位和平台的专家，他不再觉得自己的时间那么没有价值了。他依然会捐出一半的工资，但这不是他关注的要点。不久以后，他对时间也变得像对金钱一样执着了。他开始画流程图、列清单，算计着怎样才能最有效地利用自己的日子。他把电脑安装在卧室里，这样他只要翻身下床就可以立刻按下开机键；为了去卫生间而不得不走的那四米简直让他抓狂。他试着睡得更少——每晚三个小时或四个小时——来测试自己是否能以这种方式换取更多的工作时间，看看自己到底能够坚持多久才会崩溃。医生说他需要锻炼，但他发现，自从他睡得这么少后总爱在桌前打盹，于是他决定在跑步机上边走路边工作，这样可以一举两得，一来让他保持清醒，二来也在不浪费时间的情况下完成了锻炼。为了增强稳定性，他穿了加重带，还把自己和附近的家具用弹力绳系起来以免晕倒。他看起来是有些头脑不正常，但又有什么关系呢？

他很少花时间和朋友在一起，也从不允许自己有坐下来反思的时间。他理智上知道，花时间和朋友们在一起或反思一下自己的生活历程对他的工作或许有帮助。他可能会学到某些重要的东西，或者意识到他应该改变前进的方向。但他是风险厌恶型人格。如果那样使用时间，他或许会学到一些东西，或许学不到。但是如果他每个傍晚都用来工作的话，他知道自己总会完成一些事情。

亚伦的祖父母不再能照顾他父亲后，就把他安置在加利福尼亚州的一所生活辅助机构里面。但他在那里愈发抑郁，并且拒绝进食，这所机构只好将他转到了精神病院。在精神病院里，他每天好几个小时都像婴儿一样躺着，逐渐失去了把腿伸直的能力。医院联系了他的家人，建议将他转到临终关怀机构。亚伦明白，他的父亲还年轻，且实质上并没有什么太大的过错，因而对这个建议感到非常愤怒，最终他将父亲转到了自己居住地的一所医院里。迈克的状态真是糟透了，因为他不能走路，还不时患上肺部感染及其他种类的感染或溃疡，感染深至骨髓，所以他总是从急症室进进出出。有时他会一连数月陷入一种紧张性抑郁中，过后又会进入躁狂状态，变得很爱说话，很开心，但同时又非常偏执。他坚信医院的工作人员想要毒害他，但仍然整天愉快地追忆自己的人生。

由于父亲就在附近，亚伦非常纠结应该隔多久去探望他。在对父亲的责任和对工作的责任之间，他应该如何取舍？这是否应该受到他父亲是个糟糕的丈夫而他母亲是个可怜人这一事实的影响呢？他决定接受一个过得去的最小量——他只在危险期过去，虽然危险期也挺多的。他会想，如果是他妈妈处于这样的境地，他会怎样做。他很爱他妈妈，但他认为，他可能会做出同样的决定，因为这样做是正确的，虽然可能做起来要更加困难些。

在他父亲头脑比较清醒的时候，亚伦会告诉他在他病得厉害时都发生了些什么，描述将来可能发生的所有最可怕的情形，并询问他在那些情形下是否想要再苏醒过来；他父亲总是回答想。亚伦无法理解：父亲整天盯着天花板，甚至不能扭头看向窗外，他讨厌电视和广播，眼睛花得很厉害，如今他最喜欢的事情就是吃午餐了。亚伦觉得如果自己不得不那样活着，他一定会发疯。但他父亲愿意那样生活，他愿意做任何尚可承担之事。

最终他父亲上了呼吸机，处于昏睡状态之中，既不能说话也不能吃东西。医生告诉亚伦，他父亲再也没法离开呼吸机，而且也不会再醒来了。他们建议摘掉他父亲的呼吸机，他同意了。很长一段时间以来，他对花那么多钱来治疗父亲的病耿耿于怀，因为这些钱本可以花在别的地方以减轻更多痛苦。他对此的辩解是，那些钱本就是他父亲的，由于他父亲想要活下去，他觉得自己并没有权利拒绝这个要求。但另一方面，他父亲在多年前就已经被视作失能了，所以这真的取决于亚伦的决定，他无法假装不是这样。

在他父亲要摘下呼吸机的当天，亚伦提前到了医院和父亲告别。他坐在父亲的床边，但就在护士快要注射最后一剂吗啡前的短短片刻，他父亲睁开了眼睛。这有点儿像恐怖片里的场景，亚伦心想，一个尸体突然活了过来。他父亲的目光追随着亚伦，他能移动自己的头部来回答问题。亚伦简直被眼前发生的这一幕吓坏了，赶紧告诉了医生。结果他得知，迈克前一天也睁开了眼睛，只是医生认为他父亲的生命不值得延续，而亚伦得知此事后会难以下定决心，所以索性不对亚伦提起。亚伦非常生气，他马上叫停了摘除呼吸机的计划，重新恢复了对父亲的治疗。事实证明，这是一个错误的决定。

让他父亲留在重症监护病房的花费实在太昂贵了，所以医院把他安置在呼吸机区。信托资金里有足够的钱可以用来负担一台好的呼吸机，但即使这样，这个地方也是凄惨的：床挨着床，上面躺着只能说还算活着的人，每个人都连着一台呼吸机。很多人都处于昏迷状态，根本没有大脑活动。这就像是一个人类的工业化农场，亚伦想。那里既没有家人，也没有来访者。关键是什么呢？他父亲并不处于昏迷状态——他处于垂死挣扎中，即使护士给他用了最强效的镇痛剂，他也依然醒着。他最终再进医院是由于另一次感染，接下来是昏迷。医生又一次对亚伦建议结束这一切，这一次他同意了。呼吸机被摘掉了——然而这一次，他父亲又醒了过来。医生告诉亚伦他父亲将在数分钟内去世，因为这次感染后他的肺已经衰竭，无法自行工作。但是他并没有死，他呼吸着，他有意识，他处于痛苦之中。他不能像之前一样注射吗啡，因为这会加速他的死亡，而这是不合法的。亚伦痛苦地坐在那里，现在的情形似乎是他正在谋杀他的父亲，故意让他痛苦，然而，如果将他送回那个呼吸机农场，结果必定是最糟糕的。几分钟过去了，几个小时过去了，他父亲依然活着。足足花了二十个小时，这一切才结束。

在目睹父亲的死亡之前，亚伦主要关心的是动物的痛苦。他看了那么多的录影带：动物在屠宰场里发出可怕的吼叫声，被关在笼子里的残疾动物受到感染并流着血，有些动物的腿伤得非常严重，无法站立行走——这些在他脑海中的影像和声音伴随着他度过了人生中的那么些年，那时在他心目中，痛苦就是人类造成的，弱者和不会说话的动物的悲惨处境是被强加的。而现在，他看到人类身陷的处境和那些养殖场动物所面临的处境一样残酷，人在遭受痛苦时所受到的折磨和那些悲惨地活着只为一死的动物所受到的折磨一样如同末日。他当然知道人类也会痛苦，但是他忘了存在着这样一些人，他们一动不动，吃喝拉撒无法自理，也不能用语言来表达或者请求减轻痛苦。

亚伦在动物权利组织工作后不久就遇到了丽娜，他终生的挚爱，她也在那里工作。他的工作和鸡有关，而她的工作和海豹有关。她是来自康涅狄格州沃特福德的一名纯素食主义者，几乎和他一样节俭。同亚伦一样，她认为自己关于金钱和其他东西的原则意味着她只能独身。她早在十三岁的时候就已经断定生孩子是不道德的，并且从未改变过这个看法；像他一样，她认为家庭义务沉闷无聊，总是试图躲避。在某种意义上，她甚至比他更清心寡欲：她比他更关心环境，所以，当他们一起搬到一所租金包含暖气费和空调费的房子里时，他任由自己享受这一免费资源，而她却关掉了她房间的通风口，寒冷或是闷热都取决于季节。在这段关系的早期，他为她买了一台二手的DVD机作为礼物，她却突然哭起来。她最近才看了一部关于某国童工被剥削的电影，因为这台DVD机是该国制造的，一下就让她回想起童工受剥削的场景，而它很可能就是剥削行为的产物。亚伦被迷住了，他觉得她是如此纯净的物种，对道德如此敏感，他感觉她简直不属于这个堕落的世界。

当他和珍没了感情以后，他决意和丽娜继续交往。他对她说，在第一年里他会花很多时间和她在一起维护他们的关系，但那之后，他会恢复自己正常的习惯。起初她因此很生气，但终究也没有那么介意，毕竟很多时候她也喜欢独自生活。他们决定在多数夜晚一起用晚餐，并且一年有几次一起过长周末，那就够了。

在动物权利组织工作若干年后，事情越来越顺利。亚伦在工作上很有一套，不论是在立法还是公司事务方面，都为小鸡迎来了许多重要的胜利。很多巨型公司——西夫韦、好胃口，尤其是好市多——做出承诺，要购买那些以人道方式养育的家禽。星巴克承诺只用散养鸡蛋。加利福尼亚州通过了一条法律，规定蛋鸡的生活空间必须增加百分之七十，并且禁止其他地方的笼养鸡鸡蛋在此地销售。美国的肉类消费几乎每年都在下跌，这出乎所有人的预料，毕竟二十世纪五十年代以来这类消费一直持续增长，但是经过这次以后，肉类对身体有害这一说法终于彻底传开了，整个公立学校系统都接纳了"无肉的星期一"。

他意识到，为人们不会变成纯素食主义者而绝望是不明智的。多数人绝不会变成严格素食主义者，甚至不会变成素食主义者，但如果他们吃肉越来越少，那么动物的处境就会越来越好。有时他希望整个国家都按照他希望的方式运作：没有人愿意看见小鸡受到折磨，越来越难以否认工厂化农业经济的可怕之处。有时他觉得自己处于某种公民权利运动的风口浪尖，一点一点地向前推进，也许要用一生去完成这一事业，最终让大家看到工业化农场和奴隶制一样是反动的，是让人不可思议的可怕之事。

当这样想的时候，他觉得自己做的工作很棒，不管是已经做了的还是正在做的都很棒，因此早年驱动他工作的内疚感和根深蒂固的亏欠感也明显减轻了。他依然需要每天积攒一定数量的绩效来自我安慰，这让他感觉履行了自己的责任，但因为他的工作非常顺利，这些绩效也越来越容易得到。早些年他绝不会想到，他生命中会有一个时期让他觉得自己做得已经够多了。大多数时候，这种感觉很不错，但是他也对此起了疑心。要是他的高效并非意味着他应该稍微放松一下，而是意味着既然能完成更多的工作，他就有义务比之前更加努力地工作，他该怎么办？这可能是更符合逻辑的。

假如这种成就感是一种幻觉，假如他就像人们在变老时常常会发生的那样，正变得软弱和容易满足，那怎么办？毕竟世界并没有发生多少改变，依然有无数人在挨饿，对于多数动物而言生命依然是可怕的。他依然感到痛苦的沉重负担，那种可怕就存在于他心灵的房门之外，那扇门哪怕只打开一道缝隙，都可以窥见这痛苦的可憎与无尽。他看到很多素食主义者都觉得不吃肉是很大的美德，以至于不再鞭策自己为更伟大的事业而工作。他不想成为这样的人。他告诉自己，不应该把自己和任何其他人进行对比，因为多数人为这个世界所做的实在太少了，以至于他会感到他在这场比赛中还是领先的。不，他必须只把自己正在做的和自己所能做的进行对比。

他过去常常回望二十世纪六十年代——他父母的年代，那时很多人被激励着成为行动主义者，拒绝自私。他想：那些人怎么样了？他们在他现在所处的年纪溜到哪儿去了？他们不再是行动主义者了。他们必定告诉自己一些故事，说明挣钱和拥有一个家庭是多么自然，而二十世纪六十年代也已经过去很久了。他很确信这不会发生在自己身上，但可能他们也曾经这样认为，也许到了一定的年纪，人们就会遇上一些生理意义上的事情。

奇怪的是，他很开心。他热爱他的工作，因为他做着只有他才能做的工作。他积攒了一个又一个胜利，他和一个女人相爱，这个女人并不想从他这里得到比他所能给的还要多的东西。他和一些关系不错的行动主义者朋友开玩笑说，如果他们看见他过得太轻松，忽略了自己的责任，可不要让他就这样心满意足地活到老，而是要拿一个枕头将他捂死。

第四章
责任和圣人

STRANGERS DROWNING

将一个人奉为圣人其实是一种切割和疏远,暗含的意思是,作为普通人的我无须像您那样行事。称赞其实只是伪装的借口罢了。

第四章 责任和圣人

行善者的标准有多奇怪呢？假设你并不渴望成为一名行善者，道德又能要求你多少？你的生活是你自己的，你按照自己喜欢的方式过日子就好，还是说你对其他人有所亏欠？如果确实有所亏欠，那么是多少？这里的道德问题不是质的问题：我该怎么办？而是量的问题：什么时候可以停下来？

有的行善者说，他们只是在履行责任，只是在做每个人都应该做的事情，如果多数人觉得他们的责任感古怪而不合理，那只能说明多数人是错的。他们拒绝别人将其所作所为看成是神圣的或英雄主义的，因为对他们而言，这只是换了一种说法来表达多数人无须做这些事情。称赞其实只是伪装的借口罢了。

但是，当然也可能是那些行善者错了。几乎人人都相信有些行为超越了责任的内涵，几乎每个宗教都相信存在着一些更优秀的人，比如圣人，他们比其他人做得更多。哲学家 J. O. 厄姆森论证说，把某些行为称作是神圣的或者英雄主义的，是人类道德的基础部分——这意味着这些行为很好，但不能要求人们都这样做，因为所需的牺牲或勇气实在是太大了。反对神圣性与英雄主义的概念——也就是说，不存在超越使命召唤的行为——相当于要求每个人都必须成为圣人或者英雄，即每个人都必须偿付他们的债务及避免偷盗。这太荒诞了，这是属于天使的道德，不是属于人类的道德。

这只是一种思考的路径，在任何意义上都不是唯一的路径，但是现下却是行善者的极端道德最常见的理论支撑之一。一九七一年，东巴基斯坦发生过一起种族灭绝事件，紧随其后的是一场可怕的旋风，满目疮痍与贫瘠。对有些人而言，似乎只要筹集到足够多的钱来支付援助费用，这种可怕的痛苦就是可以避免的。富裕国家的人们在新闻上听说了东巴基斯坦的困境，有人非常悲痛，捐钱给救助组织，也有人无动于衷；不管哪种反应都是可以接受的，因为为了减轻外国人的痛苦而捐钱超出了多数人所认为的义务范畴。后来人们确实筹集到了一些钱，但远远不够，成千上万的人在一定程度上由于这个原因饿死了。

为了回应这个问题，澳大利亚哲学家彼得·辛格写过一篇现在很著名的文章——《饥荒、富裕和道德》。他认为，把钱花在粉饰中产阶级的生活而非消灭饥荒上，不只吝啬，更是卑鄙。他的论证是这样的：假如你经过一个不深的池塘，看见一个小孩溺水了，你应该去救他吗，虽然这意味着要弄脏你的衣服？多数人会回答说当然应该去救这个小孩——脏衣服和一个死去的小孩相比算得了什么呢。那好，他说，孩子一直在垂死挣扎，如果我们无须牺牲同等重要的东西，尤其只是像衣物这样毫不重要的东西，我们就应该救他。这些孩子中的多数并不在我们身边，但是，他们是否在我们身边在道德上又有什么区别呢？如果我们为购买衣服花掉了两百美元，而这些钱本可以买到救命的食物和药品，那么我们就对死亡负有责任。延伸来讲，如果我们不把自己拥有和挣得的金钱捐献出来以减轻痛苦，那么我们就对很多人的死都负有责任。

这篇文章对很多人产生了深远的影响，尤其是像亚伦·皮特金这样的人。他们一直在寻找一个道德方向，因为这世界上的痛苦要求他们做出个人的、疼痛的回应，这让他们不太舒服。池塘论证让这种道德紧张感转化成了清晰的焦点。对于亚伦来说，这似乎是不容反驳的。这一体验令人恐惧：亚伦意识到他过的生活比他想象的还不道德，而他必须做出巨大改变。但这也令人振奋。对于像他这样彻头彻尾的行善者而言，一个令人信服并指出清晰道路的道德论证从根本上来说是一种安慰,即使所指出的那条道路包含着一种比他所预期的更严厉的苦行主义。对他而言,道德的不确定性,模糊的内疚感以及随之而来的玷污感,比任何牺牲都更糟糕。出于这个原因,他没有过多担心这个论证暴露出来的复杂性,比如,第一次世界大战时期,把拯救穷困的外国人当作自己的事而带来的政治问题,以及慈善机构解决问题(尤其是在政府无作为或腐败方面)的能力有限等实际问题,而直接接受了它。

池塘论证不仅影响了亚伦这样本就准备接受这种论证的人,还让那些从直觉上强烈感到这个论证有问题的人也讲不清问题出在哪儿。当然,那些人可能会想,买一双鞋子绝不可能坏到让一个孩子溺死在你跟前的程度,使自己和家人处于贫困中也不可能坏到连环杀手的程度。倘若真是如此,我们的道德直觉必定存在着严重的缺陷,那么我们就不应该听它的;而如果我们的道德直觉全是错的,我们又怎么能依靠它做出任何判断呢?由于这些荒谬的感受,池塘论证提出的问题依然没有得到解决。一个垂死挣扎的孩子是否在你面前为什么会让事情有所不同呢?如果拯救一个孩子是你的责任,那么为什么不是五个或者一千个呢?

这是怎么回事?一个溺水的孩子怎么会在一个接一个的浅池塘中变成了数千个溺水的孩子?对人生的期许怎么就变成了刚救完一个孩子就疯狂地奔去救下一个孩子?道德的代价如何会以这样惊人的速度上升,攀爬到如此之高?这样一个简单的论证如何得出如此与常识相悖的结论,却似乎源于最普通最健康的道德直觉?之所以会这样,是因为我们模糊了慈善与拯救之间的区别,这两者对于多数人而言是完全不同的道德概念。拯救——帮助一个眼前人,比如一个掉进池塘的小孩——对于大多数人来说是一种责任,只要这个行为不太危险。而慈善,就帮助一个身处远方的看不见的人而言,却并不是一种责任。(当然,有的人会将慈善也当作是一种责任,只不过是一种有限的责任,而非辛格所说的近乎无限的责任。)

对于多数人而言，自己与他人的距离，不论是身体上还是情感上，都是一个深刻的道德事实，这对他们的责任感造成了意义深远的影响。一个身处远方的人，你看不到也听不到，你们之间没有共同的回忆与归属，对于这样一个人，你不可能以对待身边人或你视为自己人的那些人一样的方式给予帮助。忽略溺水小孩的哭声违背了最基本的同情，任何这样做的人似乎都缺乏人性。另一方面，培养对看不到的陌生人的同情却似乎是一种抽象的、次等的、额外的道德感情——足够令人钦佩，但是超出了对正常人的期待。辛格知道，对大多数人而言这些差异很重要，但是他想要表明他们不应如此。对他来说，尤其是物理上的距离对道德并没有什么影响。一个人如果认为让小孩在自己眼前淹死是不可原谅的，又怎么会仅仅因为距离更远就安然接受让同样无助的孩子死掉呢？这太荒谬了。

彼得·辛格是一位功利主义者，也就是说，他相信一个人不应该按照一套规范——如不要偷盗，不许杀人，尊敬你的父母，帮助老太太过马路——而应该按照如何才能给世界带来最大幸福这一原则来定义何为道德之事。从原则上说，这意味着人应该关心幸福本身，而对这是谁的幸福保持中立。也就是说，我们应该像关心眼前人甚至家人一样关心远方的陌生人。事实上，很多功利主义者都相信，如果人们都更关心家人而不是陌生人，通常会是最好的，因为这样世界会运作得更好，但这只是一种实用主义的让步。考虑到动物也追求幸福，辛格甚至把它们也纳入了自己对义务的计算中，就像功利主义创始人杰里米·边沁所说："问题并不在于它们能不能跟你论理，或者它们能不能说话，而在于它们会不会感到痛苦。"

接受这样一个观念，即至少在原则上，我们对远方的陌生人有着同亲近的人一样的责任，相当于拒绝了多数人所持的核心信念，甚至忽略物理距离的重要性也是非常极端的。正如哲学家夸梅·安东尼·阿皮亚所指出的，一个严格的功利主义者根本不会去救浅池塘中的小孩,他会任由这个小孩淹死,卖掉自己没有被弄脏的衣服,将收益捐给能用钱拯救不止一个小孩的慈善组织。这就是忽略物理距离会产生的极其诡异的后果!不过当然,与上面的情况相比,把对陌生人的责任和对家庭的责任放在一起权衡则是一个大得多的飞跃。你可能会说,选择家人还是陌生人是一个关乎本质而非数量的问题,我要考虑的是,我必须帮助谁,而不是帮助多少人。然而在实践中,几乎总是有更多的陌生人而不是亲人急需帮助。

但是,让功利主义显得极端的,不仅在于它承认家人与陌生人之间没有差异,还在于它对人提出了多少要求。毕竟,在某些基于规则的道德体系中,存在这种可能性:只要你服从规则,恪尽职守,就可以按喜欢的方式自由支配自己的时间与资源。你没有偷盗或者杀人,你尊敬父母,帮助老奶奶过马路,那么你就可以去做那些能确保你过上体面生活的事情了。但功利主义宣称,你应该按照尽可能给世界带来最大幸福的原则去行动。从字面意思上来看,这意味着你生活中所做的每一件事都应该被这样一个目标所驱动。也就是说,你并没有因服从规则而得到做自己想做的事的机会。

辛格如功利主义者一样激进,但他还不是最激进的那个。最令人吃惊的苛刻的功利主义者或许是最早那批功利主义者中的一位——威廉·戈德温,玛丽·沃斯通克拉夫特的丈夫,玛丽·谢利的父亲,与边沁同时代。法国大革命之后不久,戈德温宣称,对家人和朋友给予特殊照顾的欲望是一种有害的冲动,应该同贪婪或对名声的渴求归为一类。对他而言,责任之外无生活,因为责任是无限的。"一个人没有权利随性处置哪怕一分钱,"他写道,"非但没有理由因为对慈善事业的一丁点投入而欢呼,只要从其中扣留一点,在正义的眼里都是失职的。"这一态度纯粹、一贯,并且相当彻底,但结果证明它遭到普遍的拒斥,最终功利主义慌忙撤退回适度的安全中。

在功利主义的鼎盛时期,即十九世纪后半叶,约翰·斯图亚特·穆勒和亨利·西奇威克的时代，它作为一种温和的实用主义学说出现，完全是先进的，但是雅各宾派粗暴地消除了这一切的痕迹。对于穆勒和西奇威克而言，有些直觉明显是有用的，比如对自己孩子的爱和对朋友的忠诚，所以这应该被鼓励，即使在某些情况下他们会对公众利益产生不利影响。事实上，习俗道德的很多部分都应该原样保留下来。毕竟，穆勒令人欣慰地写道："某人（除非千里挑一）以一己之力成为公众施惠者的情形只是例外，只有在这种情形中，他才被召唤去考虑公共利益。在其他时候，私人利益，少数几个人的利益和幸福，才是他必须照顾的全部。"这非常合理，并且符合多数人的道德直觉。唯一的问题是，这并不是真的。所以，一百年后，彼得·辛格就像威廉·戈德温的幽灵一样出现，召唤功利主义回到自己苛刻的根源。

对于一个非功利主义者而言，辛格或者戈德温所倡导的那种极端的道德可能不仅苛刻，事实上也是罪恶的，因为它妨碍了你对自己的责任。要求一个人将自己视为维护公共利益的工具相当于从大街上绑架一个人，割掉他的器官去拯救另外三四个生命。这样要求他人是邪恶的，这样要求自己似乎也是错误的，甚至是变态的。不偏不倚的普遍之爱似乎与我们所看重的人与人之间深切的依恋之情相对立。

英国哲学家伯纳德·威廉姆斯鄙视功利主义，但他认为"对自己的责任"是欺骗性的——就像他说的，那只不过是洗涤欲望的一种聪明的方式而已。他认为直接说出来更清楚些：道德并不总是能战胜其他的切身之事。道德喜欢营造一种局面，好像在它的责任王国之外就只有无意义的、自私的冲动而已，但这并不是真的。生命还有其他很多部分。如果一个人每时每刻都被要求履行道德责任，那么很多让生命值得活、让人值得爱的东西就不得不被抛弃。

假设一个人只能拯救溺水的妻子或两个陌生人，功利主义者就会问：这个人拯救他的妻子是被允许的吗？但是在那种情形下问出那样的问题，就像威廉姆斯以冷淡的口吻指出的："有这个念头都嫌多。"一个忠诚的丈夫会自发地去救自己的妻子，根本不会参考道德规则。在类似的情形中，授予道德不偏不倚的裁定权，会抛弃那些赋予人类生活意义的东西。如果没有对你深切依恋的人、你的家人和朋友或某个地方自私的偏袒，我们什么都不是。我们是亲缘和忠诚的造物，而不是这个世界盲目的侍者。

这并不令人吃惊，功利主义者非常少，甚至在行善者之中也是如此。很少有人相信自己对陌生人负有和对亲人一样的责任。而多数行善者，就像大多数人一样，认为道德是一些规范和原则，是人们应该做什么和不应该做什么，而不是去做许多善事。但另一方面，如果数量足够大的话，即使一个非功利主义者也会开始考虑数量的问题。当一个人询问他是否可以救他落水的妻子时，这个问题令人抗拒，但如果是要救五个陌生人，或者五十个，五千个呢？如果他的妻子是一个在潜逃的疯狂的连环杀手呢？在某种意义上，甚至感情最丰富的、根本没有行善者倾向的反功利主义者也会开始感到内疚。

行善者和功利主义者拥有一个共同的信念，即关于你亏欠陌生人多少，以及责任对你能要求多少，大多数日常观念都是错的。一个行善者可能像任何一个正常人一样相信，应该拯救你溺水的妻子而不是另外两个陌生人，但是随着陌生人数量的增加，行善者会比正常人更早开始担心不改变想法是否是不道德的。行善者在生命中感到完全随心所欲的时间是极少的。只有当他完成了自己的责任，不再欠这个世界什么，剩下的时间、金钱和精力才只属于他自己。

那么，道德要求我们的事是否存在一个限度呢？相信每个人都有义务带来尽可能多的善，等于暗示基本的责任之间没有分别，比如讲真话与自我牺牲的神圣行为之间没有等级差别。这一观念不仅与多数人思考道德的方式不同，更有可能毁掉整个责任观。如果为陌生人牺牲自己的生命与不撒谎或不偷盗一样好，如果买一双鞋和没有从池塘中救出溺水的小孩一样坏，那么，似乎要求谁不撒谎或不偷盗，就可以要求他为陌生人牺牲。责任是任何情况下任何人都必须遵守的法则，否则就不能称之为责任。要求太多可能会和要求太少一样腐化堕落。要求太多挤压了人的抱负。如果每种好行为都是被要求的，那么就没有行为值得赞赏，也就没有了美德——只有责任与恶。

辛格的结论给人的印象极端到近乎疯狂。现如今，这样的道德理论似乎是荒谬的，根据这个理论，几乎人人都失德到了堕落的程度。而值得记住的是，在过去，这种每个人都是卑鄙有罪者的理论似乎完全是正常的。

行善者认为人有义务像照顾家人一样照顾陌生人，这个信念看起来似乎违背了人类的直觉，但是人类的直觉并非都倾向于舒适和爱。牺牲也是一种人类直觉，为家人做储备以应对未来的灾难是一种直觉，把礼物分发给不认识的人同样是一种直觉。为看不见的和不认识的人付出是令人崇敬的苦行，犹如对看不见的神秘神意的信念。如果采取"普遍的观点"——借用亨利·西奇威克的术语——是不自然的，正如行善者试图做的那样，想象上帝的视角同样也是不自然的。

第五章
即刻充满理性与热情

STRANGERS DROWNING

她渴望某种东西，某种能令她即刻充满理性与热情地去行动，并借此充实起来的东西；因为引路愿景和精神导师的时代已经远去，因为祈祷者的渴望增加了，却并没有获得指示，那除了知识之外还有什么明灯呢？

——乔治·艾略特，《米德尔马契》

第五章　即刻充满理性与热情

　　多年以来，茱莉亚·怀斯都怀疑是否有可能遇到另外一个和她想法一致的人。她认识的每个人都认为她关于道德的想法以及她有责任去做的那些事很奇怪。多数人只是觉得她有些古怪。有的人对她说，她或许是对的，但是他们并不愿意做出她所做的牺牲；另外一些人则认为她的观念不仅误导人，事实上也并不好。所有这一切都让她担心自己可能是错的。有多大可能大家都是错的，而只有她是正确的？但是她也会质疑这种担心：毕竟，说她错了非常方便——她不用非得牺牲那么多。虽然她的信念对她来说合理且真实，她能够以理性的方式为其辩护，但它们并不完全是有意识的思考的结果：产生其他一切冲动的根本冲动简直就是她的一部分。她会情不自禁地这样想，从孩提时代起就是这样。

　　茱莉亚相信，由于人人都具有同样的价值，她没有权利关心自己的幸福超过关心他人的幸福。她相信她有义务花费时间为他人的益处而工作，这就是问题的关键。随着年纪增大，她更加具体地实现着这一原则的含义。大学时代，她认为自己可能想要参与国外某个地方的开发，但随后她意识到，她所能做的最有用的事可能并不是成为一个白人人道救援工作者，告诉其他国家的人应该怎么做，而是挣第一世界的薪水，然后将这些薪水交给NGO组织，用来支付那些比她更知道他们的国家需要什么的本地工人的薪水。

她在波士顿成了一名社会工作者，她热爱自己的工作。她不擅长闲谈，但她与来访者的对话常常让人深切地觉得触及了一些真实的东西，她希望至少有时候它们是有用的。去同情和帮助某个需要帮助且就坐在她对面的人感觉不错，但是她知道，生活在世界上其他某些地方的人处境更糟，甚至比她在监狱和精神病院工作时遇到的那些人的处境还糟——他们可能年纪轻轻就将死于本可预防的疾病，可能没有足够的食物或干净的水——所以她推断，她给慈善机构捐助的行为会帮助到她从没见到过的陌生人，这比她的社会工作更加重要。她相信，如果她想要尽可能多地帮助他人，就必须思考人们最需要的是什么，而不是她想要给予什么。重要的是，那些需要帮助的人并不是她现在正在帮助的人。

她将自己的花费缩减到一个绝对最小值，以便能把挣到的大部分薪水都捐出去。她将钱捐给在她看来用最少钱减轻最大痛苦的慈善组织，通常是指第三世界的医疗干预。她拿的是一份社会工作者的薪水，所以捐不了太多，但是年复一年地积累一辈子的话也是相当多的，大约有几十万美元，而这意味着很多年幼时可能会死于某些容易治愈的疾病的孩子将得到救治，获得正常的寿命。

茱莉亚过去经历过抑郁，即使已经快乐地生活了好多年，悲伤的阴影依然抓着她不放。她谨慎而保守，可以想象她的心门紧紧地关闭着，没有光亮可以进入。痛苦可能让一个人变得内向，变得只关注自己的疼痛而看不见其他人，但在茱莉亚身上却不是这样。她的抑郁使她从内心深处本能地意识到他人的痛苦，而大多数人并不会这样。她很年轻，才三十岁，但已经过了仅用青春热血就可以解释任何信念的年龄；那个多数人开始遗忘、扭曲或反抗他们孩提时学到的质朴得可怕的规则的时期，她早就过去了。

尽管极度俭省，茱莉亚并不是一个禁欲主义者。她和其他人一样喜欢物质生活。她喜欢烟花和冰激凌，喜欢烹饪，喜欢缝衣服和用边角料做精致的老式帽子。她从这些事情中而不是从捐赠中获得快乐。对她来说，给予仅仅是一种责任，和不偷盗一样，并不会让她生出道德感。如果这世界一切安好，她会愿意生活在某处农场，养一些动物，在花园里种一些南瓜、红花菜豆和向日葵。她会缝窗帘，阅读，烤苹果派，养孩子。但这个世界一点儿都不安好。

在她还很年轻的时候，茱莉亚认为结婚是件可怕的事。她不愿意在道德问题上妥协，这意味着，比如，她不愿意在那些正常夫妻结婚会花钱的事情上花钱。然而，二十二岁时，她和一个叫杰夫·考夫曼的年轻人陷入了爱河，她向对方求婚，两个人就订了婚。杰夫了解她的原则，但是金钱的问题还没有浮出水面，当时他们还在上大学，食宿方面都是被照顾的。所以，直到毕业，他们共同生活的第一次道德检验才出现。

那是九月里一个晴朗的日子，他们当时和茱莉亚的莫里斯舞蹈剧团一起在波士顿郊外的一个苹果园里。有人在卖焦糖苹果，茱莉亚想要一个。正常情况下她会告诉自己她不能为这样花钱找借口，但是杰夫告诉她，她想要任何东西，他都会用自己的钱买给她。那时他已经找到了一份电脑程序员的工作，而茱莉亚的工作还没有着落，也没有任何积蓄，因为她把夏天挣到的钱悉数捐给了牛津饥荒救济委员会。杰夫买了苹果。

        茱莉亚：这个可能得花四美元吧？
        杰夫（很吃惊）：不会吧！
        茱莉亚：这是在果园里。
        杰夫：一个四美元的焦糖苹果？
        茱莉亚：我不知道。
        杰夫：那让人觉得很不爽。
        茱莉亚：可能是三美元？

杰夫：我不觉得有那么贵。

茱莉亚：我确定电子价目表上有写。

那天晚上，他们躺在床上，谈到了金钱。杰夫告诉茱莉亚，他被她的榜样作用所感染，正在考虑将自己薪水的一部分捐给慈善机构。茱莉亚意识到，如果杰夫打算捐出自己的收入，那么让他给她买苹果就等于花了本可以捐出去的钱。因为她对焦糖苹果自私而荒唐的欲望，她可能剥夺了一个家庭的抗疟蚊帐或灭虫药，而这些本可以挽救一个孩子的生命。她想得越多，就越觉得可怕和难以承受，于是她哭了。她哭了很久，后来杰夫也跟着哭了起来，他从没有这样过。他哭是因为比起其他任何事，他更希望茱莉亚幸福，但如果她这辈子无论何时何地都能看到得了疟疾的儿童因为缺少一顶蚊帐在她眼前死去，她怎么会幸福呢？他确定自己想要娶她，但他不确定自己能否应付这样一种生活，它如此艰难和悲伤，没有任何可设想的出口。

然后他们不再哭泣，开始谈论预算。他们意识到，如果茱莉亚以后都得根据蚊帐来衡量自己的支出，她会疯掉。在多次讨论和调整之后，他们制定了一个机制。在随后的好几周甚至好几个月里，他们一步步完善它，调整奖励和津贴，解决其中不平等的部分。这个机制最关键的一点是从此以后杰夫的钱和茱莉亚的钱会被视为完全互相独立的。一旦这个机制确立，他们就可以用自己希望的方式来处置各自的钱。杰夫决定捐出一半的薪水，剩下的部分用于日常花费和储蓄；茱莉亚则决定把自己的全部收入都捐出去。杰夫工资剩余的部分可以提供他们每人每周三十八美元，用于房租和食物之外的开销——比如衣服、鞋子、交通以及像焦糖苹果这样的零食。杰夫说，这些钱必须用于这些方面，不能捐出去，也不能存起来，否则他就给共和党捐出同等数额。这样的话，如果茱莉亚想要在某些事情上花钱，就不会觉得是从某个垂死的人身上拿走的。（当然，茱莉亚认为，他们两人就金钱树立的界限仅仅存在于他们的脑海中，但是因为它的唯一功能是保持她的明智，也就没有什么关系了。）

制定出这样一个机制后，他们开始非常严格地执行它。他们记录每一次购物清单，不管花费多少，都输入电子表单。一年以后，他们发现，捐出杰夫百分之五十的税前工资（他们之前忘记税费了）和茱莉亚的全部工资，同时还要交房租和偿还学生贷款，基本上是不可能的，于是他们将捐款比例调整到了百分之三十。二〇〇九年，他们在自己身上花了15688美元，捐出了28309美元。二〇一〇年，他们花了20591美元，捐出了36056美元。二〇一一年，他们花了17959美元，没有捐款，因为茱莉亚要向社会工作学院缴费，而杰夫拿公司的股票代替了自己的一部分薪金。二〇一二年，他们花了12107美元（房租很少，因为他们搬到了杰夫的父母家），捐出了49933美元。在某一时刻，他们决定合并资产并捐出他们共同税前收入的百分之五十；他们也意识到，买下一所房子并将其中一部分租出去而不是一直租房更划得来。他们现在挣得更多了，尽管买了房子，但不管是从比例上还是总数上来讲，都可以捐出比过去更多的钱。二〇一四年，他们一共捐出了127556美元。

建立了恰当的财务机制之后，他们花了些时间去考察各种组织以寻找最有效率的慈善机构，也就是所谓的用最少的钱减少最多痛苦的那种机构。一开始，他们选定了牛津饥荒救济委员会。他们喜欢它是因为它大量雇用当地工人，而非来自国外的NGO组织，它关注长期的发展，而非引人注目但低效的灾难援助。随后，他们听说了一个叫"善予"的组织，它的功能是评估慈善组织，不过不是看他们在日常运营上花费多少——这是个愚蠢的标准，因为日常花费，比如有效性研究，也可算作是良性花费——而是看他们在救援和改善生活方面的有效性。"善予"会推动"反疟疾基金会"和"血吸虫病控制行动"这类组织的发展，前者分发蚊帐，后者给需要的人提供便宜的杀虫治疗。人们总是告诉茱莉亚和杰夫，在他们将钱捐到国外之前应该首先帮助自己社区的人，但他们觉得这是错的。首先，钱被捐到其他遥远的国家能够帮助到更多的人。另外，他们想，为什么萨默维尔或其他临近城镇的陌生人比马拉维的陌生人更应该被视作自己人呢？这毫无道理。

他们所有的捐款和自愿的俭省都意味着，茱莉亚和杰夫对金钱看得很重。有些人发现这不那么令人愉快，尤其是在涉及的金额相对较小的情况下。极大数额的捐赠很了不起，它们使得很高的目标成为可能，以至于金钱的货币性会隐于观念的非凡抱负之下。但是小数额的捐赠显得很小气：它们依然只是钱，被是否可以在第一世界买一双鞋子或一辆汽车等平凡小事所定义，而不是被它们能够在别的某个地方购买食物或药品的价值所定义。少量的放弃可能令一个人看起来小气而非善良。

事实上，这么小数目的钱能用来干吗呢？诚然，没有政府的作为，事情就不能得到真正的改变。茱莉亚和杰夫知道，独立发展的话，最好的情况是有限的，而最坏的情况则可能十分有害。但他们认为，如果他们努力寻找能以最高效率工作的慈善组织，并尽可能给他们钱，日积月累也会是有意义的。即使做得再多，系统性的恶也仍然存在，但能让一些生命的发展少受点妨碍是一个正常人希望做的，他们这样觉得。

重点是确保金钱能够做些有用的事，而不是追求完全纯粹，变成殉道者，将自我剥削当作目的本身。他们读到过查理·格雷的故事，这个人决定严格遵守所谓的"世界平等预算"。他的预算比他们的少多了，这令他们印象深刻，但是他们认为查理·格雷似乎更看重他自己的贫困而非减轻他人的贫困，这个想法是病态的。如果一种强烈的道德冲动以这样无益的方式被浪费，是可悲的。毕竟，行善的时候，想法本身并不重要。

写支票和去一个遥远国度做一名援助工作者相比，是一种懒惰的给予方式。抛弃一切离开家庭去一个危险的地方，本身就有一种道德的魅力来弥补所有缺失。而留在后方，挣钱捐钱，却没有任何魅力。当然，一直考虑钱并不是什么振奋人心的事。但人们如此依赖金钱，他们知道，得用一种近似麻木的感伤情怀才能忘记金钱。钱花得恰当可能意味着能延续好几年的寿命，反之则可能意味着失去这些时光。

  茱莉亚：人们真的很难设想金钱和生命是可交换的，但事实如此。比如，今天上班的时候，我们正在讨论那些决定驾船环游世界然后不得不坐飞机离开印度洋的年轻人。挽救一个这样的生命需要多少钱呢？在另一些情况下，我们花费大量金钱在某些昂贵的医疗设施上，我们倾向于认为生命是无限珍贵的，但这同时也意味着我们会对很多死于愚蠢的、可预防的原因的人采取袖手旁观的态度。我认为我们应该想想，如果我们必须平等地对待病人，而不是对很多海地的病人视而不见，事情会是怎样。新闻里说，因为国家从器官移植项目中撤去了一百四十万美元，在亚利桑那州有两个人由于无法进行器官移植手术而死亡。我能想到的就是：那么多钱，就死了两个人？

从大学毕业后的那个夏天，也就是焦糖苹果事件之前的那个夏天，杰夫和茱莉亚在"松林"工作，那是一个民间舞蹈和音乐的露营地；杰夫负责洗餐具，茱莉亚做厨师。他们一共攒了大约五千美元，然后将这笔钱捐给了牛津饥荒救济委员会。在露营地工作对他们来说似乎是度过夏天的好方式：他们生活得很简单，不用花钱，还能通过辛勤工作帮助他人，将挣到的钱攒起来捐出去。当杰夫开始捐钱的时候，他突然意识到他们本可以通过做别的事情挣到更多的钱，这样他们就可以捐得更多。那么，这个夏天是一种自我放纵吗？他们是否有权从自己接受过昂贵教育的人生中抽出三个月在海边扮演收入微薄的农民？不去赚更多钱和赚了更多钱却拿来添置新沙发和漂亮衣服，这两种选择是否有所差别？事实上，他们是否消费了他人的痛苦来换取稳妥地感受贫穷的特权？

回想这些问题的体验很不愉快，但当茱莉亚必须为自己选择一份职业的时候，这些问题就变得相当迫切了。她想做一名社会工作者，她有这种想法已经好几年了，但她本可以通过做别的工作挣到更多的钱。她真的可以成为一名社会工作者吗？她有多少权利考虑自己的幸福？不去挣她所能挣的最大值，倒是可以得到辩护，因为如果真的去做金融或法律相关的工作，她可能会因极度痛苦几年内就崩溃了，之后她还得填补之前学习法律或其他让她入行的学科的成本。她知道，促使自己去超越一种尚可忍受的状态是无济于事的。从长远的角度来看，一份职业必须是可持续的。但明显，还有很多比从事金融工作收入低但是比当社工收入高的工作。她如何说服自己进入一个收入如此低的领域呢？她为此纠结了很长时间，虽然没有得到令人满意的答案，但还是去社工学校登记入学了。

对于杰夫来说，所有这一切都不是问题。他想，如果他和茱莉亚以外的人结了婚，他可能也不会花比现在更多的钱，他会把多余的钱攒起来而不是捐出去。他想有一笔存款，以便将来有更多选择，如果他的家庭发生了什么不好的事，他能够帮得上忙。如果不是和茱莉亚结婚，他会花更多钱来购买比较好的乐器——他尤其垂涎一把新的小提琴。辞掉工作并做点别的收入更少的事情，他会感到更自由些，或许他会成为一名全职的音乐家或者民间舞蹈召集人。但是除此之外，他的生活基本上没有什么不同。他料想他会喜欢好几种不同的工作，所以挑选其中报酬最高的一种也还不错。他喜欢程序员的工作，他想象，假如没有做慈善的义务，他很可能会做类似的工作。让他觉得开心并不是很难的事。

在攻读社工学位的时候，茱莉亚突然想到自己或许可以成为一名精神科医生，精神科医生比社工挣得多多了。她觉得那才是她应该过的生活，但是她得为此投入大量金钱并在预科课程中和医学院里度过很多年。她有理由相信，在这些年里，她会陷入悲惨的境地，不能捐任何东西——这简直太可怕了，她没办法认真思考这个问题。后来,她又想到其实可以在社工工作中挣到更多的钱,只要成为那种被人看不起的为保险公司裁定索赔的人——那些人把时间都花费在拒绝病人不在保险范围内的赔付要求。这个工作也很糟糕,但能够让她无须多余的训练就捐出更多钱,她是否有权拒绝这个选择?

麻烦的是,她很爱她的工作。她的第一个职位是在监狱里做咨询师。很多时候她并不能为来访者做什么,毕竟他们是在监狱里,但他们中的很多人都很悲惨,很需要善意,所以仅仅聆听和支持就已经足够了。她一度觉得她说的某些话真的帮助到了他们。监狱里有个女人,她父亲酗酒,死于酒精中毒;她父亲总是对她说,他喝酒是因为她干了坏事,她对此感到极度内疚,认为父亲实际上是被自己杀死的。茱莉亚说,你父亲告诉酗酒者互诚会说他喝酒是因为你,事实上就都是你的错吗?这个女儿后来看出这话多么有问题,感到自己的内疚得到了缓解。像这样的一些时刻会让茱莉亚感到快乐,但是她小心翼翼不让自己被这种情绪带走。她考虑的是她的客户需要什么,而不是什么能让她感到不错。她在自己的博客中写道:

这是一则食物银行的广告,波士顿许多公共汽车车身上都有。一个年轻漂亮的白人女性紧紧地抱着一个年老一些的白人女性。我猜年轻女人代表的是食物银行,因为她看起来很快乐,而那个没有露出面部的年老的女人想必很饿,因此需要安慰。哦,等等。除非她并不需要拥抱,她只是需要食物。我有一种拯救妄想——有哪个社会工作者没有这种妄想呢?在心里的某个地方,我们想要相信,只要拥抱我们的客户就能让事情有所好转。我们相信,如果带他们回家,给他们吃一顿好的并足够同情他们,就可以解决一切,赢得他们永久的感激。但那只存在于头脑中,你不会告诉客户这个想法。关键在于帮助,而不是感觉有帮助……如果我需要的是食物,我真的想去那个地方吗——那个可以得到某个有着感伤目光的年轻女人救星般的拥抱的地方？绝不会。

茱莉亚一直想养鸡，她认为，虽然在她和杰夫的小开间里养鸡并不现实，但养鹌鹑或许是可行的。鹌鹑比鸡小，也比鸡安静，可以在卧室里放个笼子养它们。她和杰夫可以吃鹌鹑蛋，等它们不下蛋了，他们还可以直接吃掉它们。她调查了一阵，发现可以预定受精的鹌鹑蛋，要求邮寄到家，他们只需要提供一个孵卵器，而这个杰夫会做。她的生日就要到了，她妈妈问她想要什么样的生日礼物，她要了一个鹌鹑喂食器。她妈妈并没有买一个喂食器寄给她，而是给了她一张上面写着"鹌鹑喂食器"的支票。不过茱莉亚一拿到钱，就觉得必须把它捐出去，事实上她也这么做了。她意识到，这似乎是一种瘾。

长期以来，茱莉亚和她的家庭之间都存在着一些问题。她还很小的时候就总是把自己的东西送给别人。她五岁左右时，一个朋友的姐姐丢了十块钱，这在茱莉亚看来似乎太倒霉了，她想要把自己的零用钱给这个姐姐，弥补她的损失。茱莉亚的妈妈不同意，她认为，对这个姐姐来说，从这件事中学会对自己的钱负责是一件好事。茱莉亚没有说什么，但是她上了楼，过一会儿她出现时，袜子里塞满了硬币，她告诉妈妈她要出去一趟。

茱莉亚成长于弗吉尼亚州里士满的郊区，父亲是一名物业经理，母亲是一名学前班的老师。多年以后，她认为她长大的地方和生活方式与更早之前相比有所倒退。她的父母是在一个木屐舞蹈班相遇的，当时她父亲正在那里做木匠活。茱莉亚出生的时候，他们住在乡间一所有鸭子池塘和柴炉但没有空调的小房子里。她妈妈制作蔬菜罐头，缝补衣服。由于那里的学校不够好，他们搬到了近郊的一所大房子里，拥有了现代化的炉子和空调，而她父亲开始管理物业。茱莉亚有时会想起那所乡间的小房子，奇怪父母怎么会放弃那么理想的生活，想着某一天她也许可以搬回去。

等长大一点，她不再把自己的东西给朋友，而是将零花钱放到教堂的奉献盘中，认为这些钱能流到穷人手里。她为是否出席生日派对而挣扎，因为她觉得不能不带礼物，但花五美元去买一份礼物是不应该的，因为这五美元本可以给那些更加需要的人。她一度非常想要一只动物毛绒玩具，但是她觉得把钱花在这些事情上有一种罪恶感。她打电话给她最好的朋友布里奇特，向她请教这个问题。布里奇特建议她把所有钱都放到奉献盘里，并且将这件事告知她的父母。她父母会被她的美德所感动，给她更多的钱，这样她就可以用这些钱来买动物玩具了。（布里奇特长大后成了一名律师。）茱莉亚听了非常震惊，没有说再见就挂了电话。

茱莉亚直到十一岁都是一个热心的教徒。她相信，由于上帝给了她生命，她就背上了永远也还不清的债务，尽可能地努力偿还是她的责任。有一次她祈祷了几个小时，为自己的不完美向上帝道歉。她阅读《圣经》，试着逐字逐句理解它。她在书里看到，将羊毛和亚麻混在一起是被禁止的，于是她拒绝穿混合纤维的衣服。她不在星期六工作，遵守犹太戒律，虽然她是一个新教徒。有个周末，她突然想到，这个世界上还有其他人像她相信《圣经》一样坚定地相信他们自己的神圣之书，那么她到底有什么理由相信自己所相信的才是真的？她从来没有看到或感受到上帝存在的任何证据。于是她突然失去了信仰。

不再相信上帝以后，她也不再把自己的钱交给教堂。有好些年，她只把零用钱花在自己身上。如果上帝并不存在，那么她对谁都没有亏欠。后来，她开始了解这个世界上的贫困，以及与有些人相比自己是多么富裕，于是，在十三岁的时候又开始将自己的零花钱捐出去，主要是捐给"小母牛项目"。大约在这个时候，有个刚转到她所在的家庭教会的男孩得了很严重的病，需要做大手术，而他的家庭并没有这方面的保险。教会为此发起了一次募集，茱莉亚的妈妈对她说，这里有个人，她知道她可以帮他，为什么她不把她的钱给他呢？茱莉亚说，为什么我碰巧遇见的某个人的生命就比可以用同样数量的钱来给予帮助的几个陌生人的生命更有价值呢？

虽然她不再是一名信徒，但她很怀念宗教团体和仪式。她依然庆祝耶稣的诞生与复活，并遵照基督教礼仪年历生活——她喜欢这种标记时间的方式。有一天她在网上填写一份宗教问答，结果显示，她的信念与那些世俗的人文主义者和功利主义者很接近。她决定去考察一个功利主义组织，但是她没能找到教堂并迷了路，最终到了一个垃圾场。她认为这个故事或许可以写成一首不错的乡村歌谣——"我去寻找信仰，但是我找到了一个乡下的垃圾场"——要不是在一首乡村歌谣中提到功利主义可能不太合适。最终，她找到了通向功利主义组织的路，但她认为抒情的赞美诗很俗气，于是加入了一个贵格会派的祈祷会。这个祈祷会满足了她对仪式感的渴望，但她仍然希望能够加入一个将更多与她有着相同的道德与情感生活的人连接起来的团体。她倾向于认为那就是她所谓的乌托邦——《指环王》中的中土世界，《小妇人》中十九世纪的新英格兰——虽然她并不真的相信。她希望某种更小规模、更少野心的乌托邦可以行得通，比如一个基布兹[1]，一个摇滚社团，一个人们相互分享物资并且会为了他人的好处放弃自己利益的合作社。

茱莉亚在布林莫尔学院上了大学，那是挨着费城的一所小小的女子学院。她是在大四的春季学期遇到杰夫的，当时他在附近的斯沃斯莫尔学院念书。茱莉亚看了杰夫的Facebook主页，注意到上面并没有常见的醉酒派对和鬼脸自拍之类的照片，反倒有些他和家人在一起、玩民间音乐、打牌和烹饪的照片。在其中一页上，她发现了一张贵格派的婚礼证书。醉酒照片的缺席并不是出于谨慎的考虑，杰夫高中时代就决定绝不碰酒精，因为他不喜欢自己的思维方式因此被改变。事实上，他从来没有喝醉过，但醉酒的念头却困扰着他。要是醉酒的杰夫和清醒的杰夫在某些事情上观点不一致呢？他怎么知道哪个才是对的？

---

[1] 以色列的一种集体社区，过去主要从事农业生产，现在也从事工业和高科技产业。基布兹的目标是结合共产主义和锡安主义的思想建立乌托邦社区。社区里没有私人财产，工作没有工资，衣食住行、教育医疗都是免费的。

整件事都让人很困扰，最好能避开。因此，虽然他是一个无神论者，最终却交了一些福音派信徒和摩门教徒做朋友。

杰夫在位于波士顿近郊的梅德福的一栋维多利亚式的大房子里长大；他的父亲里克是一名治疗师，母亲苏西是一名接生员。杰夫母亲的家庭很多代都是贵格会教徒；他的祖父在第二次世界大战时拒服兵役，曾在训练营接受过严酷的军事训练。杰夫还是小孩子时，花的钱甚至没有茱莉亚多，不过原因不一样。八岁的时候，他想要在民间音乐节上看到过的一件乐器，于是开始积攒零用钱。他每周可以得到一美元，五周以后，他非常激动地把五张一元的纸币换成了一张五元的。他继续积攒，直到将四张五元的换成一张二十的。但等他能够买得起那件乐器时已经过了太久，那件乐器似乎不那么值得买了，但他将积蓄的习惯坚持了下来。一旦养成了节俭的习惯，它就和最初的目的分离开来，变成了他性格中固定的一部分。

杰夫将茱莉亚带回那个她在Facebook上看到过的家，在走进房子的一瞬间，她就知道自己想在那里生活。那里有和别人待在一起的空间，也有独处的空间，并且有很多书。厨房很大，里面有一张桌子，方便在切菜的时候坐着聊天。屋子里总是萦绕着音乐：杰夫的父亲会演奏小提琴、吉他、贝斯、曼陀林和中提琴。杰夫会弹奏钢琴，他极富感情地演奏民族提琴时甚至会把弦弄断。这次拜访过后不久，有一天，茱莉亚让杰夫在一棵树下坐下，对他说，她想要嫁给他。

茱莉亚和杰夫很少对别人谈到他们的捐赠行为，因为这令人尴尬。一般来说，人们并不喜欢谈论金钱，但他们也真的不想感到被评判，就因为他们为自己保留了太多金钱。有好几次，当茱莉亚试着谈论这个话题时，有人对她说，她这样做简直是疯了，只会把自己搞得很惨，还有一个人拿她取笑。对此她不知如何应对。一方面，她认为自己所做的最有用的事情之一就是鼓励其他人捐献更多，她担心自己越是勇敢，越是不拘小节，在这方面就越有进取心。她在杂志上读到过约翰·伍尔曼的故事，他是十八世纪的一名贵格派领袖，他发现宣讲正义是一件极其尴尬的事情；他祈求上帝不要让他那样做，但由于上帝坚持，他依然那样做了。如果她是一个更好的人，她当然会进行更多说教。另一方面，她知道不让人倒胃口也很重要，如果说有什么是令人倒胃口的话，那就是说教了。或者那只是她对自己想做的事情的合理化而已？她不确定。她意识到，不让自己显得太古板或太拘泥很重要，否则人们会认为她有某种烈士情结，或者认为捐出很多钱而不把自己搞得很惨是不可能的。然而事实上，她发现，多数时候很容易就能生活得很快乐，并不需要花很多钱。

她想，这世界的需求就如同死亡——每个人都知道，但由于这个想法太具有摧毁性，有些人必须将它从意识中排挤出去，否则他们将被它压垮。她能理解。她不理解的是，那些捐钱的人为什么不捐得更多一些？他们怎么能允许自己有这样的权限？他们怎么能忽略这世上的不幸与不公？怎么能不伸出援手？她不是那种从不评判他人的无忧无虑的灵魂中的一个——她评判，她想让自己的人类同胞承担责任。但是她并不因此就判定自己是优越的，恰恰相反，她并不相信自己有什么特别之处，可以在别人都纷纷避开的时候独自承担责任。她想，只要愿意，任何人都可以做她所做的一切。在《了不起的盖茨比》中，尼克·卡拉韦说"保留判断是包含无限希望之事"，但是反之亦然：去评判就是相信有人可以做得更好，知道人们可以改变他们的行为，甚至做出相当彻底的改变，来回应他人的期待。去评判就是希望人们的自私部分地是因为他们相信这就是人类的处境。茱莉亚在她的博客中写道：

> 我从来没有讨论过的主题是愤怒。当我对自己的生活感到满意时，我没有任何理由感到愤怒，但当我觉得自己被剥夺时我有时会愤怒。我感到我肩负着沉重的担子，不可能只靠自己。就像是要将一辆汽车拖出泥潭，

站在周围的每个人都说,"孩子,车子陷进泥潭里真是太糟了",或者说,"你正在做的事情看起来真的好难啊!"更经常听到的是,"你听说意大利队输给斯洛伐克队了吗?"我真的认为世界上有足够的物资与人类巧思,没人一定得陷入可怕的贫困中。如果每个人都出一点力,我也就不需要承担那么多了。

对她而言,有一件事显而易见,那就是,确定受众非常重要。普通人可能不会接受她的观点,但除他们之外必然有人等待着受到鼓舞。她怎么才能找到他们呢?她决定开一个新的博客,名字叫"乐在给予",寄希望于明确的标题和经过打磨的主旨能够吸引到合适的潜在受众。在某一时刻,她发现在普林斯顿有一个叫彼特·辛格的哲学家,他倡导一种和她很接近的道德世界观。她从图书馆借了他的《你能拯救的生命》,怀着初次犯罪的激动心情在书里写下笔记,邀请被她的感受打动的人联系她。

她做这些事部分是因为她感到鼓励大家捐赠是她的责任,但也有一部分是因为孤独。除了杰夫,她不认识一个对金钱与责任持有与她相同信念的人,当然更不必说依照这些信念生活了。无意中发现彼得·辛格的作品让她很激动——发现有一个哲学家和她想法一样是非常鼓舞人心的一件事,虽然这和拥有一个朋友并不一样。

这种孤独感持续了很长一段时间,随后茱莉亚和杰夫发现了"给予我们能给予的",这是牛津大学道德哲学系的年轻教授托比·奥德新创立的一个组织,他们传递这样一个观念:捐赠更多来帮助过得最不好的人摆脱其原本的处境,是我们每个人都义不容辞的责任。组织成员必须签署一份保证书,在退休前每年至少捐出自己年收入的百分之十。有些人已经超出了这个标准。托比选择百分之十是因为这个数量看上去比较大但又不至于太吓人,就像教会设定的什一税的基准。

茱莉亚和杰夫在和别人谈到捐献时总是感到害羞，但是托比对此一点也不害羞，他在很短时间内引起了一场公共讨论。报道者听说了他的组织，写了一连串文章；大学生们以此作为论文题目；其他人开始通过互联网找到小组。到二〇〇九年，在成立一两年后，"给予我们能给予的"已经变成了一个焦点，成为其成员心中富有名气的有效利他主义运动。"利他主义"指的是要给出更多的东西，"有效"指的是找出一种调研方法，来发掘能够以最少的钱做最大的改善的慈善机构——理想的调研方法是做随机对照试验，但至少得基于可信的数据。

托比是一个开朗、内心平和的人。他相信自己应该怎样生活就会怎样生活，所以他从不感到内疚。他捐了很多钱，但他并不觉得这是多大的牺牲。他已经拥有了自己想要的一切——一个他爱的妻子、一些朋友和一份有趣又有声望的工作。他捐钱来减轻他人的痛苦，同时不会被这些痛苦所困扰，因为他已经做了自己应该做的事。他认为同情心最好不要太泛滥，因为如果一直都在体验他人的痛苦，那他就什么也做不了了。有一次，一个"给予我们能给予的"小组在谈论是什么让他们在早晨起床；有些人说他们是被将运动的宗旨传遍世界的观念所鼓舞，但托比说，没有什么特别的事让他早晨起床，他只是爬起来去工作。

托比瘦削苍白，皮肤紧紧地绷在他的头盖骨上，表情坚毅。他在澳大利亚的墨尔本长大，父母都是建筑师。很多年前，当他还是一个学生时，他常常在心里盘算应该为消除世界贫困做些什么。在看到印着饥饿孩子的海报时，他会想，我应该对此做些什么。最终他对自己说，好吧，为什么不去做点什么呢？当时他每年的研究生奖学金大约有八千英镑，他生活得非常好。所以，他认为，等他拿到教授的工资时，将八千英镑之外的钱全部捐掉是一件相当轻松的事。他坐下来，计算在他工作期间可能会挣多少钱。他算出他大约会挣一百五十万英镑,他需要为自己的生活留大约五十万英镑——包括储蓄,可能还包括房屋抵押贷款和紧急备用资金——剩下一百万英镑捐给慈善机构。

这真是让人吃惊—— 一百万英镑是很大一笔钱!他做了更详尽的计算,得出这样的结论:一百万英镑可以挽救总共十万年的健康生命。这真是让人激动。他想,我要么去挽救一个长达十万年的健康生命,要么就为我自己已有的快乐生活锦上添花。后者似乎不是一个好的选择,于是他选择了前者。接着他想,为了挣更多钱,他是否应该追求一份哲学之外的职业。比如当计算机程序员,应该能挣不少。但随后他意识到,如果他在牛津教书,他将有一个很好的机会影响学生,而这些学生将会是这个世界上很有影响力的一群人。一创立"给予我们能给予的",他就意识到这可能是他做过的最有成效的一件事,因为在头四年里他就募集了据他估计约有一亿美元的抵押品,这比他所能挣到的多多了。

二〇一三年的春天,托比在波士顿工作,茱莉亚和杰夫邀请他一起吃晚餐。他们那天晚上举行了一场有效利他主义的集会——部分是由于托比,他们发现了一小群人,对道德事务的想法同他们的一致。他们喜欢不时组织这种讨论集会,主要是为了传播观点,也是因为茱莉亚喜欢为很多人准备食物。她知道,有效利他主义者常常也是素食主义者或纯素食主义者,所以她做了一大锅蔬菜意大利面,用巧克力蛋糕和冰淇淋当甜点。有效利他主义者们装满了盘子,坐在椅子和地板上围成一个圈。

这些聚会的参与者通常是受过高等教育的有技术背景与理性倾向的白人男性,他们将自己看作是有效利他主义共同体的一部分。茱莉亚总是希望有更多女性参加,但通常出现的少量新人也是男人——朋友的朋友,或是那些在网上听说了聚会的人——这些门外汉常常并不熟悉这场运动的规范与原则,就直接进入了讨论。托比来参加聚会的那个晚上,三个年轻的以色列人在朋友的建议下到了那里——巴拉克和尤瓦尔是医学院的学生,妮塔是法学院的学生,尤瓦尔的妻子。

巴拉克：你提到了那些去非洲做一周外科手术而不是在自己的高薪职位上工作并将薪水捐掉的外科医生。我认识很多这样做的外科医生，他们从支援非洲的工作中得到了极大的个人满足，这对他们产生了令人吃惊的影响。我知道我们应该讨论的是怎样帮助他人，但我对于如何充实自己的人生也有很多想法。这可能听起来有些蠢，但我选择我的职业是因为这是我帮助他人的方式。我已经决定为这件事奉献一生，而且我高效工作的原因就在于我对它深沉的爱。

巴拉克有一头修得很短的黑发，右耳的顶部打了两个洞并戴了一根长银钉。前些年，他花时间去肯尼亚筹办了一个儿童健康中心，发现自己的努力不怎么被有效利他主义者们看重，这让他感到吃惊和迷惑。

妮塔：我甚至有一个更强的论证。我会说，你去非洲支援也是在帮助他人——同他们建立了人与人之间的联系，而不仅仅是把钱丢给他们。

托比：但我们并没有真的把钱丢给他们。我们所做的是付钱给其他人去做那些工作——我会资助当地的一名外科医生。去那里与他们见面固然有其好的一面，但是你想想，与免于死亡相比，见一个不同的人会有多重要呢？

巴拉克：但是，我选择进入医疗行业的原因之一就是，我不想再无视疾病、疼痛与死亡，我想站在出事的地方。对我而言，去非洲是一个令人震撼的、毁灭性的经验。

本·K.：我完全同意，做第一手的事情在激励自己这方面非常有用，但如果你的目标只是对他人行最大的善的话，则不然。

本·K. 就读于哈佛大学数学系。他有一头浓密的黑发，长着格劳乔·马克斯式的眉毛，非常爱笑。和其他有效利他主义者一样，他认为是谁减轻了痛苦并不重要——唯一重要的是，痛苦得到了减轻。巴拉克对此很吃惊，有效利他主义竟如此轻易地否定了一个人（在这里是他自己）选择自己生活方式的意义。

本·L.：我在自己做决定的过程中发现，设定一个界线是很有价值的，即区分那些为了尽可能帮助更多人而做的事和为了让自己感觉良好而做的事。这是两个不同的问题，存在着两种不同的解决方案。我捐了很多钱，但并不感到满足。按下按钮，银行卡里的余额发生了变化，这对我的大脑并没有多大意义。所以，当我想要感受人与人之间的连接时，我就去献血。我很确定，就尽可能帮助更多人而言，捐钱可以让我的时间得到更有效的利用，但那并不是我在那个时间想要的；我想要的是感觉像一个好人。

本·L. 是一名年轻的软件工程师，他穿着紫色的T恤，在茱莉亚的建议下刚刮了胡子。

本·K.：在功利主义者的圈子里流行这样一句话——你应该分别购买舒适感与功效。如果你试着找一个慈善机构，既能让你感觉良好又能对他人的生活质量做出贡献，你最终找到的只能是二者都做不好的。

托比起初假设利他主义的部分要比有效性的部分更难推进：他认为说服大家捐更多钱比较难，而说服他们把钱捐到更好的慈善组织则比较容易，因为谁不想用自己的钱行更多的善呢？结果他发现，人们并不是那么理性，真实情况与他想的恰恰相反：你动之以情，说服人们捐更多的钱很容易，但是说服他们放弃多年来所相信的理由却非常困难。对他而言，改变一个从没考虑过慈善的理智型的人比改变一个长时间行善的人要更加容易。有效利他主义的皈依者容易有一种倾向：如果情感或直觉与一个好的论证发生冲突，他们会选择相信论证。

有效利他主义者读过很多关于救助的材料，他们知道NGO组织过去犯过且一直在犯的很多灾难性的错误。他们知道灾难救济有可能带来更多灾难，对战争难民的帮助会带来更多战争。所以，很重要的一点是，永远别去假设那些一看就觉得是好事的行为不会带来影响巨大的副作用，比如喂食饥饿者。早些年，"善予"将一个叫"直接给予"的组织列为三大推荐慈善组织之一，其方法就是在给定的地区找出最贫穷的家庭，直接给他们现金，他们可以用这些钱做自己喜欢做的事。通常这些家庭会把钱花在建一个金属屋顶上。"善予"的推荐受到有效利他主义者的密切关注，"直接给予"的工作引起了很多讨论。

> 克里斯：我希望"直接给予"不是我们能想到的最好的救助干预，因为这可能是一种悲哀。这可能意味着，当你运用理智并真心设想如何才能帮到他人时，你并不能比他们自己做得更好。这可能意味着，自己的偏好是人们获得快乐最好的方式，但这并不是一个能得到很好支撑的假设。

克里斯比其他有效利他主义者要年长一些，已经结了婚，还有一个孩子。他为名叫"一个孩子一台电脑"的非营利教育机构工作。

> 本·K.：我有同感，因为我们拥有这么多了不起的东西，但它们却不能为我们想要帮助的人所用，如果这些好东西都派不上用场，最好的方式只能是给他们钱，那将是一件令人遗憾的事情。我猜这会让拥有这样的

好东西显得非常没用。

　　托比：但是我并不认为这是帮助他人最有效的方式。有很多的公共利益设施，比如下水道系统，并不是通过这样的方式建成的。即使人们知道什么对他们而言是最好的，他们一般也不会这么做。专家们会通过随机对照试验，花费数百万美元来研究一件事情是否有成效，一般人可没有这样的知识。

　　迈克：我感觉我应该抬抬杠。我想要支援一下消费主义。你给慈善机构的钱并不是凭空消失了，它只是从更大或者运作更有效率的经济体中被转移走了，第三世界的产出并非因为慈善而是因为全世界普遍的经济增长而得到改善。

迈克是一个年轻的超人类主义者，秃顶，嘴唇下方留着一小撮胡子，最近刚从手机公司辞职。

　　本·K.：是的，我们把所有这些钱用来做慈善，结果发现有助于提高生活质量的最强大的力量之一是那些全球化的公司。在很多情况下，有巨大影响力的事情完全是不可预期的。如果你在一九〇〇年左右思考怎样才能最好地帮助到他人，你可能不会回答可口可乐的全球化。所以，做你自己最擅长的事情或许是最合理的，请相信不管最好的事是什么，它之所以能够更快地发生，正是因为你做了自己擅长的事情，而不是你认为对他人更有帮助但自己并不擅长的事情。

　　托比：但是，我们已经通过援助完成了很多工作，多得不可思议。问题是，如果我把钱用来看一场电影，真的会和给贫穷国家的人提供蚊帐一样有益吗？我只是不知道经济论证是怎么让这成真的。

托比在公共场合谈论他的观点时会尽力避免让听众感到愧疚。他相信，不管在哪儿，让人感到愧疚都不能赢得人心。他告诉人们，捐赠是一个激动人心的机会。他说："看到像奥斯卡·辛德勒这样的人拯救了一千两百个生命时，我们会想，这是非常了不起的道德壮举。但是如果我们愿意的话，我们可以用更少的牺牲来拯救更多的人！"有时，人们对托比说他的原则太苛刻了——要求人们捐出大多数的财物去帮助陌生人是不合理的。每当这个时候，他便不再提及奥斯卡·辛德勒。"我认为那是一个糟糕的论证"，他说，"道德可以要求很多。假如你被错误地指控为谋杀者，被判处了死刑，但发现如果杀掉一个守卫就可以逃走，这时道德会告诉你不能杀他，即使这意味着你会失去自己的生命。就是这样。但假设这样做我们可以救一千个人的生命，如果你不这么做，就说明你把自己的价值看得比一个陌生人的价值要高一千倍。这听起来合理吗？我不认为这听起来有多合理。如果你这样想，我只能说你的理论真是太蠢了。"

就在有效利他主义持续发展的阶段，托比的"给予我们能给的"组织的合作者，一个叫威尔·麦卡斯基尔的哲学家，成立了名为"八万小时"的兄弟组织来帮助有效利他主义者思考如何利用他们的工作时间最大限度地帮助他人。威尔想要传递这样一个想法：利他主义者不必非得遵循传统的行善路径，比如在第三世界国家成为一名援助者或者医生，而应该考虑从事一个能挣很多钱的职业，然后把这些钱捐掉。威尔将这称为"挣来捐掉"。这个观念开始变得流行起来。彼得·辛格的一个学生去了金融行业工作，他离开学校后的第一年，就为消除贫困组织捐赠了十万美元。另一个学生毕业时拿到了工程学位，虽然他一开始计划搬到非洲去修建大坝，最终却去了伦敦的一家投资银行。他估量着，或许好些人都可以去非洲修建大坝，但是却很少有人能干他现在干的事情。"我决定成为一个超人，"他告诉一个采访者，"我看过一个广告，说小儿麻痹症疫苗花三十便士就能买到，那么一英镑就可以买三个人的用量。于是我想，如果我能够得到一份工作，每年捐出六万英镑，那就是十八万人的花费。超人都休想做到。"

有人发现这类数字空谈起来让人不快，就像一个利他主义的唐璜在他的床柱上刻了几道凹痕。（托比也是这样。在谈话中，他告诉人们他预期会用他个人的捐赠拯救长达三万年的生命——而"给予我们能给的"的抵押品加起来可以维持一个健康生命的时间则在两百万到一千一百万年之间——鉴于人类从黑猩猩进化为人也才用了五百万年的时间，这捐助数量可以说是相当多了。）茱莉亚担心这会让人倒胃口，但是多数有效利他主义者都不关心这些细节。他们相信，只要对这些数据的联想能够驱动其他人捐出更多的钱，就是一件好事。他们总是在说"有影响"和"带来不同"——不是慈善而是野心勃勃的语言。

茱莉亚一直想要孩子。甚至在高中时，她就已经想到了她未来的孩子，并开始做计划——他们会在一起玩的游戏，她会为他们做的玩具。

> 我想要一双儿女。我想在厨房里和他们一起唱《吉尔伯特与苏利文》。我想教他们跳华尔兹，一起种花椰菜。我想给他们讲故事，带他们去森林里野餐。

她总是想，如果要放弃孩子的话，她将感到自己的生活不仅是被迫的，更是被摧残的。她想到未来，当她的父母和杰夫的父母都去世了，又没有新的一代到来，只剩下她和杰夫独自生活在一个租来的小公寓里时，那将是多么荒凉。

但是随后她又开始质疑。很多人告诉她，一旦有了孩子你就变成了另一个人——你会以不同的眼光看待这个世界，你的观点会发生改变。这是件细想起来挺奇怪的事。显然，世界一直在影响着你，不论你是否愿意，但是做一个她已经知道会在极大程度上以不可预期的方式改变她生活的决定则是另外一回事，况且这还有可能会破坏她所确信的对陌生人的责任。把家庭的价值看得重于陌生人的价值这一点从来不会让杰夫感到困扰，但是茱莉亚对此很矛盾，她清楚地知道，孩子是一个终极测试。

问：如果这边有两个孩子掉进了水里，而那边杰夫也掉进了水里，你是否认为应该去救杰夫？

杰夫：杰夫可能会捐出比孩子们更多的钱。

茱莉亚：我觉得无论哪个决定都是可以得到辩护的，并且无论哪个决定都让我觉得可怕。因为几乎所有我认识的人都认为，你应该首先照料好你自己、你的家庭以及那些和你亲近的人，所以很少有人能和我分享对这类事情的看法。

杰夫：那么他们中的一方就死了。

问：谁？

杰夫：我！

茱莉亚：我的决定必须要考虑到这一点，即其他人会因为我像照顾自己人一样照顾陌生人而评判我。我确定我们有了孩子以后，别人会更加严厉地评判我，因为我把其他人的孩子当作自己的孩子一样，而没有给自己的孩子创造有利条件。

杰夫：把茱莉亚的价值看得比其他人重对我来说没有什么问题，不过也并不是把她看得无比重要。所以如果说，要我选择救茱莉亚还是一万个其他人，我会选择那一万人。

问：那么她到底有多大价值？十个人？二十个人？

杰夫：具体数目很难说。你可以试着从我同意给茱莉亚多少钱与捐赠多少钱来进行推论，但我觉得那也不一定有用。

在夏令营工作时，茱莉亚遇到了一些举止糟糕的孩子，让她意识到自己早先关于做母亲与建立家庭的想象不仅不是建立在自己所属的家庭的基础上，甚至可以说毫无基础。她想象中的孩子只存在于少儿书中，她开始怀疑自己是否真的想要小孩。在某种程度上，她怀疑曾经打算用孩子填满的情感区域如今已被杰夫填满了。

一旦茱莉亚开始意识到孩子或许不是必需的，一旦她在自己的道德列表中把孩子从至关重要的一项变成可自由选择的，她便意识到一个孩子意味着多么大的开支。孩子可能是她拥有的最昂贵的非必要的东西，所以，拥有自己的孩子在结果上相当于杀死其他人的孩子。除此之外，为第一世界国家增加一个新人口，从环保的观点来看是一件可怕的事。与这个损害相比，任何你可能做的试图弥补它的事情——回收、堆制肥料、避免包裹、不用热水——都无足轻重。杰夫相信，普通人对这个世界有一种净影响，至少从人类幸福的观点来看是这样，但是她不确定这一点。

茱莉亚和杰夫就此讨论过，这让她非常不安。一旦放弃孩子的预期感觉很真实，就让人感到害怕和痛苦。他们开始思考折中的方案。他们打消了国际领养的想法，这太昂贵了，但是他们认为抚育一个从美国寄养所领养来的孩子还是可以得到辩护的。她知道生活在寄养所而没有被领养的孩子的结局是可怕的——无家可归、自杀、吸毒。当然，因为这样的原因，领养这样一个孩子是有风险的——你真的不知道他会变成一个什么样的人，或者过一种什么样的生活。茱莉亚在十二岁时就有了领养的想法，但是当她开始认真调查时才发现，事情发展成灾难的可能性有多高，她迟疑了。而且，你绝不会知道自己的最终结局会是如何，即使是和自己的亲生孩子一起生活；拥有任何一种孩子都意味着将自己置于被摧毁的危机之下。

茱莉亚告诉她的父母她正在考虑不要孩子。她父亲说："这听起来不像是会让你幸福。"茱莉亚回答，她的幸福不是唯一要考虑的问题。这个观念非常奇怪，他们认为没什么好说的，就草草结束了对话。

杰夫推测，他们其中一个孩子很可能在长大后会认为捐钱是一件好事，也是一件必要的事。他们不能假设孩子在这件事上和自己一样激进——毫无疑问，在某种程度上，他们的孩子会回归到平均水平，但有可能不会始终如一。他推算，如果孩子捐出收入的百分之十，那么就会收支相抵。也就是说，他们孩子会捐出的钱和他们由于要养孩子而没能捐出去的钱相当。当然，这并没有考虑到现在捐钱要比以后捐更好，尤其是涉及全球变暖和艾滋病等紧急情况，所以，在计算中应该把某些折扣也考虑在内。所有这些都让茱莉亚暂时感觉好受些，即使她意识到，对一个孩子说他们期待他以自己收入的一定比例来为自己的存在买单是件奇怪的事。她觉得自己无论如何都会成为一个古怪的母亲，而她的孩子也可能会同样古怪，所以，也许对她其中一个孩子来说，所有这一切都是完全合乎情理的。

最终，在二十八岁生日之前的某个时候，茱莉亚决定要试着怀孕。他们的孩子莉莉出生于二〇一四年的早春。随后，茱莉亚开始观察自己的反应，看做母亲这件事是否真的改变了她。

茱莉亚：我已经注意到任何提及小孩子受伤的话题都会让我的胃很难受。如果人们一直讨论这样的问题，我就没法继续待在房间里。我没有想到会这样。我有一些做了父母的合作者说他们和受伤的小孩在一起会太痛苦以至于无法做事，所以我知道人们会这样，但我那时候不认为这也会发生在我身上。

离开莉莉返回工作岗位的想法让她不安，但她知道必须要重新开始挣钱，这样她才可以持续地捐钱。她感到这个世界上有很多人需要她的钱，就和莉莉需要她陪伴一样，即使他们的需要不能像莉莉那样打动她。

在茱莉亚怀孕前不久，杰夫的妈妈苏西被诊断出患了卵巢癌。茱莉亚分娩的那天苏西病得很重，但她尚能支撑着给莉莉接生。她是她的第一个孙女，也是她作为接生员带到这个世界上的第一千一百八十九个孩子。第二天她就住进了医院。她并不期待要活多久。在那段悲惨的时期，家人们轮流照顾莉莉，抱着她的小身体是他们能够感到快乐和放松的少有的几种途径之一。

当茱莉亚发现苏西得了癌症之后，她非常难过，就像自己的妈妈得了癌症一样，她几乎就是她的妈妈——茱莉亚曾经住在杰夫父母家里两年多。在最初的惊讶过后，茱莉亚鼓起对家人和陌生人的信念，刺激和测试它们，想看在这种可怕的处境中，她的感觉有什么不一样。当彼得·辛格的妈妈患了晚期阿尔兹海默症时，茱莉亚知道，辛格违背了他关于给予和人格的理论，花了很多钱请护工照料她。"也许这比我以前认为的要更加困难，"他说，"当对象是自己的母亲时，真的很难。"也许为自己生病的母亲花钱的理由和她生养一个孩子的理由一样正确：如果你不那么做，将很有可能要承受可怕而苦涩的后悔，这会使你在后来捐钱给别人时感到酸楚不已。但是当她想到捐赠时，她发现自己的信念并没有改变。

> 茱莉亚：有些人会说："我资助了某某研究，即使我知道这并不划算，因为我的妹妹不喜欢这个研究。"在和这些人聊天时，我总是感觉很不好，心想我绝不会站在他们的角度看问题。我想知道，如果我喜欢的某个人不喜欢我做的事的话，我是否会产生不同的感觉。但是这真的一点也没有改变我关于捐赠的想法。我爱苏西，我不想让她生病；其他人也爱他们的妈妈，不想让他们的妈妈生病。如果可以选择是让十个家庭还是一个家庭免受这种折磨，即使那一个家庭是我的，我也会每次都选择那十个家

庭。如果他们的妈妈（或不管是谁）花更少的钱就能治愈，我们应该先治愈她们。我不想经受这些，但是他们也不想。

她知道这解释起来很难。在这个问题上，人们的看法甚至会比以前有更多分歧，这取决于他们是否认为这是慷慨的或正义的，或者是一种爱的缺乏。茱莉亚知道这对她是一种什么样的感觉。但关于什么是爱的观念，她并没有期待那么多的理解。

第六章
备受质疑的无私

STRANGERS DROWNING

利他主义是一种伪装的自私吗?

行善者身上有些东西是没有吸引力的、可疑的、具有破坏性的，这一观念是有历史的。或者不如说，它有很多历史，这只是其中一个。这是一个观念的故事，最近三个世纪它在西方蔓延，不是作为一个单独的观念，而是作为相互强化与影响的相关论证、理论和信念的一个集合，聚集着力量和影响力。这不是故事的全部，而只是将一些地标或者说一些始于小圈子内部随后传播开去的大观念连接在一起的链条。

人是自私的，这绝不是什么新观念。当人们看起来是在做好事时，他们要么是道貌岸然的伪君子，要么是出于自私的理由（装作有美德，好升往天堂，减轻看见不幸时所产生的不适感，相信有德性的生活是幸福的，等等）——以上这些也不是什么新观念。后来才出现的观念是，即使人们在真诚地行善，而且是出于无可挑剔的原因做这些事，也依然存在问题。

我们从一七二四年的夏天开始说起。当时有一位名叫伯纳德·曼德维尔的好辩的中年伦敦医生以妨害公共安全罪被起诉，并被带到王座法院接受审判。他的过错在于出版了一本名为《蜜蜂的寓言：或私人恶德，公共福祉》的书。后来因为法语译本的出现，这本书在巴黎被公开焚烧了。所有这些，以及神职人员与哲学家的谴责，都大大增加了这本书的吸引力，曼德维尔和他的寓言在国际上变得臭名昭著。约翰逊博士评论道，每一个年轻人的书架上都有这本书。

令曼德维尔的读者如此愤怒的是这样一个煽动性的观念，即在一个繁荣的市场经济中，比如英国，美德变得不合时宜。他宣称，之前被看作恶德的东西，尤其是贪婪与骄傲，现在对于公共福祉而言是有用的，甚至是至关重要的。经济要繁荣，就需要人们购买东西，不仅仅是必需品，还有愚蠢、奢侈和无聊的东西。如果人们都节俭克制，市场就会遭殃，这对每个人来说都会是一场灾难——比可怕的瘟疫还糟糕！

> 奢侈
> 雇用了一百万穷人，
> 而讨厌的骄傲又是一百万：
> 嫉妒，还有虚荣，
> 是工业部长……

他认为，在过去，节俭和克制等美德与天堂的允诺一道，被有权势的人当作一种保持民众温顺的手段而发扬。人天生是自私的，但是美德却是一种让自己在同胞中独树一帜的绝佳方式，所以你出于骄傲遵循美德而行动，目的是为了激起钦慕和避免麻烦。但在富裕的新型市场社会中，骄傲可能更容易通过铺张浪费得到满足，这反过来又确保了富裕的可持续性。这还不是全部，曼德维尔坚持认为，一个充满自足、诚实与美德的人类社会会是一个没有艺术、科学或舒适物质用品的懒惰而贫瘠的地方。人们必须被贪婪和骄傲激起发明的热情。因此：

> 各个部分都充满了恶德，
> 然而整体却是天堂……

这是该国的恩典；

他们的罪协力促成了他们的伟大。

众人中最坏的那些，

为公共善做出了贡献。

那些在一七二四年让人们感到震惊的东西不久后就变得寻常了。曼德维尔的倾慕者之一，说来也奇怪，是德国哲学家伊曼努尔·康德。说奇怪是因为康德在几十年以后（曼德维尔被宣称为公害的时候康德才刚刚出生）由于一个异常严格和苛刻的道德理论而出名。然而，在《寓言》出版了四十年以后，康德评论道，很少有人能够按照道德原则去行动是一种幸运，因为人们很容易把原则弄错，而一个坚定的人根据被弄错的原则行动真的会带来灾难。他写道，"多数人力图让一切都围着自我利益转动，就像围着一个大轴心"，这并没有什么不好；"因为这些是最勤勉、最有秩序和最审慎的人，他们给予整体以支持与充实，虽然他们不是有意如此，但他们确实促进了公共的善，提供了必要的东西，为优秀灵魂能够传递美与和谐提供了基础。"

一七七六年，苏格兰经济学家亚当·斯密的《国富论》出版了，这本书将一个和曼德维尔宣扬的观念相似的观念确立为资本主义的基础性原则。斯密认为，一个以追求自身利益为目标的人与其他同样追求自身利益的人合作，可能最终会比他们直接以公共利益为目标更能有效地促进公共利益。"他只筹谋自己的所得，"斯密写道，"他置身其中，就像在很多其他情况下一样，被一只看不见的手引导着去促进一个他本无意的目的。"

斯密只在他的书中用了"看不见的手"这个词组一次，用来做一个狭义的论证，即个体倾向于投资国内的公司而非国外的公司并不是因为爱国，而是因为这样做有助于保证他们自己的安全。斯密除了是一个经济学家，还是一个道德哲学家，他发现曼德维尔的寓言令人反感。但是，他的"看不见的手"的比喻却如此受欢迎，经久不衰，以至于人们开始用它来代表某些更广泛的东西。它在西方文化中深深地植入了这样一个观念，即个体的自利对整体社会有益；如果道德的目标是帮助他人（与完善自我相对），一个自私的人或许能比一个无私的人做得更好。

在《国富论》出版后不久，法国大革命开始了，随之而来的是恐怖时期。外号"廉洁者"的革命领导人罗伯斯庇尔因苦行者般的纯粹和超常的暴力而闻名，他让这两者不可分割地联系起来。过去，人们杀掉敌人的神圣角色——比如圣托马斯·摩尔——是因为他们相信是上帝要求他们如此，但是罗伯斯庇尔是一个为了道德理由和正义而杀死敌人的激进的行善者。与丹东那样的普通革命者相比，他这样充满道德热情的杀人者似乎更加阴暗与残暴。在罗伯斯庇尔之后，极端的道德信仰蒙上了一层暴力的阴影。在俄国的共产主义革命强化了这一联系之后，人们不再相信无须死亡就能带来更好的世界，也不再准备为此牺牲自己。

在《国富论》出版和罗伯斯庇尔被斩首之后的一个世纪里，行善者遭到了很多进一步的指责。达尔文的《物种起源》引入了一个令人反感的观念，即为了生存的自私奋斗是生命的基础。这制造了一个古怪的悖论：首先，自私是人类维持自我生存的手段，然后自私也是人们用以实现道德本性的手段，而道德本性理应引导人远离自身。这说不通。美德看起来不太像是来自上帝的馈赠，是人自身最重要的部分，而更像一种古怪的历史附着物——一种在很大程度上尚未真正融合的嫁接过来的东西。达尔文自己并不相信这一点。他相信自我牺牲的行为是通过自然选择发生的，是人性的基础部分，因为由能够为他人牺牲的人组成的群体比自私的个体更能保障人类的延续，合作的群体能够打败不合作的群体。但是，对于很多相信达尔文思想框架的人来说，这个基本原理听起来是不自然和牵强的。如果自私是进化的基本机制，那么真正的利他行为是如何存活下来的？

　　这些怀疑是循环的，与此同时，宗教信仰显得日益脆弱。人们担心，如果对上帝和来生的信仰枯萎的话，人就失去了按道德来行动的理由，兽性的残害会随之发生。为了护卫美德，世俗人文主义诞生了，它相信人类的善没有上帝也能存在，比如法国哲学家奥古斯特·孔德与他的"人性的宗教"。孔德在十九世纪五十年代发明了"利他主义"这个世俗的词来表述人类的善，他相信利他和自私一样，都是人性的一部分。他甚至找到了仁慈的具体位置——大脑前部的中间部分，在它后面是崇敬的位置。他相信社会的目的是培养爱。孔德的术语被广泛接受，并在该世纪下半叶被英国进化论理论家赫伯特·斯宾塞大量使用，后者还创造了术语"适者生存"。斯宾塞相信人类具有可完善性，相信利己主义最终会在人类的品格中屈服于利他主义。对于斯宾塞来说，"利他主义"是一个令人满意的充满科学和未来色彩的词语，它没有宗教的含义，很适合从政治学到生物学的文本讨论。利他主义的理论在某种意义上能够和占据支配地位的自私理论相抗衡，然而美德或善的理论却不能。

　　多亏了斯宾塞巧妙的辩护，利他主义暂时流行了起来。对这个概念的狂热在十九世纪九十年代的英国和美国达到了高潮，一些满怀希望的期刊被创建——《利他主义》《利他主义评论》《利他主义的交换》《利他主义者》。威廉·迪恩·豪威尔斯在一八九四年出版的小说《从利他国来的旅行者》催生了从加州到新泽西的大量短命的乌托邦团体。"利他主义"这个词被一部分人采用，他们希望慈善家变得更加实际、理性，更少被感性因素绑架。这一术语也吸引了那些为贫穷所困但又对极端解决方案感到害怕的人。利他主义的魅力甚至渗透到了经济中：在一八八五年，著名的经济学家约翰·贝茨·克拉克预测了一次"经济利他主义"的浪潮和由于自我牺牲行为引起的竞争减弱。

　　但是，人们对利他主义的激情很快就冷却下来。甚至在它风行的鼎盛时期，想要成为行善者的人也会因为他们在穷人中的时髦冒险而被嘲笑。（"'你必须得开始做些好事了。'珍妮特说。"——珍妮特是一八九五年出版的讽刺小说《利他主义的经验》中的一个人物——"'你是如此难以相处。当社会和家庭的美德被摧毁时，博爱找不到任何繁荣发展的土壤。'"）很多人很快意识到，有序的政治才是人类进步更有效的工具，而非有闲中产阶级的满心期待。悖谬的是，随着利他主义变得更加利他，利他主义也变得更加可疑。当每个人都信仰上帝和来生时，行善仅仅是一种审慎：放弃一些现在的舒适以避免日后永恒的地狱之火。但现在很多仍有信仰的人都不再相信地狱了，那么过道德生活的动机就显得更加暧昧了。不过这些嘲笑与即将到来的相比还是比较温和的。

当利他主义在英美世界短暂风靡时，德国哲学家弗里德里希·尼采就已经在竭尽全力摧毁它了。对他而言，基督教的善的观念——谦卑、怜悯、牺牲自己献身他人——是无足轻重的人和弱者的道德。他认为，不幸的是，这样一个可鄙的信条已被广泛接受；但是大多数人却相信这并不那么重要。不，它最有害的影响是，由于它的影响是那样隐蔽和普遍，通过教导人谦卑地思考、为他人而不是为自己而活，以及抑制自己的天性，就连强者都被弱化了。尼采相信，只有自私——只有崇拜自身，对他人的需要完全无动于衷——才会滋生伟大。尼采鄙视"幸福"这个他同时代的功利主义者们所赞同的道德行为的恰当目标。"可怜的满足，"他写道，"被视为灵魂的宁静、美德、舒适、斯宾塞式的天使般的英国管家的幸福"，是为无足轻重的大众和普通人准备的。为了自己或他人而去追求幸福是一种可鄙的过日子的方式，因为高贵只能通过承受痛苦达到。幸福是无趣的，人的伟大才应该是生活的目的。

尼采对自私的鄙视是彻底的，而对不久后出生的弗洛伊德而言，事情要更加复杂。对他来说，一定的道德情感是正常的——这是家长权威下的普遍结果，被内化的对本性的压抑。这样的压抑对于文明而言是必要的。完全不被压抑的人会创造一个暴力的地狱，而不是人堕落前的天堂。但是，只有一定量的内化是善的——正确的量。弗洛伊德认为，过度的德行可能意味着一种道德受虐，以及由于与其性本原相分离而导致的一种极为扭曲的受虐形式。"真正的受虐狂，"他观察到，"一有机会被扇耳光，他就会把脸凑过来。"但是，对于道德受虐狂而言，他不再需要一个能胜任的虐待狂，遭受痛苦本身就足够了。

在弗洛伊德看来，无私通常是可疑的。比如自我奉献和牺牲的母亲，他发现其部分是受虐狂，部分是暴君，用内疚的链条奴役着她的孩子。但是，自我奉献和牺牲的孩子也一样可疑。在一篇关于爱的文章里，他观察到，在将父母拯救出危险的幻想中不仅有爱，还有抗争——一种清偿债务的欲望，结算赋予你生命的人的账单以逃避感恩的重负。（在另一个精神分析师后来所写的一篇文章里，这种抗争升级为暴力攻击：毕竟，想象解救也就是想象处于危险和可能的痛苦中的被解救者。）

弗洛伊德的女儿安娜·弗洛伊德甚至比她父亲更怀疑无私。她创造了一个术语叫"利他主义投降"，来描述人只有通过代用品才能满足自己心愿的乖张心理状态。所有的利他主义都基于此。她相信，无私总是自相矛盾的，病态的，总是与其原始意图背道而驰。

  安娜·弗洛伊德：你不认为有人生来就是利他主义者。
  约瑟夫·桑德勒（另外一名精神分析师）：我也不认为成为利他主义者是出自心灵的善。
  安娜·弗洛伊德：不，这出自心灵的恶。
  约瑟夫·桑德勒：我总是对那些奉献自己来为他人工作的人感到好奇——我们总是在寻找优秀的秘书，他们的一部分气质包含了巨大的奉献精神，我想知道献身于工作和受虐狂有什么不同。

安娜·弗洛伊德：我认为利他主义与受虐之间存在着非常紧密的联系。

如果利他主义不是受虐，则它有可能是一种无意识的内疚和责任，它可能变得有害，尤其是在父母与小孩之间。即使它不被家庭的复杂性所纠缠，利他主义也绝不是它看起来那样。

安娜·弗洛伊德：利他主义者是霸道的，因为满足自身愿望的渴望现在被置于满足他人愿望之后。后者必须以某种方式得到满足，即以利他主义者满足自己的那种方式。毕竟，所谓行善者的霸道是众所周知的……起初个体想要攻击性地追求自己的本能目标。"我想要这个，我想要那个，我要和不给我这样东西的人做斗争。"当愿望的满足变得不可能和被禁止以后，这个攻击也变得不可能和被禁止，但是现在有了利他主义，你就能够用同样的攻击和同样的能量去为满足其他人的愿望而战斗。于是你既获得了本能欲望的替代性满足，又释放了你的攻击性。没有更多的利他主义者出现才是让人吃惊的事情呢！

法国心理分析学家安德烈·格林发表了一篇关于"道德自恋"的文章，详述了在放弃中得到快感的自我意识的可疑的转移。"如果弗洛伊德说受虐狂使道德再性化，"他写道，"我们想添加一点：自恋将道德转化成一种自慰式的快乐，在这种快乐中，快乐本身将受到压抑。"道德者的身体是敌人，是羞耻；直接的享乐是被禁止的，于是快乐的唯一来源就是放弃。这些感觉被内疚激起，但也不仅仅是内疚——比这还要复杂，因为道德自恋者的极端谦卑掩饰了一种阴郁的骄傲。正常人能够接受自身是有缺点的，而道德自恋者不行。对于格林而言，这一道德变形并不值得赞扬，而是灾难性的，因为道德自恋者会通过行动去保持自己的纯洁，即使这么做要付出可怕的代价。人和基督一样是无辜的羔羊。"这不仅仅是被钉上十字架或割断谁的喉咙的事，它暗示了当屠杀来临时像羔羊一样纯洁无辜，"他写道，"我们知道，无辜者常常因为他们为了保持纯洁而允许发生的罪行受到控诉。"

更多的心理分析学者开始研究这个主题，新的限定词出现了："假性利他"是对隐蔽的施虐受虐狂的掩护，"心理性利他"是基于错觉的、奇怪的照顾行为与自我否定。此处存在大量可疑的理论。在童年时期失去慈爱的父母可能会导致病态的拯救幻想——长大后的孩子试着为世间所有无助的生物扮演深情的保护者角色，就好像他的父母对他似的。这似乎是对不幸环境的良性适应，其实不然：外显的激情与同情掩盖了无意识的害怕与敌意。面对他认为他想要减轻的痛苦的成因，这种害怕与敌意会表现为气愤与仇恨。过度的利他主义会导致杜绝与他人发生真实亲密关系的倾向，因为亲密关系是给予与接受的交易，而一个过度道德的人只能给予，不能接受。真实的亲密关系意味着懂得他者，但是对全心全意拯救他人的人而言，他者可能只被看作是他自己遭受过的痛苦的表现而已。

即使行善者并不是有意阴险或嗜虐，他的行为对于精神分析学家们来说似乎依然是不健康的。一篇关于"利他主义者心理学"的文章调查过五位行善者，其中包括一位麻风病人的支持者、一位残疾儿童的收养人和一位有抱负的医生。这些调查显示，这些行善者乐于助人、谦逊、迷人、友善，但也具有强迫倾向，易于认同寻求帮助的受害人，认为处于危难中的人想得到他的援助。他们倾向于轻描淡写地描述发生在自己身上的不幸（"这些利他主义者总是盘点着自己受到的眷顾，提醒自己想着那些正在挨饿的亚美尼亚人"），文章作者感觉其中隐含着过度的防御。他们在自己被帮助时感到不适，精神分析学家猜想这是因为他们在帮助的行为中觉察到潜在的敌意。确实，她推测，对这类人来说，掩饰自己的敌意与贪婪可能是利他主义的功能之一。

达尔文和弗洛伊德引领了这个方向。在二十世纪的大半时间，利他主义在人文学科中被人以一种深深的怀疑眼光看待，究其根本，通常被看作一种伪装的自私。只存在少数例外。一位早期的精神分析学家威廉·麦克杜格尔试着将人的帮助本能解释为"一种温柔的情感"，但是到了二十世纪三十年代，他被当成了一个笑话。皮季里姆·索罗金创建了"利他主义的整合与创造性"哈佛研究中心。他相信，如果人类想要存在下去，利他之爱的增加是必要的，为此，他信奉所有这类研究，从常规的到古怪的，从心理学到生物学再到心灵学（研究爱与超感官知觉之间的可能联系）和数学（一种利己与利他行为的数学理论），通过运用脑电图使对精神变态的洞悉变得可能。但是这种道德理论家并不多。一个早期的心理分析师相信，在社会科学中存在着一种逃离柔情的倾向，这或许是由对神学的过度反应所引起。研究攻击比研究爱看起来更加客观；如果一位社会科学家相信利他主义，他可能会被认为是感情用事的人或者傻瓜。

在人类学领域，法国人类学家马塞尔·莫斯在一九二五年出版的《礼物》（对互换礼物的分析）一书中重新建构了利他主义的概念，为这个故事增加了一个原始主义的侧面，即给予绝不是它所声称的那样。在莫斯研究的古代社会，给予总是相互的：交换是将社会凝聚在一起的东西。给予的要点不是慷慨，而是家庭与部落的融合，家庭和部落部分地存在于它们的所有物中并随之循环。没有预期回报的给予并不被看作是更高尚、更无私的行为，恰恰相反，它是一种攻击，它将给予者设定为优于接受者的一方，让接受者丢脸；它将感激的重负强加于别人，而没有允许对方通过交换减轻这种负担。因为礼物自身蕴含着某种给予者的本质，礼物给了他控制接受者的权力。在有些社会中，礼物被留下而不是被再次传递可能会导致对接受者的严重伤害——甚至死亡。在某些古代语言中，礼物这个词有第二个意思：毒药。

达尔文试着将利他主义整合进他的进化理论中，但到二十世纪六十年代，他用于解释它的群体选择机制，即认为相互合作的群体比不合作的群体更有可能繁荣的观点，已经从权威生物学话语中被驱逐出去了。美国生物学家乔治·C. 威廉斯从数学上给予了证明，他宣称，即使合作有其好处，自私也终会胜出，因为总有人想要搭便车。他总结道，道德不是一种适应，而是"在某种生物学过程中被无限的愚蠢偶然催生的能力"，而这种生物学过程又与这种能力有着截然相反的表述。生物学家们用亲缘选择理论（帮助你的亲属是繁殖自己基因的一种好办法）和互利利他主义（帮助他人，尤其是非亲属，是有益的，因为如果你已经帮助过他们，或者他们知道你是个乐于助人的人，人们更可能给你帮助）来解释利他主义。换句话说，利他主义在生物学的层面只是另一种形式的自私——一种确保自我生存的更精明的手段。

一九六四年，发生了著名的凯蒂·吉诺维斯事件。一个年轻的女人在纽约自己的公寓附近被强奸和谋杀，当时——或者人们相信在那时，最后发现并不准确——有三十八个人听到了她的尖叫声，但并没有提供帮助。很多社会科学实验企图去解释这件可怕的事是如何发生的。证据显示，人类比我们所估计的还要糟糕。在各种各样奇怪和不太可能的情况下，人们进行了很多模拟袭击受害者的实验，就为了弄清楚实验对象是否会帮助这些"受害者"，而大多数人都没有。这些实验给人一种感觉，即利他主义并不是人类品性中的重要部分。

"旁观者研究"发现，人们更愿意在没有其他可能的帮助者时挺身而出，但是在任何情况下都伸出援手的意愿很弱，这可能取决于最琐碎的抑制因素。有一个著名的实验是让学生准备一个关于"善良的撒玛利亚人"寓言的演讲，然后在下一次赴约的途中让他们碰到一个需要帮助的人；那些被告知迟到的人与那些相信自己还有几分钟时间的人相比，更不可能停下来帮助他人。

但到了二十世纪末，潮流开始翻转，人们对利他主义的态度又一次发生了改变。一九九〇年，一篇发表在《社会学年度评论》上的文章观察到，从二十世纪八十年代早期开始，社会科学领域似乎发生了一种思维范式的转变，人们不再确信表面上的利他行为必然源自隐秘的自利动机。推动转变的因素之一是社会学家翁林纳夫妇——塞缪尔和珀尔，他们在作品中描写正直的外邦人——在第二次世界大战期间帮忙拯救犹太人性命的非犹太人。

塞缪尔·翁林纳的家人在大屠杀中被杀害了，但是塞缪尔自己却活了下来，因为在继母的催促下，他十二岁时就离开了家。一位波兰农妇冒着生命危险将他带到自己的房子里，并教他模仿非犹太人以渡过难关：她给他起了新的名字，换了新的衣服，教他阅读波兰文以及背诵教理问答。翁林纳夫妇估计大约有五万名外邦人冒着生命危险——通常也包括他们家庭成员的生命——不计回报地搭救犹太人。为什么在那么多人没有这样做时他们却这样做了呢？和一般的利他主义的例子不同，这风险甚至已经大到不能由社会认同来补偿的地步。这与环境相关，还是与人的品格相关？

翁林纳夫妇拒绝情景假设，他们认为这关系到品格。他们发现，救助者被他们的父母教导要关心他人，而非救助者则受到教育要好好工作或者要听话。非救助者在事实面前感到无助乏力，而救助者则认为他们对自己的生命及自身所处的环境有一定的掌控力，且愿意承受失败的风险。救助者和非救助者同样易受到他人情绪的影响，只不过非救助者更多地受到幸福的感染，而救助者则更多地被痛苦所打动。

在心理学领域，情况也发生了转变。社会心理学家C. 丹尼尔·巴特森寄希望于打破舆论对自私的绝对支持，并着手调查利他主义是否总是假性利他主义，还是它也会被真正的同情和减轻他人痛苦的欲望所唤起。"如果我们可以是利他主义的，那么我们目前所有关于个人心理学、社会关系、经济学和政治的观念在某个重要的方面几乎都是错的，"他在一九九一年这样写道，"普遍利己主义的假设是如此根深蒂固，在我们的文化中广为流传，就像是水之于鱼一样很难被意识到。"决定真正的利他主义是否存在的不仅仅是科学的旨趣。自私的预设是自我强化的，毕竟，有什么比怀疑人本就是自私的更可能阻止利他主义呢？如果做困难的利他之事仅仅是另一种形式的自私，仅仅是让自己感觉良好的途径，那好，有很多更容易、更舒服的方式可以实现这个目的。

在生物学和进化心理学中，群体选择作为对真正利他主义的解释而复苏。由于自然选择在群体之间和个体之间一样起作用，即使利他主义对于个体而言是个坏策略，进化也会确保利他主义的持续活跃。在经济学中也一样，理性自利的预设开始转变。一九八九年，一位经济学家得出结论说，人们捐钱给公益事业不仅仅是出于对那些会得到好处的人的关心，也是为了这件事给他们带来的自我满足的"光热效应"。经济学家们曾长期预设，就公益事业而言存在着搭便车的问题：如果人们无须付出代价就能分享公益事业的话，他们会这样做的。但是很多研究显示，这个假设只有当受试对象是经济学家时才成立。

最后，即使在精神分析领域，情况也开始转变。一篇由两位精神分析学家合写的论文试图建立这样一个观点：除了老朽的病态利他主义之外，还存在着正常的利他主义。是的，存在"很多郁郁寡欢的自我否定的殉道者，他们有很严重的受虐和病态自恋倾向，他们强迫性的照顾和自我牺牲的行为掩盖了他们的攻击性、妒忌以及控制他人的需要"。但是也存在着这样一种人，对他们而言，帮助他人就是真正的、不矛盾的快乐之源。这种人因帮助他人而感觉良好，结果更加快乐。精神分析学家们之前没有意识到这种人的存在，是因为他们很少来寻求心理治疗。而且，在很有技巧的精神分析学家的帮助下，即使一个郁郁寡欢的殉道者也可能转变为一个快乐的行善者。例如,其中一个治疗师的殉道者型病人在经过一段良好的心理治疗之后找到了男朋友,有了一次高潮体验,并且预定了歌剧院的门票。

第七章
陌生人的耻辱

STRANGERS DROWNING

神借着苦难救拔困苦人,趁他们受欺压,开通他们的耳朵。

——《约伯记》,36:15

巴巴

  这是关于一个男人的故事。他在印度中部的荒野上创建了一个麻风病人疗养院,并将这份繁荣而有名望的事业传递给自己的儿孙,正如人们会将自己的航运业和报业传递下去一样。这人有两个儿子:年轻一点的在遥远的丛林中建立了一家诊所,和他父亲一样赢得了名声和赞赏;年长一点的将工作建立在父亲工作的基础上,但其成就不太被认可。这个故事始于一个雨夜里的一次偶遇,这次偶遇改变了他的人生进程,随后几代人所经历的一切也都应归于那个决定。事情本可以变得不同。你能想象这个人在不同时空凭借同样的激情和毅力实现许多别的抱负:他可能会成为亨利·福特,也可能会成为拿破仑。如果存在天生的圣人的话,他并不是其中之一。

  他的故事是这样开始的。他习惯性地焦躁不安;他渴望新奇的东西,乐于面对障碍;他鄙视舒适,需要人生变得困难;他想要被抛掷,被打击;他需要焦虑,需要处于危险之中。他能够忍受大量的痛苦,无所畏惧;他把自身的内在品质看得比其他任何东西都珍贵。

  在一个下雨的夜晚,他经过一具躺在路边的躯体。很难说这是个人——这是一具处于麻风病晚期的病人躯体，浑身赤裸着，几乎不能算是活着，手和脚只剩残肢，鼻子凹陷进去，肉已经腐烂，上面爬满了蛆。这恐怖的景象让他厌恶，他害怕会染上这疾病，所以跑开了。但随后他意识到自己是因为害怕而跑开——他，那个不害怕任何东西的人。对他而言，有所畏惧的念头比染上麻风病更可怕，于是他返回那个麻风病人身边，给他身上盖了一件衣服挡雨。这个麻风病人得到帮助太晚，很快就死了。但在接下来的几周里，这个男人被这一经验深深地撼动了。他之前感到害怕，并且跑开了。他不能忍受这个念头，这个念头却一直纠缠着他。甘地称自己无所畏惧——他曾经就是这样一种人！在他的人生中，他第一次感到痛恨自己。他决定去做唯一能够令他恢复平静的事情——朝自己的恐惧前进，直到他能够摆脱它：他要把治疗麻风病当作自己的工作。

　　他一开始想的是治疗疾病，但在定居疗养院很多年后，他意识到，让他激动的并不只是痛苦的减轻，还有痛苦本身。他相信，一个没有感受过疼痛的人，不管是精神上还是肉体上，都不能建立深厚的依恋关系，而分担的痛苦则是共同体的凝合剂。疼痛将一个人打开，允许他人进入，所遭受的痛苦处于人之为人的核心位置。他的疗养院因麻风病人的痛苦而更加团结，巴巴相信，正是因为他自己也在很多时候处于痛苦之中——他有严重的退行性关节炎，不得不花时间做牵引，一连好几个月都得躺在床上——他才感到自己也是这些人中的一员。"对我来说，相似的疼痛总是最强有力的纽带。"他写了一首诗："我能忘记那些同我一起笑的人，但是我无法忘记那些同我一起洒泪的人。"他的妻子写道："伴随着痛苦的更伟大的联盟才能够改变这个世界。我们不需要其他宗教。"

　　他一开始是个小少爷。他父亲在他们世代生活的村庄——位于印度中部，孟买东面八百公里之外的死气沉沉的戈拉加——拥有四百五十亩土地，还在那格浦尔市的政府里有一份好差事，为英国的财政部门工作。年轻的族长穆利达尔·阿美特出生于一九一四年十二月,他妈妈亲昵地称他为巴巴。他从童年起就显示出某种东西,要不就是对痛苦的漠然和对父亲的认可,要不就是对疼痛的兴趣和对父亲的不认可。比如,作为一名婆罗门,他不被允许与贱民有肌肤接触,即使是影子也不行,更何况是贱民的身体。因为贱民是不洁净的,接触是一种污染;这不是势利,而是虔敬。但是,尽管他父亲为此打他,他仍然和贱民小孩一起玩耍,更让人震惊的是,他还和贱民家庭一起吃饭。在他想到同情他们之前,他就被这些被放逐者所吸引。

等他长成了一个青年,他妈妈出了些问题。在夜里,她会尖叫和唱歌。有一天她穿了七件莎丽,一件摞着一件,然后又在城市广场一件一件地脱掉。她在一个精神病院里住了好几个月,最终也在那里去世。从那以后,巴巴称自己为疯妈妈的疯儿子。

年轻时,他有一辆绿色的辛格牌运动跑车,座椅是动物皮毛装饰的,还有一只幼年黑豹当宠物。他穿着为英国政府做衣服的裁缝给他做的衣服,打桥牌,喝酒,常常一学期什么都不做。他因为喜欢上了著名的流行歌手蒙塔兹,就驾车八百公里去看她在加尔各答的演出。他喜欢罗宾德拉纳特·泰戈尔的诗,为了阅读原版《吉檀迦利》而学习孟加拉语,并驱车一千公里去参观泰戈尔精舍。他也写诗,写那种热情洋溢的、充满浪漫主义的诗歌。他喜欢电影,有时一天要看三部,他会在播放间歇点餐,叫人送到剧院,如果他特别喜欢一部电影,他会看上二十次,直到能够熟记于心。他会买两张票,这样他就能把脚搁在前面的座位上。他为影迷杂志写影评,给诺尔玛·希勒和葛丽塔·嘉宝写信,她们也会回信给他。他曾经还有过当演员的念头。

但他并不是一个单纯的享乐主义者。在经过这么多事情以后,他并不快乐。他总是在打架——拳击或者摔跤。他的朋友都是些流氓一样的角色。在青少年时期,他为秘密武装抵抗组织走私武器,这些反英革命分子认为甘地的非暴力观念太天真了。他冲往灾难发生之处——地震、饥荒,积极参与并尽力帮助有需要的人。他步行去森林打猎，不是躲在树上安全地杀死动物，而是和它们面对面地赤膊较量。

在打猎的时候，他漫游到加德奇罗利森林的深处，遇到了一群遥远部落的人——马迪亚贡德人。他看见他们饱受饥饿与疾病的折磨，却感到他们的集体比他所属的集体更加亲密和忠诚。当他待在自己家的田庄时，他喜欢四处走走，会一会农户和村民。他们不像马迪亚贡德人那样孤立而奇怪，他们只是贫穷而已，但与他在父母家遇到的那些人相比，他更喜欢这些人。等他慢慢长大，这些印象逐渐加固，他开始相信富人都是麻木的，对周围的荒凉故意视而不见，而穷人则不可避免地会看到。他通过阅读确认了这种印象——马克思、普林斯·克鲁泡特金、鲁斯金、潘杜朗·萨内。在教会大学里，他很厌恶被迫参加《圣经》课，每当上课他就用棉绒堵住耳朵；但他会自己阅读基督的生平，并决心以那种方式度过自己的人生。

不久以后，他抛弃了武装革命军——他看到他们在摆脱英国之外毫无想法——并启程拜访甘地的静修所塞瓦格拉姆，那里离他父亲的房子不远。有天他坐火车旅行，看见英国士兵正猥琐地调戏一位年轻的新娘；她的新郎很害怕，把自己锁进了厕所。巴巴和那些士兵打了一架，在车站请求指挥官对此进行调查。甘地听说这个事件以后将巴巴称为 abhay sadhak，意为"无畏的求真者"。

一九四二年，在甘地发起的"退出印度运动"（迫使英国承认印度独立的运动）期间，巴巴雇律师来为反抗辩护，而他自己则被暂时收押。他的热忱引起了维诺巴·巴韦的注意，巴韦是住在附近精舍的一名苦行者和博学的甘地式侍僧。多年以后，巴韦徒步穿越印度，号召地主将土地分给穷人—— 一部分是由于独立后的爱国主义情怀，但主要是由于他自身神圣的魅力，这个他追求了多年的疯狂想法取得了令人吃惊的成功。在印度，苦行主义是相当可观的一股力量——巴韦和巴巴都清楚这一点。在二十世纪五十年代早期一次徒步的过程中，巴韦拜访了巴巴初建的荒凉的麻风病疗养院，并将巴巴的故事与《罗摩衍那》——一个王子被流放到森林里与野兽一起生活的故事——相提并论。

巴巴完成学业以后想接受训练成为一名医生，但他父亲咨询了一名星相学家，根据那位星相学家的说法，巴巴的星座显示法律会是更加幸运的选择，于是巴巴很不情愿地被培训成了一名律师。他的工作是为罪犯辩护，但他讨厌这样——他讨厌为那些他明知有罪的人辩护，他讨厌自己花十五分钟的时间就能挣五十卢比，而一个工人工作一整天还挣不到一卢比。他离开了他的公司和城市，在小镇沃罗拉和一名低种姓的律师一起成立了一家合作事务所。他开始将低种姓者和贱民——清洁工、拾荒者、织工——组织起来。他组织的拾荒者告诉他，他不可能理解他们的生活——他们清洁公共厕所，整理废物，把它们装进篮子里用头顶着运走。他把这当作一个挑战，连续九个月都在早晨三点钟起床，在去律师事务所上班前拾荒四个小时。

除了这些令人讨厌的非婆罗门行为，他依然是一个条件相当不错的年轻人。未来的姻亲给他施压让他提亲。他认定如果结了婚就不能过自己想过的生活，于是更多地出于实际而非精神的原因，他成了一名苦行僧：他宣誓要独身，并要游历到东部的喜马拉雅山脉，去圣者们的精舍中去拜访他们。他穿着橙黄色的长袍，让自己的头发和胡子长得又长又乱，把烟灰涂抹在身上，乞食为生。他吃得很少，每天早上三点钟赤脚走过荆棘去河边洗澡。他不擅长沉思——他发现要平静下来很难，但不适才是常事。

从喜马拉雅山脉回来以后，他去拜访了家族的一位朋友，注意到他们家的一个女儿在帮助佣人做家务。这件他自己或许会做的、反常且违背种姓的事情激起了他的兴趣。他强烈地感到自己被她吸引，更重要的是，他以评估他人忍受困难能力的敏锐直觉感知到，和她在一起可以过上自己想要的生活。但他并没有依赖直觉，他对她的习惯进行了详尽而秘密的调查，询问她的家人她对穷人的关切，对家务事的参与（毕竟她帮助佣人也可能是例外），她照料奶牛的方式。她很合适成为他的妻子，这让他感到很满意，他也因此抛弃了成为苦行僧的念头。

这个女孩名叫尹杜，出身于一个高贵的梵语学者家庭，他们的血统一直可以追溯至加加巴塔，她的这位祖先曾在一六七四年出席了国王希瓦吉的加冕礼。她的家庭属于非常虔诚的正统派，对城堡规则的态度相当古板，所以她违反这些规则来帮助仆人尤其引人注目。巴巴离开以后给她寄了一封文辞华丽的情书—— 一次性违反如此多的禁忌（不仅仅是收到独身苦行僧的情书，而且是没有求婚的情书）让她的家人非常震惊，并对她的回信严加审查。巴巴随后又寄了更多的情书，里面写满了诗歌，然后是求婚。尹杜之前的生活太闭塞了，即使对于一个婆罗门女孩来说也是，她完全不知道和一个陌生人—— 一个自己根本没有同他说过话的陌生人—— 一起生活意味着什么，但是她知道这不会和她姐姐们过的那种普通家庭主妇式生活一样。她准备好了追随他，虽然不知道要去哪儿。她是读着《罗摩衍那》和《摩诃婆罗多》中的女人们的故事长大的，她们崇拜自己的丈夫，不管多么艰难都处处追随；这些人是她理想妇女生活的模范。她的家庭希望她好好地嫁个正常人，对巴巴一点都不满意，她的亲戚也瞧不起这桩亲事，但她坚持要和他结婚，并最终赢得了胜利。在婚礼前不久，巴巴击退了一个持刀冲进尹杜家丝绸店的小偷，身上被刺伤了好几处，但他拒绝将婚礼延迟，最终在一九四六年冬天绑着绷带结了婚。

结婚的时候，巴巴几乎已经放弃了他的律师工作，成了一名全职为贱民服务的组织者和社会工作者。起初，这对尹杜而言很奇怪。在她母亲家里，如果她无意间碰到了贱民就得换衣服。但对她而言，第一原则是服从她的丈夫。由于任何别的东西都是次要的，她很快就放下了顾虑，即使明白这一"污染"意味着她会和他一样成为被放逐者。她或他的家庭中没有人会来探望他们——对他们各自的家庭来说，他们的行为是令人恶心的。巴巴和他的父亲做斗争，放弃了对祖辈财产的继承权。尹杜决意追随他到社会秩序的底层：当她怀上他们的第一个儿子维卡斯时，她感染了伤寒，急需去医院，但是她拒绝了，因为低种姓的人没有能力负担这个。

就是在那个时候，巴巴在雨中遇见了那个麻风病人，并决心要改变自己的生活。他开始阅读关于麻风病的书，同时在附近小镇上的一所甘地主义麻风病诊所上班。他给病人打针、清理溃疡、包扎伤口、去除坏死的骨头。这对他的影响非常显著：他的自我仇恨消失了，突然间充满了欢乐和自信。他知道他找到了自己的终身事业，于是怀着一种激情做下去。正当他处于极度激动的状态时，尹杜得了肺结核，不得不去医院治疗。她把维卡斯留给巴巴，把小儿子普拉卡什带在身边，因为他还不到一岁；他也病得很重，但她病得太厉害，已经照顾不了他了。要靠自己来对付这些是很困难的，但是巴巴忙于照顾他的麻风病患者们。他写道：

亲爱的尹杜：

　　在为麻风病患者工作时，我体验到的快乐是无可比拟的。我以前从没有体验过这样的快乐……他们对我有一种不可撼动的信赖，即使我只是拿着一个手持洒水壶站在树下，我相信他们也会涌向我。如果上个星期天你能看到诊所里发生的一切，你就再也不会叫我早点回家了。六十五个病人排着长队等着轮到自己！你能想象吗？这一切都预示着什么？看见他们眼里闪烁着希望是多么让人快乐！……这对你、我和孩子们来说难道还不够吗？这肯定能够帮我们渡过难关！尹杜，他们为了我们的健康和快乐向上帝祷告。我知道在这样一个艰难的时刻我应该和你一起待在乌拉里坎禅，但是你不会希望我就那样放着他们不管。只有牺牲这些穷苦无助的麻风病人的期待和渴望，我才能得到陪伴你左右的快乐。事实上，遗弃他们的内疲感也会破坏我们的快乐。告诉我，你真的认为在这种情形下留我在你身边是对的吗？

她不认为这样是对的。她想："这世界上的恶是那些在自我与他人之间做出区分的人创造出来的。"

对于一个将基督的生平当作实践样板而不是完美化叙事的人来说，对付麻风病是聪明的职业选择。麻风病人的净化被说成是基督的奇迹之一，在日常疗法被发现之前的两千年里，拥抱麻风病人成了圣洁的标志。这个病令人厌恶的特有症状——腐肉和恶臭——和接触性传染，以及认为身体的畸形比灵魂的畸形更可怕的信念，让麻风病人成了爱的狰狞考验。圣弗朗西斯在他的遗嘱中写道，遇上麻风病人深刻地改变了他的生活。出生于一八四〇年的比利时僧侣达米安神父追求最严苛的苦行，请求按照自己的安排被送往莫洛卡伊——位于夏威夷的一个麻风病隔离岛。三十年以后，阿尔伯特·施韦泽感到分担世界的痛苦是自己的责任，于是到加蓬麻风病人中去工作。巴巴写道："这很奇怪，人们到旧庙宇或旧教堂的废墟中去找寻庄严的启示，但在人的废墟中却看不到有人这么做。"

巴巴意识到，作为一名律师，他能为麻风病患者们做的很有限，他决定在加尔各答学院花一年时间学习热带医学。那里有个教授告诉他，这种疾病是无法治愈的，部分原因在于，似乎不可能将它传染给动物，然后进行实验。巴巴为此思考了数日，决定自己来做人体实验对象。他注射了麻风杆菌，等待着命运的降临，但他没有得病。从那时起，他知道自己是免疫的（后来发现，大多数人本就是如此），没什么好怕的。

正如后来所发生的，对麻风病的治疗在一九五〇年取得了进展——药物氨苯砜出现了。在加尔各答受训以后，巴巴就搬回了沃罗拉并开始在周围地区奔走发药。他很快发现，即使药物能够治疗多数病人，也不能改变他们的生活。

一个吃了药的麻风病患者可能很快就不再会传染他人，但是这个疾病造成的所有可怕的损害——手指和脚趾变形，眉毛消失，鼻子塌陷，皮肤表面留有奇怪的斑块——将在他身上留下永远的印记。人们对麻风病的恐惧如此之深，疾病的标志是那样明显，即使已经被治愈的麻风病患者也会被他们的家庭拒之门外。麻风病人的亲属会遭到驱逐，不允许结婚，所以，把一个麻风病患者留在家里就意味着要牺牲家里其他人的正常生活。在很多村庄，麻风病人会被活活烧死。甚至被治愈了的麻风病人也面临困境：他不能去工作，不能生活在自己的家里甚至村庄里，除了乞讨别无选择。因此，即使在麻风病的治疗方法被发现以后，麻风病疗养院也依然是必要的。

那时候，基督教传教士在印度运营着很多麻风病院，但巴巴相信依靠慈善是死路一条。巴巴试着避免像做慈善一样对待麻风病人，后者将病人变成了乞丐，他们为了换取医药援助出卖自己健康的灵魂。他将自己定义为与基督教麻风病圣人典范（如施韦泽和达米安神父）对立的人。巴巴说，施韦泽把麻风病患者放到床上，而他会让他们去工作。如果一个人失去了七个手指，那毕竟还剩下三个，还有很多事是可以用三个手指完成的。人可以没有手指而活，但却不能没有自尊。

他向中央邦申请土地，在一九五一年分到五十亩荒地——没有水，矮小的灌木长在岩石间。他和尹杜带着两个年龄尚小的儿子、六个麻风病人、一头牛、四条保护他们免于野兽攻击的狗、十四卢比（几乎相当于什么都没有）去那里生活。他们修了两间棚子——用四根木头棍和一个草顶组成，没有墙——一间给巴巴一家，另一间给麻风病人。随后他们又用树枝和泥搭建了小屋。

那里随处都是致命的毒蛇、蝎子和老鼠，每当下雨，老鼠和蛇就会钻到屋子里来。麻风病人醒来时会发现老鼠趁他们睡觉时吃掉了他们身上已丧失知觉的肉。附近的森林里有豹子和老虎，老虎会在夜里过来，从小屋中一只接着一只把狗叼走，但并没有动那两个孩子。到了雨季，小屋会被洪水淹没，有时下大雨屋顶还会塌下来。他们总是没吃的，最近的水源也在两公里以外。当务之急是要挖一口井，但这就花了六周时间，即使他们每天都在挖。五月份时气温在46℃以上——挖井的时候比站在太阳底下还热。他们挖了九米才发现水。巴巴将这个地方命名为阿南德万，意思是"快乐的森林"。

可以想象外面的生活对于麻风病人而言是多么可怕，他们成群结队地来到这个地狱般的地方——之后的两年来了超过五十人。他们挖了更多的井，清理土地，种植庄稼去市场上卖。刚来的时候多数人都很凄凉，他们被自己的家庭赶出来，被朋友拒绝，但是工作让他们恢复了活力。麻风病人们管尹杜叫"泰"，意思是"大姐姐"。泰依然很虚弱，正在从肺结核病中慢慢康复，但她整天都在工作，做饭和送饭，给奶牛挤奶，打扫卫生。巴巴的医生曾建议他卧床休息一年，但他却夜以继日地疯狂工作，清理和包扎麻风病人的伤口、劈柴、挖地、修房子。他推动麻风病人们实现了令人惊讶的成就。他们的庄稼种得特别好，辣椒像拳头一样大，茄子比得上南瓜——巴巴是个狂热的农业实验者，但附近的村民由于害怕得病，不敢买他们的东西。

巴巴和泰将贫穷加诸自身是一回事，但他们的孩子却没有选择这种生活。他们太穷了，维卡斯和普拉卡什几乎没有足够的食物来抵抗饥饿。因为当地人都害怕麻风病，不允许自己的孩子和阿美特家的孩子一起玩，所以他们没有朋友。他们也没有玩具，普拉卡什喜欢玩毒蝎子。他们没有暖和的衣服，多数时间里，他们甚至没有父母，因为巴巴和泰从天不亮一直工作到深夜。孩子们整日在丛林中闲逛，巴巴对此并不忧虑，他认为这样可以令他的儿子坚强，但是泰感到内疚，因为她和巴巴小时候过的是养尊处优的生活。

两个孩子的年龄相当：维卡斯出生于一九四七年十月，普拉卡什是一九四八年十二月。维卡斯喜欢说话，普拉卡什通常比较安静。维卡斯在学校表现更好。家里的理解是，维卡斯继承了巴巴在语言方面的天赋，而普拉卡什则继承了他的勇气；这两样巴巴和泰更为看重哪一样是毫无疑问的。普拉卡什才六岁的时候，有一回，巴巴听到附近井边有老虎的吼叫声。作为考验，他让普拉卡什去打一桶水回来。普拉卡什毫不犹豫地去了，当他提着水桶回来时，巴巴极为欣喜，从后面轻轻地拍了他一下。

在他们进入阿南德万数月后，一支国际志愿者队伍从甘地的静修所塞瓦格拉姆来到这里，帮助建造诊所和其他建筑。那么多欧洲人在那种卫生状况下与麻风病人生活在一起的景象让当地人相信，阿南德万的蔬菜是安全的。蔬菜被接受改善了阿南德万的经济：现在它可以产生收入了。巴巴创建了一个牛奶厂，一个纺纱厂和其他车间。他下定决心，阿南德万应该变得自给自足，两年以后，除了糖、油和盐，它都做到了。

巴巴关注每个人和每件事。他曾试着寻找愿意在阿南德万工作的医生，但最终没有找到，因此他什么事都要亲力亲为——将蛆虫挑出伤口，每天为每个病人穿衣、包扎，清理便盆，下午的时候为大家准备晚饭。每件事都要安排得井井有条，每样东西都得是干净的，每件事都得像他想的那样高效与准确，否则他就会生气。他脾气很不好，当他觉得泰做的菜太咸时就干脆不吃。他对精准记账有一种狂热，会花几个小时来确保每个卢比都被计算在内。喝酒是不被允许的。

虽然巴巴据以生活的准则是自己发明的，但他严格遵守，就好像它们是来自上帝的命令一样。这不是清教主义——他绝不是像甘地或巴韦一样的苦行者——而是一种个人原则。在他还是一个苦行僧时，他就决定不吃糖、辣椒和牛奶，他现在也依然这样坚持，即使这会伤害那些为他准备餐食的人的感情。没有什么能够让他对自己的观念产生怀疑。

泰对待自己的宗教仪式非常顽固和坚定，其中包括必需的印度教祈祷和她自己发明的额外仪式。如果斋戒要求一定的时间，她会斋戒得更久；如果读经要求一定数量，她会读得更多。有一次，没有什么特别的理由，她发誓要供十万八千片蒌叶给商羯罗王，这意味着要准备一千捆每捆一百〇八片的蒌叶。她没有理睬不信教的丈夫劝她更理性地对待宗教的话。

一旦阿南德万摆脱了极度的贫困，巴巴就变得不安分起来。他对阿南德万的野心扩展到了产业之外。身体的治愈和经济上的自给自足对于麻风病人来说还不够，他想，他们也必须在文化上受到激励。阿南德万将是快乐森林，一个模范共同体，而不是济贫院。他启动了一年一度的文化节，邀请音乐家、艺术家、哲学家、政治家和知识分子来参加。他修建了剧院，舞台剧要一直演到凌晨四点。对他而言，重要的是这个地方必须得是美丽的——他相信美丽是人类幸福的基本元素。他建造了一座玫瑰花园，将花种得到处都是。

对于阿南德万来说，即使没有慈善也能运行是不够的，它还要施舍他人。该地区需要一所盲人学校，巴巴就筹建了一所寄宿制学校，住得远的孩子也可以来这里上学。随后他兴建了一所聋人学校。他和泰在路边发现了一个被遗弃的小姑娘，于是又修建了一所孤儿院。他们还建了一个老人之家。阿南德万周围地区最迫切的需要之一是更高等的学校教育，但那附近没有任何学院，送孩子到远方城镇的寄宿制学校上学实在是太贵了。那好，巴巴说，他们会在这里建一所大学。在阿南德万的土地上，在这里读大学的学生都会和麻风病患者一起生活，并应该感谢他们给了自己受教育的机会。阿兰德·尼可坦学院于一九六四年成立。

关于阿南德万的故事开始四处流传。到二十世纪五十年代后期，它已经变成了一个令所有著名人物都好奇的地方——剧作家、诗人、演员、政治家。巴巴也变得有名。之后，首相英迪拉·甘地来这里进行了访问。

维卡斯和普拉卡什在二十世纪六十年代中期从高中毕业，并在阿南德万的大学拿到了学位。后来，维卡斯想学工程学，但因为阿南德万需要医生而不是工程师，于是巴巴让他去学习医学。普拉卡什一直就想成为一名医生。为了上医学院，兄弟俩搬去了那格浦尔。他们在那里住了四年半，但他们并不喜欢那样的生活。他们感到作为巴巴·阿美特的儿子并不自在——总得小心翼翼地避免做可能破坏父亲名声的轻佻之事。

到这个时候，已经有六百多人生活在阿南德万了，但这还不够。巴巴不能容忍稳定的进展——感觉像是停滞，这对他来说等于死亡。他需要开启新项目——他感到总是有更多的人需要他的帮助。他开创了奥修克万，一个麻风病人在里面工作的农场，位于那格浦尔南部据称是被土匪盗贼占据的地区。有天夜里，强盗闯进农场偷走了食物、盘子和煮锅；随后他们惊恐万分地得知，这些食物和锅具都是麻风病人用过的。"他们跑回来了！"巴巴兴高采烈地告诉大家，"他们归还了一切，直到最后一个盘子！"这种危险令他激动。他在老虎栖息地附近创办了第二个农场，好几夜都在森林里野营，等着看一眼老虎。

他希望项目持续的时间可以比他的人生还长，能持续一百年。他有两个儿子，他们会继承他的工作，但那还不够。他需要不止两个儿子，他想要开启一个运动，让从全国各地来的年轻人被激励着和他一起工作，像他一样启动项目。他决定运营一个为期一周的学生夏令营：在白天高温时，他们会去田野里工作或者修造建筑（他觉得，让他们学着去尊重体力劳动，知道这并不容易是至关重要的），晚上则为他们安排讲座、讨论和音乐表演。他会唤醒年轻人去辛苦劳作，对他们发表有关麻风病人、贫困和印度未来的激情演讲，夏令营的目的是劝说人们跟随他来做事，但他并没有看上任何人——他先是测试他们，看他们是什么样的人。巴巴不想要行善者，那种认为自己在为无助的麻风病人而牺牲自我的人。他们应该出于自己的原因从事这个工作，如果不理解这一点，他们最好不要来。有个人本来在政府里工作得好好的，听了巴巴在夏令营的演讲以后，主动表示愿意辞职并离开家乡，来为当时的项目之一 —— 一所尚不存在的学校工作。巴巴对他说:"别期待我给你任命书,你来任职是你自己的事。你准备好了就来吧。"

人们开始称巴巴为圣人。有时他会拒绝这样的说法,有时则不。他说,他从事有关麻风病的工作"不是为了帮助任何人,而是为了克服我生命中的恐惧。为他人工作只是一个副产品罢了"。他知道神圣的观念是一种托词:叫他圣人会让人觉得他是一种不同类型的生物,因此普通人不需要去模仿他的行为。他并不信神,不能忍受有组织的宗教,拒绝让牧师进入他的房子。但是他的激情充沛到难以用世俗词语比如"社会工作者"或"活动家"来描述。"我想成为那些'显眼疮疤之主'——基督、达米安、甘地——的同时代人,"他写道,"每次我跟麻风病患者站在一起,我就看见基督的吻落在他额前的印记。"

有人指责巴巴成了一名独裁者、麻风病人的皇帝,用残疾人的劳动力来增加自己的荣光。有个人申请到巴巴的一个农场工作,在他问到将来的蓝图时,巴巴被惹恼了,回答:"耶稣基督的门徒当年跟随他的时候也问他要蓝图了吗?"

巴巴让人生气,但那些爱他的人并不在乎。人们愿意追随他,那些辞职离家追随他的人不是被麻风病人吸引,而是被巴巴吸引。他们意识到,在他身边日子会过得更激动人心,更冒险,有更深的感受,也比他们正在过的日子更有意义。甚至和他短暂相遇的人也能感到被理解,并被炽烈地爱着。

维卡斯

从医学院回到阿南德万时,维卡斯满脑子都是改进医院设备的念头。他喜欢清洁,也喜欢体系和规程,人们会带着想法或抱怨来找他。很多人都害怕巴巴——从来没有人知道他什么时候会爆发,并对着人们喊叫——但没有人会害怕维卡斯。维卡斯是一个热心的人,是新项目的支持者。维卡斯和巴巴很不同。他很"大"——比他的父亲和兄弟都高,肩膀宽阔,食量也大;他的体格更壮,毛发更多。他喜欢食物、好的衣服,会熨烫自己的衬衫,穿起来总是服服帖帖;和巴巴、普拉卡什一样,他不是瘦长结实、只穿着白色土布衣服的甘地式人物。巴巴从没有办公室,但是维卡斯有一间,刚好放得下一张桌子和几个放文书的文件柜。

虽然他那时不被允许学习工程学,但他自学成了了不起的爱发明的业余工程师。他希望阿南德万成为一个模范村庄——高效、和谐而美丽。他对机器、工业和农业都充满激情。他对回收利用和环境保护非常着迷。他重建了阿南德万的厕所,可以消耗更少的水,并能生产沼气。他养鹌鹑,并将它们的蛋拿去卖。他想要一个湖,但那里没有水,他就说服一个在附近挖掘煤田的团队将他们的挖掘机借给他在夜间使用,方便四处挖掘,寻找水源。人人都说他是个疯子。最终他在三公里外找到了水源,安装了管井和管道,将水引到阿南德万,汇成一个湖。过些年,他又挖了另一个稍小一些的湖,用来储备每一滴雨水,还在湖的四周种起了高大又富含蛋白质的草来喂养家畜。

他工作起来简直像个魔鬼。他可以一整天都只吃生的绿辣椒和洋葱。他喜欢工作到深夜大家都睡着以后。那会儿,没有父母看着他,没有人在他还没获得机会实现自己的想法时就来评断他,让他感觉更加自由。他思考他想要建造的新东西,读报纸,任何时候看见自己感兴趣的东西,他都剪下来归好档。维卡斯的表亲波尔博士从一九八四年起就以不懈的献身精神在阿南德万工作,随后的三十年他也从没有一个假期;维卡斯越来越多地将医学方面的工作留给他,而自己则继续建筑方面的工作。

维卡斯认为自己是一个有人文关怀的工程师。有一对麻风病患者在到达阿南德万时非常绝望，刚刚到达就投井自尽了。这之后，维卡斯将井栏砌得更高，并在周围种了一圈鲜艳的花，希望这些改造会防止更多的自杀事件。有一天，他听说一个失明的小女孩从阿南德万盲人学校回家以后觉得自己很没用，想结束自己的生命，于是他决定组建一个阿南德万乐队，这样盲人学生和其他阿南德万居民就可以在乐队里唱歌、奏乐、跳舞了。后来，维卡斯听说该地区被破产农民带动了一波自杀潮，便策划了一个活动来帮助他们：他坐在巴士中到处游行，告诉农民们阿南德万是如何通过流域管理和作物多样化提高了产量，还向他们展示了怎样能够还清债务。

维卡斯开办了一个职业培训中心，这个中心不仅为麻风病人服务，也为残疾人服务，这些人在社会上虽被接受，但找工作仍旧很困难。他们被培训为裁缝、机器修理师、印刷工人、织布工人或藤艺编织工，那些有手部残疾的人可以被培训为老师或者管理者。他将自己最亲近的朋友萨达希夫·塔吉任命为中心的管理者，后者是个广受欢迎的人，只是由于小儿麻痹症瘸了。还是学生的时候他就听说了阿南德万，用手撑地行进了数公里将自己拖拽到了那里。那时阿南德万还只为麻风病人提供服务，但塔吉说服泰为他破了例。在塔吉的监督下，培训中心非常多产，逐渐产生了利润。

阿南德万原本只有少量的手工织布机，后来维卡斯又安装了电力织布机。机器不断发出咔嗒咔嗒的响声，震耳欲聋，阿南德万开始向外输出被单和地毯。为了应对失去双腿的麻风病人的需要，阿南德万开始生产能用手操作的三轮车。最终，阿南德万卖得东西太多了，政府开始向他们征税。"麻风病人成了税收的对象，我父亲对此感到非常骄傲！"维卡斯非常高兴。他盖了些新的建筑，又修葺了那些旧的。

泰以一种复杂矛盾的心情看着所有这些进展。对她而言，阿南德万是人们因疼痛而联结在一起、拥抱一种必要的苦行的地方。他们来到这里，是因为遭到驱逐，而这里是他们唯一的家。她想，引进太多舒适的用品会威胁到这一目的。泰的戒心不仅仅是清教主义的,从以色列来的访客有时也说,阿南德万让他们想起早期艰难岁月里的基布兹,而当基布兹开始繁荣的时候,它的目标感就消散了。维卡斯是一个现代人,他想要减轻痛苦,或许他不能理解痛苦是必要的,她想。泰在她的回忆录中写道:

> 在两兄弟之间,维卡斯比普拉卡什更加奢侈。他什么都想要最好的,且认为人人都要……我过去经常因为那些奢侈之事责骂他。我不断告诉他,我们在这段旅程开始时一无所有;但是他总想要得到一切,为所有人得到一切。普拉卡什则相反。他沉溺于辛苦的劳作之中,当然并非为了劳作而劳作。如果他发现有人拒绝了某种东西,他自己也会拒绝它。他在巴哈拉加的生活就是一条长长的拒绝之链。他和绝对最少数生活在一起,但愿其他人也能这么做,而不是贪图物质上的舒适。维卡斯完成的项目令旁观者目眩神迷,而普拉卡什的项目则令众人睁开了眼睛。维卡斯抱怨,他总是因他做的每件事而受到批判,但这并不是真的。普拉卡什得到了更多赞赏并不意味着维卡斯不优秀,他的力量在别处。维卡斯拥有一个多才多艺的脑袋,敏捷的记忆和卓越的美感。

维卡斯那时候还没有妻子。他父母对他说他可以娶任何种姓的女孩,但她必须得是个医生,因为阿南德万需要医生。有一天,一个名叫巴拉蒂的年轻儿科医生到阿南德万来参观访问,希望能见到巴巴,她是通过阅读知道他的。泰和维卡斯去和她见了面,聊了近一个小时,此后不久泰就安排好了这桩婚事。维卡斯和巴拉蒂生了两个孩子:男孩名叫考斯达布,生于一九七九年;女孩名叫茜多,生于一九八一年。巴巴对茜多和考斯达布说,他们应该成为医生,但巴拉蒂说,他们应该做自己想做的任何事。他俩没有一个想要学医。考斯达布热爱数学,成了一名会计——他将掌管阿南德万的财务。茜多想成为一名建筑师或者室内装修师，但巴巴对她说，他的临终遗愿就是她能当医生，所以她去了医学院，后来回到阿南德万的医院里工作。她后来发现他并不是真的要死了，这些年来他对很多人吐露过各种各样的临终遗愿，但到那时一切都已尘埃落定了。

有一天，一组商学院的学生来阿南德万参访，茜多对他们说起她很想将阿南德万从一个大家庭转变为现代NGO组织。一个学生问她，为什么那里除了阿美特家的人没有专业管理人员？她对他说，专业管理人员所需要的东西是阿南德万不能提供的：他们想要一份好的薪水和舒适的住宿条件，他们想要能负担得起旅馆费用或在夜里看得起电影，他们想要和他们相似的共同体。她对他说，当你发现了人生的意义，你就不再需要这些东西了，你会很乐于和麻风病患者一起消磨时间，并在七点钟就上床睡觉。那天夜里，这个叫冈萨姆的学生给他的父母打电话说，他在这里遇见了自己的新娘。

同时，考斯达布也结婚了，他娶了一个从纳西克来的名叫帕拉维的姑娘。帕拉维在学校里读过巴巴的事迹，她哥哥建议她去参加一次巴巴的青年营。她在一场可怕的暴风雨中抵达了这里，发现自己置身于丛林之中，四处都是虫子，而且还得睡在地板上。她下定决心第二天就回家。但到了第二天早上，维卡斯对所有来到这里的青年发表了一个演讲，他说，如果你在外面放弃自己所干的事，谁会注意到呢？谁会在乎呢？但在这里，有很多人需要你，你能改变他们的人生。在演讲快结束的时候，她已决定要一辈子留在这里工作。

到帕拉维和冈萨姆也搬到阿南德万时，这里已经是个宜居的好地方，干净又漂亮。到了冬天，大门外面的植被就干枯了，但里面总是有花一行行整齐地种在石头围栏后面或花盆里。阿南德万的各个部分——现在其覆盖面积已经接近两百公顷了——通过亮着路灯的宽阔土路连接在一起，放眼望去有许多树荫。阿南德万有少量大型多层混凝土建筑——医院、主要的办公楼、招待所和大学——但多数建筑都是树林环绕的平房。这里还有一个正规的法式花园，被整齐地修剪成同心圆的树篱中间穿插着碎石路。维卡斯的湖已经成了鸟类的避难所，湖的周围有一条小路，是黄昏或者早晨比较清凉的时候散步的好地方。

位于阿南德万中心的咖啡小屋贩卖酸奶和其他奶制品；礼品商店则出售工作室制作的手工艺品，还为游客提供饮食。现在到"巴巴帝国"来游玩已经变成了一件很受欢迎的事，一些非营利组织的经营者甚至将阿南德万多日游做成了生意：这些人从孟买、普纳、纳西克或果阿出发，开着车到阿南德万和普拉卡什的诊所附近转悠几个小时——今天二十人，明天五十人，每年有上万人。当来访者团体出现的时候，维卡斯就出来讲话。很多人对巴巴有错误的想法，或者对麻风病人有错误的想法，他感到自己必须纠正他们。有时候他可以不停地讲好几个小时。

现在已经有好几千人居住在阿南德万，其中有一千五百人左右是麻风病人，其他很多是临时居民——盲人小孩、聋人小孩、大学生以及培训中心的残疾学生。阿南德万不再是一座孤岛。当地小镇沃罗拉——当巴巴和泰最初打算住在荒野中时，要从那里走出几公里远——现在已经扩展了，刚好背对着阿南德万的大门。当地人也不再害怕走进来。阿南德万每年都会组织几个外科手术营，外科医生远道而来，在阿南德万花几天时间为数量多得惊人的病人做手术，不但给阿南德万的居民做，也给外面的人做。两个从孟买来的眼科医生在几天之内矫正了一千七百名患者的白内障；从英国来的整形外科医生矫正了伴随麻风病而发生的各种身体变形——爪形手、下垂的眼睑等；其他外科医生切除子宫肌瘤、修复腭裂以及治疗妇科疾病；一位从那格浦尔来的修复师为病人们制造义肢。

对帕拉维和冈萨姆而言，很难习以为常的事情是家庭生活的完全缺失。

茜多和考斯达布感到他们拥有一个数千人的大家庭——每个在阿南德万的人都是它的一部分,过去也一直都是这样。巴巴和泰从没有在麻风病人和他们的家庭之间划出界限,阿美特家的人没有一个在阿南德万拥有私人领域。当发现人们会不打招呼就走进她的房间时,帕拉维感到很震惊。她请求考斯达布贴一个标志提醒大家敲门,情况才好些。阿美特家的人都在餐厅吃饭,其他在阿南德万的人都有自己家住的房子并一起吃饭,但是阿美特家的人和他们不一样。

普拉卡什

一九七一年,巴巴提议全家去野餐。那是一次远足野餐,巴巴记得,为了到达目的地,他们驱车行驶了三天,总共两百四十公里,深入到丛林之中。等到了那里——三江交汇处的森林中一片宽阔的空地,他们停下来生了一堆火,吃过饭后就睡在地上。第二天,他们到森林里散步。树木生长得很茂密,挨挨挤挤,几乎没有阳光能够穿过树叶洒到地面上。这里寂然无声,他们听不到鸟叫,只能偶尔听到野猪或鹿的脚步声和远处河水的流动声。他们一直往前走,直到看见一片小屋才停下。当他们靠近时,居住在这些小屋中的人像受惊的动物那样跑开了。他们瞥见的几个人都非常瘦弱,几乎没有穿什么衣服。这些人是马迪亚贡德人,是巴巴小时候在森林里遇到过的部落。

马迪亚贡德人过着悲惨的生活。他们被熊和豹袭击,被蛇咬。他们很少种植,靠吃树叶、蚂蚁以及他们猎获的动物维生。但是这些食物资源很不稳定,他们常常得挨饿,所以他们看起来都比实际年龄大。他们几乎不穿衣服或者干脆光着身体,即便那里的冬天很冷。他们没有医生。如果有人残了或者受了严重的伤,就只能等死——没有多余的食物可以分给不能劳动的人。即使顺利出生，并且没有被熊撕碎或者被蛇和蝎子叮咬，这里的人也只能活到四十岁左右。他们饱受腐败的森林护卫队的掠夺，那些人劝诱他们去收割竹子，采集蜂蜜，到头来却几乎不给他们报酬。

等到他们启程回家的时候，巴巴宣布他想在那里开启一个项目。在他少年时期遇到马迪亚贡德部落时，他就注意到了他们的不幸，但他想，总的说来，他们的社会比起他生活的社会还是要好些。他总是想着回去帮助他们，现在他终于要着手了。他还不清楚要怎么做：他的背让他无法做太多体力活，毕竟他快六十岁了。普拉卡什刚从医学院毕业，他对巴巴说，如果你要做，我会加入的。

巴巴在马迪亚贡德部落活动的区域内向政府申请了土地，但这类请求总要花些时间才能通过。在等待期间，普拉卡什参加了外科医生的研究生课程，并认识了一个叫曼达的姑娘，她当时正在接受麻醉培训。他们经常一起工作，他发现她是那些年里在那格浦尔除了维卡斯之外第一个与他真心交谈的人。他们决定结婚，她同意跟随他去森林里工作，即使她从没见过那里，也完全不清楚那里的情况。他们在阿南德万结了婚，第二天就前往贺莫卡萨——这是巴巴为这项目取的名字——开始工作。

他们先搭建了一些粗糙的小房子，就如巴巴一开始在阿南德万那样。在井挖好之前，他们一直用一辆牛车到两公里以外的河里取水用。随后他们开始砍伐树木，整理出一些土地，并打碎石头用来铺路。早期有大约十来个人为了这个项目来到这里生活：除了普拉卡什和曼达之外，还有雷努卡（普拉卡什被收养的妹妹）、几个在青年营里受到巴巴激励的人，以及几个从阿南德万过来的麻风病患者。一切都很艰难。普拉卡什过去常常在丛林里与蝎子和蛇一起玩耍，但他并不习惯没有人的生活。他们可以说是与世隔绝，围绕着他们的丛林是那样庞大与平静，一点声音都没有。有时他们会听听收音机，尽管它能收到的唯一频道说的是他们听不懂的泰卢固语，他们开着收音机只是为了听到人类的声音打破这里的寂静。

去贺莫卡萨没有真正意义上的路。一路上需要穿过几条河流，吉普车常常被卡住，不得不先停下把它拉出来。有时候，人们费了九牛二虎之力才将车拉出来，但是走了不多远又被卡住了。因为需要从阿南德万运物资过来，维卡斯在这条路上来回走了无数趟，但是每年有六个月——从七月到十二月的雨季期间——河流水位高涨，根本不可能涉水而过，贺莫卡萨与外界的联络被完全切断。在这些月份，他们没有蔬菜或水果可吃，也没有面粉，所有东西都腐烂得很快，无法储存。他们只能吃土豆和大米，霉菌长得到处都是。第一年，每个人都得了疟疾。

很快他们就开始了医疗工作，但却没有病人过来：部落的人不会靠近他们。他们知道自己得学习部落的语言，但是都没有人同他们说话，怎么学呢？普拉卡什在村子里四处走动，力劝部落居民前来治疗，但因为语言不通，他并没有成功。当地的巫医感觉到了竞争，就禁止村民到诊所去。村民们被告知，如果他们去诊所，神就会诅咒他们。为了强调这点，他们还挂了一串无头仔鸡。为了打发时间，普拉卡什会去劈柴或搬砖，去森林里散步。一年过去了，他们治疗的病人依然寥寥无几。普拉卡什过去预见到了艰难，但是没有预见到整个冒险会是一场失败。他对自己说，他是出于自己的理由来到了贺莫卡萨，部落的人没有向他寻求帮助，若结果证明他们并没有这个需要，他也只能接受。

最终，他们的运气好转了。一个全身烧伤百分之四十的男孩被送了过来——他患有癫痫，在一次发作期间掉到了篝火中。巫医对他束手无策，而他如果不接受治疗的话毫无疑问很快就会死去，所以他的家人决定带他来诊所碰碰运气。当时离事故发生已经过去好多天了，他的伤口爬满了蛆虫。普拉卡什过去常常碰到这样的情形，在麻风病人身上看到过这样的伤口。不同之处在于，麻风病人感觉不到自己的伤口，而这个男孩却极其痛苦。普拉卡什清理了伤口，并给他吃了抗生素——这对他很有效，因为他以前从来没有吃过。一个月以后，他痊愈了。这个奇迹般康复的故事传遍了丛林，于是来了更多病人。有个人到诊所时已经不省人事了，他是在一个深夜被人用担架抬来的，路上经过了好几个村庄。几天以后，这个人完全好了，沿着来时的路自己扛着担架回去。这一戏剧性的变化被这个男人回家路上遇到的每个人都看在眼里，因此更多人开始信任他们。第三个转折点的到来是因为巫医的女儿病了，他却无法治愈她。因为害怕失去女儿，巫医将她带到了诊所，她被医好了。从那时候起，就连巫医的抵抗也消失了。

一旦部落的人决定信任诊所，就有成百上千的人来到这里。他们跋涉数日穿过森林，从八十公里以外赶来，每天有上百人。一个病人抵达时通常会有八个或十个亲属陪着，在他治疗期间，他们就驻扎在诊所周围。病人来这里的原因很多，疟疾、腹泻、蛇蝎叮咬和被熊攻击等不一而足。他们会因为睡觉时掉进火堆被严重烧伤而来（这相当普遍），因为难产而来，也会拖着肿胀的四肢来到这里（有时候骨折了，有时候则没有）。由于诊所没有拍X光片的设备，普拉卡什就通过往相反方向扭动肿胀的部分来判断是否有骨折，如果听到骨头的刮擦声，他就知道是骨折了，会将其扳回原来的位置并打上石膏。如果病人牙疼，普拉卡什不会补牙，但他至少会拔牙和止疼。

部落的人忍受疼痛的毅力让他吃惊。有一天，一个十来岁的小女孩捧着自己的肠子来到这里，它们从腹部被竹片撕裂的伤口掉了出来。她走了好几公里来到诊所，当普拉卡什通过那个伤口把肠子放回去并缝合上的时候，她也没有丝毫抱怨。他常常不得不在没有麻药的情况下缝合伤口，而病人从来不会大喊大叫。他怀疑自己能否忍受这种痛，所以，当他的手被一个麻风病人的牙撕裂，曼达帮他缝合时，他没有用麻药。

普拉卡什过去只接受过很少的外科训练，所以起初他是靠看书里的说明给病人动手术的。贺莫卡萨没有电力，如果他需要在晚上做手术，就得有人为他举灯；在很热的月份，得有人站在他边上帮他擦汗，免得汗水滴进伤口。他们请不起受过训练的护士，于是普拉卡什和曼达教当地的助手怎样注射，怎样输盐水，怎样缝合伤口。他们自己制作绷带和病服。一开始，几乎每天都需要做一些伤脑筋的猜测或手术上的临场发挥。如果做的是一个新手术，普拉卡什会由于太焦虑而整夜睡不着，等着看第二天早上病人是不是还好。去想自己可能犯的错和已经犯的错令人不安，但同时被逼迫着战胜过去认为自己做不到的事也总是令人兴奋。

　　普拉卡什和其他人逐渐学会了部落的语言。这种语言和他们邦的官方语言马拉地语毫无相似之处。病人先是用肢体语言解释自己的病，接着再用词语表达；普拉卡什将这些单词抄下来，慢慢地编了一本字典。不在诊所工作的时候，他就到村庄里试着与人交谈。一旦他学会了语言，诊断就变得容易很多，但是误解仍不时发生。药品和其包装之间的区别需要解释，用量的概念也是，否则病人可能会一次性吃掉整个疗程的药。部落居民没有钟表，所以按时服用是很难的。还有一些不可能预见的问题。有个病人得到一块肥皂，结果他把它整个吞了下去。有时还会有尸体被抬到诊所来，亲人们会请求普拉卡什重新赋予它生命。

　　面对着部落与自己之间令人生畏的距离，普拉卡什试着去缩短它。他看见部落的人冬天冷得瑟瑟发抖，因为他们穿得很少，所以他也不再穿毛衣、长裤和长袖衬衣，不管什么季节，他都只穿一件白色的棉背心和白短裤。曼达和其他人决定和他一样，也不再穿毛衣。普拉卡什并不是那种使命感很强的人——他不喜欢讲话，不是像巴巴那样的传教者，也不像巴巴那样有精神上的野心。他并不想改变部落的生活方式。他是一个医生，如此而已。如果发生了什么事导致病人决定放弃治疗回家去，普拉卡什会接受那个决定。

有一天夜里，一个只剩半边脸的男人出现在诊所。一只熊攻击了他，它狠狠地用熊掌抓了他的脸，压碎了他的眼睛和头骨。令人吃惊的是，他依然意识清醒。普拉卡什没有麻药，所以他清理了伤口的污物，并试着缝了一针看他是不是受得了。那个人让他继续。普拉卡什缝了一百五十针才让他的脸剩下的部分合在一起，那人忍着疼痛一声不吭。一周以后，他能够回家了。他瞎了，但他还活着，并度过了危险期。但是，成了瞎子就意味着他不能捕猎了。他的家人给他吃的越来越少，两年以后他被活活饿死了。普拉卡什听说了这则死讯，试着从部落的观点来看这个问题。他猜想，大概为了喂饱这个人就得把别人的食物拿走，也许这是在他们的生命和他的生命之间做的一个选择。

还有一天，诊所来了一个女人，分娩的时候难产了，孩子的头歪向一边，已经出来了一部分。普拉卡什不能在诊所安全地进行剖腹手术，他那时也没有交通工具把产妇运到医院去。他唯一能做的就是把婴儿绞成碎片取出来，以挽救母亲的生命。他强打起精神这么做了，但是他发现这个母亲和她的亲属们并没有像他那样感到困扰。他们对他说，很多小孩都在生命的第一年死于营养不良、疾病或蛇咬伤；如果母亲在分娩过程中死去，父亲通常不会照顾婴儿，而是任他死去。死亡只是来得稍早了点，仅此而已。

在他们来到贺莫卡萨的第二年，曼达发现自己怀孕了。这让他们陷入了令人烦恼的两难困境。一方面，如果她回到那格浦尔，利用那些他们不能提供给病人的医疗资源，她和普拉卡什都会感到自己是不道德的；另一方面，普拉卡什知道，如果曼达难产的话，他可能不得不为了救妻子而绞碎自己的孩子。他能够面对那种情况吗？他们为此讨论了很长一段时间。最终，他们决定曼达就留在贺莫卡萨生产。但后来泰听说了他们的决定，她曾因为自己生孩子时没有得到良好的医疗看护而将孩子置于危险之中，至今依然感到内疚，她不想让曼达经历同样的事情。她来到贺莫卡萨，迫使曼达和她一起回到那格浦尔。不久以后，曼达就生下了她和普拉卡什的第一个儿子狄冈。

在普拉卡什看来，马迪亚人没有特别要去改善生活的观念，生存下去本身已经构成了足够的挑战。但他们的领地被想用树木造纸的伐木公司逐渐侵占。伐木公司和政府森林部门告诉部落的人，森林是属于他们的，所以，当部落的人从森林里获取蜂蜜、植物和动物时，他们的行为是偷窃；因此，他们有义务用免费劳动来偿付他们的债务。政府发起了帮助当地部落的计划，但补助金通常都被中间人拿走了，部落居民几乎见不到什么钱。普拉卡什想，如果部落的人受过教育，或许就能更好地抵抗各种各样的偷盗行为。在那个地区，当时已经有好几所政府办的学校，但老师不会说部落的语言，并且多数时候也不出现，所以，事实上这些学校只是摆设。

普拉卡什决定开办一所小学。因为部落的村庄非常分散，所以得办一所寄宿制学校，但是说服父母将孩子送到这么远的地方来上学是很难的，他们需要孩子在家里帮着干活。在努力说服他们的过程中，普拉卡什不再谈什么读写教育——这作为目标可能太遥远了。他对他们说，他会给他们的孩子提供饮食，并且教他们如何耕种，如何使用基础药物。这起了作用。孩子们发现待在学校是很难的事情；他们弄湿了床铺，就跑进森林中逃走了。但是学校提供的食物比他们在家吃的要好，所以他们的父母又将他们送了回来。几年过去了，部落里有的学生不只学会了马拉地语，还学会了英语，进而成了医生，但是没有一个人回到贺莫卡萨来工作。贺莫卡萨的医生每月只能领到六千卢比的工资，而其他地方普通的政府医生则可能拿到这个数的二十倍。

不能留住阿美特家人之外的医生，工资是其中一个原因，另一个原因在于马迪亚人自己。在诊所，他们没有表现出感激或者其他感情——你在病人或家属脸上从来看不到震惊或放松，就像你在其他地方的医院会看到的那样。有人死了，没有人抹泪，有健康的宝宝出生，也没有人看起来特别高兴。马迪亚人似乎并不把他们生活的地方看得很有价值，要不然就是听天由命到了无动于衷的地步。他们经常缺席年度手术营里自己的手术。有一次，一个婴儿早产了，体重还不到一公斤。那是个炎热的夏天，诊所采购了一台发电机来保持孩子的凉爽，不分昼夜地照料他。一天早晨，孩子消失了。他父母需要回家翻盖屋顶，于是带着他回家了，无视诊所让孩子留下直到他能承受出行的请求，第二天孩子就死了。那些觉得自己牺牲了舒适的生活搬来贺莫卡萨的人发现所有这一切都很难接受，或早或晚，他们都会离开。普拉卡什提醒自己，他是出于自己的理由选择了这份工作，没有人要他来。

对于马迪亚人来说营养不良是比疾病更严重的问题，所以普拉卡什决定教他们耕种。耕种与很多马迪亚人所持的信念有所抵触，挖地就像是切割母亲的身体，但是普拉卡什在自己土地上高产量的示范确实让马迪亚人印象深刻，最终他们接受了他的技术。对普拉卡什来说，这一介入一定程度上是为了当地人的健康。他认为，如果马迪亚人能够种出庄稼，他们就不需要那样频繁地狩猎，这对他来说意义重大。青春期的巴巴在这片森林中狩猎已经是五十年前的事了，那时到处可见鸟类、猴子以及许多小型动物。普拉卡什是玩着蝎子长大的，他喜爱所有的动物，不管它们有多丑或者多危险。若存在任何可以让马迪亚人减少猎杀动物的方法，他都会去尝试。

诊所开办后不久，有一天，一些马迪亚人抬着一只被杀死的母猴子经过，活着的小猴子还紧紧地抓着母猴子的毛。他们打算把两只猴子都吃掉，但普拉卡什用一袋大米将小猴子换了下来。他用瓶子喂猴宝宝牛奶，让它在房子里生活。当他出去散步时，它就坐在他的肩膀上；它也喜欢骑在普拉卡什家小狗的背上。这一交易不胫而走，更多的动物宝宝被送了过来。普拉卡什和他的妹夫维拉斯·马诺哈尔照看它们。随后，他们收养了一只叫拉尼的小熊，它陪伴他们去河边散步，如果有人靠近，它就朝那些人咆哮。他们养了鹿、羚羊、狐狸、土狼、孔雀、蛇和松鼠。学校运营起来后，他们让部落的学生承担喂养动物的责任，希望孩子们会将它们看成宠物而不是食物。

　　起初，他们喂动物素食，但自从有两只小豹死于这一饮食计划后，第二次小豹再被送来时，他们就喂它吃肉了。他们并不为了吃肉而杀生——他们放出话给村民，说如果有动物死了他们愿意收购。豹的幼崽和熊的幼崽一样，在诊所周围的领地上自由地漫步。另一只小豹陪伴阿尔蒂（普拉卡什收养的女儿）去上学，直到它长大到会吓到其他孩子为止。

　　普拉卡什对自己与动物相处的方式充满信心，哪怕是不认识他的新动物。他继承了一只愤怒的成年豹，它之前一直被森林部门用链子拴着。它以前的负责人请他一定要小心，别让它挣脱了铁链。然而，普拉卡什立即就解开了它的锁链，将自己关进了笼中。他身上的某些东西似乎可以让哪怕最凶猛的动物解除武装：他无所畏惧，有天然的权威感，同时有种慈母般的魅力——一种亲切的、滋养的、耐心的和有吸引力的品质。他甚至与蛇交朋友，哪怕是几分钟内就能让人毙命的金环蛇。他的信心并不总是值得辩护的。有一次，他差点死于一条毒蛇之口，当时他正抚摸着它；熊也曾向他冲过来。他的二儿子阿尼克特继承了他对动物的无畏。阿尼克特才十岁时，就试着接近一头豹——这只豹小的时候和他一起玩耍过——受到了攻击。那只豹没能认出他，普拉卡什只得将阿尼克特从豹子嘴中撬了出来。

　　贺莫卡萨的生活一点一点地得到了改善。巴巴带来几个瑞士志愿者，他们帮忙建造合适的房屋、救助站和钻井。有一次，他们得到了一台以煤油为动力的冰箱，那是从不列颠时代遗留下来的老古董。随着时间的推移，生活的一个侧面变得更坏而不是更好了：丛林周围的叛乱分子帮派变得越来越暴力。他们破坏交通工具，引爆炸弹，杀人强奸，冲进村子索要食物。在一九九〇年左右，电力最终进入了贺莫卡萨。几年以后，贺莫卡萨有了第一部电话。

多年来，各种各样的人听说了这个项目并帮助筹款，但是普拉卡什从没有在筹集资金上做过什么努力，他不觉得有那个必要。他会利用已有的资源来推进工作，这就够了。

一九九〇年，巴巴做了一个戏剧性的声明：他将永远离开阿南德万，搬到西面六百公里处的纳尔默达河岸边的一个小村庄去，以此来表示对需要迁移几十万人的大坝工程的抗议。事实上，社会上已经有了反大坝运动，而他并不是其中的活跃分子——他已经七十五岁了，几乎无法出行，他只是要住在纳尔默达河边以示抗议。

人们震惊了，很多人非常生气。他怎么能不打招呼就做出这样的决定？他怎么能这样轻易地抛弃所有那些将自己的人生奉献出来与他一道工作的人呢？他究竟为什么要对阿南德万做这样的事情？国家的第一任首相尼赫鲁将大坝称为"现代印度的殿堂"：大坝不仅仅是一个基建工程，还是爱国主义的象征。很多捐赠者都不再捐钱给巴巴的项目。那些本来就不喜欢巴巴的人则趁机提出最坏的揣测：他太无聊了，想要得到关注。巴巴没有理会这些闲言碎语。

巴巴在纳尔默达河边住了十年，但后来还是回来了。他对那里倒是挺满意的，躺在床上，看着外面的河水，身处纳尔默达运动的情感中心。但是泰很悲惨，她想念家人，想念那些孤儿、盲孩和她以前每天都要去拜访的老人们。在阿南德万，她总是很忙，总感到被需要，可是现在她无事可做，觉得自己一无用处。这渐渐影响了她的精神状态。她一天中会花很多时间睡觉，而且总是在哭泣。最终，巴巴同意搬回阿南德万。他讨厌违背自己死在纳尔默达河边的誓言，但是泰为他奉献了一生，他知道现在他必须为她做这件事。

这时他已经快要九十岁了。他病得越来越厉害，需要更多时间待在医院。他被诊断出得了白血病，浑身动弹不得。人们很难听清楚他在说什么，他于是说得越来越少。他在九十三岁时离开了人世。对维卡斯来说，巴巴的死改变了一切。"我被父亲牵制了三十五年，"他说，"我从没有过家庭生活。我在思想上、行为上和精神上全天二十四小时受到父亲的牵制。"

巴巴去世那段时间，普拉卡什的项目开始为外面的世界所知。十七年里，普拉卡什几乎没有离开过贺莫卡萨，也没有休过一个假期。当时这很适合他——他喜欢将自己埋在工作中，不需要出去和人们交谈。但现在他获了一个又一个奖，被请到海外的马拉地会议上发表演讲。普拉卡什不喜欢说话，即使在私底下也是这样。他不在乎别人怎么想他，也不在乎别人是不是批判巴巴。让他们说去吧，有什么要紧的呢？他从不谈论巴巴，而维卡斯会。但是他听说讲演可以换来工程所需要的经费，于是他去了。

更多的目光开始注意到他们的工作，而这时，普拉卡什和曼达基本上已经退休了。狄冈和他的妻子阿娜哈运营着医院。阿尼克特认定，为了募集资金，项目需要有一定的公开性，于是他致力于通过社交媒体和巡回展览散播消息。他的妻子萨米沙在学校工作。游客过来参观时，普拉卡什会带他们到动物孤儿院去转转，向他们展示：他和豹一起玩耍，把自己的手放到它们的嘴里；喂熊吃东西；把一动不动的蛇捡起来，绕到自己孙子的脖子上。不过多数时候他都坐在屋外院子里那把塑料椅子上，烤着他在寒冷的早晨点燃的一小堆篝火，和顺便来访的某个人聊天。有时全家人会在黄昏的时候去河边骑自行车。

普拉卡什依然很健壮，能够继续工作，但在印度，六十岁退休是个惯例，而且他也希望狄冈能够不受他干涉地将医院运营下去。他并没有感受到驱动着巴巴和维卡斯的那种总是想修正这个世界的激情。他在丛林里开办了一家医院，并在那里工作了三十年，这就够了。

第八章
醉汉的遗产

STRANGERS DROWNING

通常，如果一个人有点小钱，他可能去买醉。生活中艰难的部分消失了，随之而来的是温暖。然后不再有孤独，因为他可以在脑海中想象朋友的存在，也能够发现自己的敌人并消灭他们……他喜欢一直这样醉着。谁说这样不好呢？谁敢说这样不好呢？牧师？他们也有自己的沉醉类型。瘦弱无趣的女人？她们太不幸了，不会理解这些东西的。改革者？他们生活得不够深入，也无法体会。不，星星是那样近，那样亲切，我与世界结成了兄弟。一切都是神圣的，一切，包括我。

——约翰·斯坦贝克，《愤怒的葡萄》

第八章 醉汉的遗产

行善者的近代史，至少在西方，是与酒精史分不开的。在过去的很多世纪中，圣者与性断绝了关系：性是人们常会沉溺其间的快乐，意味着失去自制力，这种断绝显示出他们和其他人的不同。贞洁是一条更高的、神圣的路，为侍奉圣者而保持着力量和纯洁。但贞洁失去了它的吸引力，它看上去更像一种病态而不是一种美德。随着时间的推移，贞洁的美德被替换为节制。放弃酒精对现代行善者而言是一种禁欲主义，饮酒和性一样，是一种人们常会沉溺其中的快乐，意味着失去自制力，断绝酒精与性显示出他们和其他人的不同。

喝酒和喝醉，都是为了好交情而有意降低自己。你一时放任自己沉湎于生活和命运，允许自己变得更愚蠢，没那么独特。你的界限变得模糊，你打开自我，感觉与周围的人连接了起来。你甩开道德上的顾忌，并怀疑就是这些顾忌阻断了这种连接的感觉。你对你的同胞感受到更多的同情，但与此同时，因为你醉了，你也让自己陷于爱莫能助的境地。所以，喝酒就相当于在说，我是有罪的，我选择不去帮助。

在美国，禁酒令——短暂而注定失败的禁止酒精生产与销售的尝试——看起来像是关于道德界限的具有象征性的一课。禁酒令失败以后，你能指望的唯有这些美国人自己意识到这点。你可以在某种程度上限制人的快乐，但试图把整个国家朝圣洁的方向推得太远可能会适得其反，将它的公民变成不尊重法律的愤世嫉俗的伪君子。试图把一种过分的美德强加到一个民族身上只会得到更坏的结果，让罪恶在地下秘密滋长。禁酒令是一个里程碑，然而酒精对行善者还有另一个更持久的影响，这一影响是与禁酒令大约同时模糊地出现，而后成长，被压抑、扭曲了几十年，才逐渐清晰起来的。

当禁酒令在美国产生效果的时候，一个美国路德派传教士在英国创办了一个基督教团体，后来被称为牛津小组。它为成员设置了很高的道德标准，他们得努力去达到所谓的"四个绝对"：绝对真理，绝对无私，绝对纯洁，绝对的爱。这个小组信任严格的自我审查，给他人造成伤害要予以赔偿，并相互帮助，在道德的道路上保持前进。他们相信应该将生命交给上帝，并相信醉酒是一种罪过。

一九三四年深秋，做过投资顾问如今整日酗酒的比尔·威尔逊被一个曾经酗酒的朋友介绍进了牛津小组的纽约分部，他的朋友相信这个团体能帮他摆脱酒精。威尔逊是一个不可知论者和死不悔改的老烟枪，但无论如何他还是去参加了一次聚会（醉着）。几天以后，他在一家医院看到了令人心醉神迷的宗教幻象，就再也不喝酒了。次年，威尔逊与另一个酗酒者鲍勃博士创办了后来被称为"匿名戒酒者"的协会，在制定新协会的策略时采取了牛津小组的一些思路：自我审查，做出赔偿，把生命交给更高的力量，通过帮助其他酒鬼来保持自己的清醒。

但是，在从牛津小组向匿名戒酒者协会转变的过程中，特别的事情发生了。匿名戒酒者协会的成长与其前身有很大的不同，并且催生了一个更加不同的针对嗜酒者家庭的姐妹组织——戒酒者家庭互助会。首先，匿名戒酒者协会把本是一种罪恶的醉酒重塑为一种疾病。若干年后，戒酒者家庭互助会把本被认为是善行的事情——努力让一个酒鬼停止饮酒——看作是相同疾病的一个症状。这两者都是相当激进的创新，但后者有着更深远的道德上的影响。毕竟，不论酗酒是一种疾病还是一种罪恶，两种定位都是不受欢迎的——无论把酗酒说成什么，它都是糟糕和有害的，没有它世界会更好。但如果某些类型的帮助——尤其是酗酒者配偶那纠结的、磨人的与投入的帮助——也被认为是疾病的一种表现，是某种应当被治愈的东西，这会让道德行为的领域显示出惊人的不同。

比尔·威尔逊的妻子路易斯是戒酒者家庭互助会的共同创始人。当路易斯第一次遇到比尔时，比尔滴酒不沾——当时他的父亲酗酒，他很害怕自己走上同样的道路。他们结婚后不久，他开始少量地喝点，后来越喝越多，但路易斯并不为此担心。比尔爱她，而她富有魅力，她确信自己可以让他停下来。作为一个年轻女孩，路易斯做着可以将坏人变成好人的白日梦。她曾经有这样的幻想，当她抓住一个正在把她的家当装入布袋的窃贼，她不会生气，而是会温柔地同他讲道理，她闪烁着光辉的道德魅力，最终激发出他想要成为好人的欲望，把她的家当放了回去。

比尔从法学院毕业，但因为酗酒未去领取毕业证。路易斯有过三次宫外孕，但比尔总是醉醺醺的，没能去医院看望她。因为他嗜酒，他们最后只得去领养孩子。比尔下决心要成为一名投资分析师，因此去全国各地出差对公司进行评估。他们没什么钱，大约有一年的时间，他们骑摩托车、住帐篷旅行。这期间，路易斯可谓忠实可靠。她通过工作来补贴家用，当比尔想继续上路时，她便毫无怨言地辞去工作，离开住所。当比尔没能去医院看她时，她感到内疚，因为她怀疑是自己怀孕失败导致他去喝酒。她试图去帮助他，当她失败时，她想知道自己做错了什么，以及如何才能做得更好。

"是我责备他喝酒了吗？"她想，"他有一次告诉我，他小时候曾收到过一把小斧子作为圣诞礼物，然后立即在他的橡胶玩偶苏西身上试了试。那之后，每次他瞥见玩具盒，看见玩偶的头部被一根绳固定着时，都会流泪说道：'可怜的苏西！我差点砍掉了她的头。'他后来有时管我叫苏西，我很想知道他这是把我放在了一个怎样的位置。他是基于某些微妙的原因在潜意识里对我有所怨恨吗？又或许原因在于我明显做错了什么事？这令人迷惑和困扰，于是我努力不让自己泄气，把注意力集中在我正在做的工作上 。"她的工作是阻止比尔喝酒，而她的武器是爱。

当比尔清醒的时候，路易斯起初是很开心的。但是他立即就变得和醉酒时一样，只是换了一种沉迷的对象，他沉迷于清醒——他总是安排聚会，参加聚会，和其他酗酒者谈话。他几乎不再花时间单独和路易斯在一起。有很长一段时间，她都不敢承认，自己并不像应该的那样幸福。当某天他对她说，她得快点，否则聚会就要迟到了，她将自己的鞋子朝他扔了过去，并喊道："去死吧你的聚会！"他吃了一惊，但是她比他还要吃惊。就是在那个时候，当她试着理解到底是什么让自己这样生气时，她才意识到究竟发生了什么。

比尔酗酒的这些年，当她认为自己不幸福的时候，她也曾经感到高兴过。她觉得他需要她：她是负责的那个，能够很好地控制自己，而他是坏的、弱的一方，一切都得依赖她。要是比尔是清醒和独立的，她就丧失了目标，因而怨恨上帝和酗酒者们在她所不能及的地方给了他帮助。她看到自己不仅没有治愈他，反而要不是她，他或许早就痊愈了。她通过试着帮助他改变来阻止他改变自己。她以前没有孩子，所以她对比尔像妈妈一样。过去，酗酒者的罪过在于拒绝控制自己，而现在控制本身看起来就是问题—— 一方面，酗酒者想象他们能够控制自己的疾病；另一方面，酗酒者的配偶试图帮他们来控制它。

路易斯下定决心，她需要做比尔清醒时会做的那些事：将自己的缺点列成清单，将自己的人生转交给更高的力量，不再认为自己能够控制他人以及她自己。他需要匿名戒酒者协会，而她看到自己也同样需要帮助。她于一九五一年与人合作创办了戒酒者家庭互助会，意在支援不幸福的人以及纠正酗酒者家人的错觉。她断定自以为是是世界上最严重的罪恶之一，因为它坚不可摧，将人封闭在自命不凡的盔甲中，远离他人与上帝。

起初，戒酒者家庭互助会的首要目的是帮助酗酒者的家人以一种具有建设性的方式对酗酒者进行支持。但是随着时间的推移，重点越来越转向家人自己——他们的需要，他们的缺点，他们精神上的错误。在随后的几十年里，家庭成员的行为受到日益加强的详细审查。家庭成员们开始将自己叫作酗酒者同谋，在二十世纪七十年代，"互相依赖"这个词逐渐流行起来，用以命名他们相信自己正在遭受的疾病。

到了二十世纪八十年代，互相依赖的概念变得比戒酒者家庭互助会更加普及，人们用它来描述任何沉迷于控制他人行为的人——其中最典型的就是某个不可靠且爱空想的伴侣。自从路易斯嫁给比尔且试图拯救他之后，道德的含义已经发生了很大的改变。路易斯生于一八九一年，而比尔经历过第一次世界大战，在他们那代人眼中，无私就是一种美德，没有什么复杂的。但是到匿名戒酒者协会成立时，半个世纪已经过去了，弗洛伊德的质疑和戒酒者家庭互助会的教诲结合在一起，使无私成了被污染的和可疑的东西。

最先以这种坦率的新视角看待来自妻子的帮助的书——非虚构作品（小说总是让人产生怀疑）——是出版于一九八五年的罗宾·诺伍德的《爱得太深的女人》。诺伍德是一位花了数年时间接受成瘾者咨询的治疗师，她吃惊地发现，虽然有些成瘾者来自混乱的家庭，有些不是，但是他们的伴侣却大多来自混乱的家庭。这些伴侣在长大后会无意识地寻找成瘾者或其他类型的怪诞而不可靠的配偶，和这样的人在一起生活，他们可以重现并试图掌控他们童年时所受的创伤。在孩提时感觉到不被爱与关怀的经历会促使他们通过照顾有需要的人来填补自己对爱的需要。"我们想要打破符咒，将人们从我们看见的禁锢中解放出来。"诺伍德写道，"我们把他情感上的无能，他的愤怒、沮丧、残忍、冷漠、暴力、不诚实或成瘾，都看作是他没有得到足够多的爱的表现。我们用爱来与他的缺点、他的失败甚至他的病态相抗衡。我们决定用我们爱的力量拯救他。"

只要忙于照顾那些不让她们省心的男人，这些女人就能够避免面对自我。她们需要感到自己像拯救者一样。她们沉溺于那种感觉，就像他们的伴侣沉溺于酒精或者毒品一样，为了保持这种感觉她们愿意经受苦难。她们指望她们的爱和盲从会让对方产生感激之情，但即使对于能够忍受依赖感的成瘾者而言，这个时间也实在太长了，或早或晚她都会产生怨恨，然后离开。但这些女人会去寻找新的同样糟糕的伴侣。她们关于爱的观念不能离开痛而存在：爱就是痛，痛是激动人心的，痛苦越大，爱越深刻。如果没有痛苦，如果她们的伴侣亲切地对待她们，她们会感到无聊和缺乏情感连接，并跑去找其他人。对她们而言，感觉像爱的东西其实只是受苦而已；感觉像无私的东西其实也只是一种强迫性的对控制的需要。诺伍德总结道，这些女人需要学习的是接纳：按其本来的样子接纳自己、他人和现实，不用帮别人的忙，不用感到负有责任，不需要改变他人。

很多"爱得太深"的女人都是酗酒者家庭的孩子。她们的人格是在早期形成的，为了回应成瘾的父母，她们在成年以后变成了互相依赖的转移性利他主义者。因为酗酒者的孩子生长在成年人不能被依靠的家庭，他们常常感到要靠自己来应对一切。他们总觉得，家庭的不幸是他们的错，他们会努力变成完美的小孩让事情好起来——在学校好好表现，打扫房间，煮饭，尽可能多地照顾他人。当这些小孩长大以后，他们会对自己的不完美感到内疚。由于在孩提时代没有得到很好的爱，他们长大以后会很渴望赞扬和爱，指望他人承认自己。他们感到有责任照顾他人；由于在无法控制自己生活的混乱家庭中长大，他们会渐渐渴望控制自己和周围的人。同时，他们也渐渐习惯了如此极端的、戏剧性的生活与无序状态，平凡的生活会让他们感到空虚和枯燥。他们习惯了残忍的行为，害怕被抛弃，所以他们忍受伴侣可怕的虐待，依然忠诚并发誓无论如何都要拯救对方。

《爱得太深的女人》登上了《纽约时报》畅销书排行榜的第一名，但是在一九八六年被另外一本书超越了。这本书卖了五百多万册，并将"互相依赖"变成了一个家喻户晓的词。这本书叫《不再互相依赖》，是一位名为梅洛迪·贝蒂的正在康复的酗酒者写的。在康复期间，贝蒂对互相依赖的态度比诺伍德更具敌意。对她而言，互相依赖不仅不值得同情，而且阴险而令人厌恶。她发现互相依赖是敌意的、控制性的和操纵性的。在明尼阿波利斯治疗中心的老板的指导下，她组织了酗酒者妻子的支持小组。她因为蔑视而情绪激动。"在我的小组里，我看见那些感到自己对整个世界负有责任的人拒绝接受引导，过上自己的生活。"她写道，"我看见持续为他人奉献却不知道如何接受的人，我看见奉献到让自己生气、筋疲力尽、一无所有的人……我只看见人们的躯壳，一个接一个不动脑子的行动。我看见开心果、殉道者、禁欲主义者、暴君、摧毁对方的人、依赖对方的人，借用H. 萨克勒在他的剧本《被寄予厚望的人》中的句子，他们'一脸愁容'流露出不幸。"

贝蒂对互相依赖的批判不仅比诺伍德更严厉，也更宽泛。互相依赖不仅针对女人与她们糟糕的丈夫，也针对任何提不被需要的建议、感到要对他人负责、对他人的问题感到遗憾，以及并不真的想帮助他人却感到有义务提供帮助的人。"我们以爱之名行控制之实。"她写道，"我们这样做是因为我们'只是想帮帮他人'。我们这样做是因为我们最知道事情应该怎么办，以及人们应该怎么行动。我们这样做是因为我们是对的，他们是错的。"试图提供帮助正是造成牺牲者的原因，因为帮助是不可能的，你做了那么多却没有收到任何感激的回应，最后只会感觉到苦涩。"我们中的一些人由于巨大的负担变得非常疲惫——比如对全人类的责任——以至于我们会跳过与拯救相伴随的同情与关切，直接前进到愤怒。"贝蒂说，"我们一直都在生气，我们对潜在的受害者感到生气和怨恨。一个有需要或有问题的人让我们感到内疚，不得不做一些什么。在一次拯救之后，我们毫不犹豫地将敌意指向了这一令人不适的困境。"

你唯一能改变的人是自己,所以你必须让其他人做他们自己,她总结道。她将这本书献给自己。

到了二十世纪九十年代,对互相依赖的批判在美国变得非常普遍,与基督学园传道会活动家帕特·斯普林格有关联的某些福音派基督教徒都采纳了这个观点。互相依赖对于基督徒而言是一种特别的风险,斯普林格指出,因为它看起来很像是好的基督徒行为——帮助他人,原谅他们的错误行径;努力变得道德完美;否定自己;害怕罪恶。斯普林格力劝他的跟随者不要发展出救世主情结,要意识到他们并不总是被要求去帮助他人或愉快地去爱。不完美是正常的,生气是正常的,内疚也是正常的,只要它让我们认识到罪恶并请求原谅。问题在于坏的内疚,此时,一个人深刻地感到自己毫无价值,以至于不再相信上帝的恩典。他们说,上帝不是严厉和苛刻,而是爱和肯定。如果一个基督徒发现持有这样的信念是困难的,斯普林格建议,加入一个叫匿名罪人的组织会有帮助。

诺伍德和贝蒂都顺便提到,互相依赖者和"爱得太深"的女人通常都成了"专业援助人士":社会工作者、治疗师、护士。过度照顾可能会逾越专业人员与病人之间必要的界限,让病人掉入依赖的陷阱而非让他自由。治疗师,就像每个人一样,都会伤害他人,也会被他人伤害,但是与其他人不同的是,他们能够通过他们的病人来纠正这些伤害。帮助不仅仅是仁慈,它也可能是修复或者报复。最极端的情况,正如治疗师迈克尔·雅克布斯引用玛丽·谢思尔·德拉姆的话所说的,是"建构性的复仇":要让伤害过你的那个人感到羞愧,还有什么比温柔地照顾他更好和更残忍有效的方法呢?很多童年时被虐待过的人长大以后要么成了虐待者,要么就努力帮助那些被虐待的人,这些反应并不像它们看起来那么不同。雅克布斯阴暗地指出,人为了抵抗命运的力量所能做的只有这些。

职业关系引出的问题是复杂的，因为在那个位置上，人们所要做的工作就是给予帮助，而来访者至少在大多数时候都是在寻求帮助。与一个野兽般的成瘾者浪漫地结合在一起是一回事，为一个成瘾者做专业咨询是另一回事。当然，如果社工对酗酒者的感知被自己关于酗酒的父亲的回忆所扭曲，那么这一邂逅对双方来说可能都没有什么帮助。但假设他很擅长自己的工作——又怎样呢？有很多人登记注册那种很难但是报酬很低的工作，通常抱着改变他人生活进程的希望，期待他们失去的悠闲和金钱会换回感恩和道德满足。

但是要维持这种希望很难，尤其当帮助很快变得可疑以后。这是他们讲述的自己的故事之一。一开始，社会工作者通常都确信他们会显著地并且永远地改变一些人的生活。他认为他会改变的不仅是他人的生活，也包括他自己的生活：他会感受到以前从没有得到过的认同感和成就感。这些前景是如此令人陶醉，于是他工作起来可能像一个狂热分子，每天十二或十六个小时，牺牲了其余的一切。"我要去二十五公里以外修补一条鞋带，"有个咨询师描述那些令人兴奋的早期岁月，"为了接传呼机我把我妻子扔下了床。"每件事都是紧急的，他感到自己不断地被需要，他的肾上腺素一路走高，他不能休息，也不能停下来思考。对他而言，似乎如果不尽可能努力工作的话，灾难就会降临。他在工作之外没有生活，即使有，他也没怎么注意。求助者的需要是压倒性和决定性的，而常人——比如他的家庭成员——的需要相比之下则显得不那么重要：他忽略了这个部分。当人们被枪杀并被扔到了大街上，他怎么能够思考数学作业或者看电影呢？其他的人怎么就不明白正在发生的事呢？他依然相信他能够改变人：他不需要其他任何东西。

但人是难以改变的。多数人改变起来是缓慢的，如果真的改变了，也只是轻微的。他们并不总是心怀感激，有的反而还会怨恨。一开始，社会工作者可能过度卷入来访者的生活，当来访者失败的时候他也会很痛苦，一是因为他们不开心，二是因为他们的失败也是他的失败。让他成天面对无法修补的灾难性问题是很困难的，不幸和无助感染了他。对他而言，似乎感到幸福和给自己花钱就是背叛了那些他认识的依然痛苦地生活着的人。他自己的不幸看起来似乎是奉献的标志，或许他变得愤怒，谴责体制和社会，是因为自己不能修复的那一部分东西。

他逐渐学会了冷漠。他意识到他需要变得坚韧，长出铠甲。但如果他变得过于冷漠，就根本不再会关心来访者。或许他会变得愤世嫉俗和自我防御，因为他感到他的理想和力量萎缩了。办公室的老员工注意到他热情的减退，欢迎他加入他们的自贬式幽默的阵营。工作结束以后，他撤退到冷漠、笑话和酒精中去。但即使周围有与他同样冷漠的人相伴，情况仍然令人沮丧，他在寻找一个出口。

试着改变一个麻烦缠身的来访者的生活是一回事，试着改变一个村庄或整个国家的生活则是另一件要求更高的事。所以，酗酒者的妻子和咨询师遭受的怀疑蔓延到了国外援助工作者身上并不奇怪。人们本该更早意识到，帮助许多不大了解的外国人比帮助酗酒的丈夫更为复杂，更具潜在的灾难性。但是，丈夫亲近而熟悉，失败立刻就能看出来，而透过厚重的文化失真来觉察失败则更加困难。

针对援助工作者道德错觉的最为人所知的攻击之一，是奥地利牧师和社会批评家伊万·伊里奇在一九六八年对美国年轻人发表的一个演讲，他以一种类似戒酒者家庭互助会的口吻说道：

> 如果你坚持和穷人一起工作，如果这是你的职业，那么至少到那些能叫你滚蛋的穷人中去工作。让自己去影响一个村庄——你和村民们语言不通，甚至不明白你在做什么或人们怎么看待你的存在——对你是非常不公平的。并且，当你把自己想要做的事情定义为好的、牺牲和帮助时，这对

你是极具破坏性的。为了让你重新意识到自己的无能、无力以及不能去做你想要做的'好事'的无奈，我要在这里挑战你。

当一九六八年伊里奇发表这个名为《让好意见鬼去吧》的演讲时，外国援助工作还不是现在的巨人道德工厂。二十世纪六十年代末七十年代初的援助工作者花了二十年的时间才渐渐意志消沉，并开始分析什么地方错了。

为乐施会工作了整整二十七年的托尼·沃克斯在《自私的利他主义》一书里提出了自己的质疑。他"通往大马士革之路"的第一个时刻是在大学时期来临的，当时他正四处拜访同学，让他们捐钱给慈善组织。通常人们都很礼貌，但有个没精打采的男孩轻蔑地命令他滚出自己的房间。沃克斯受到了很大的震动，直到三十年后那一刻仍然历历在目——耀眼的阳光从窗外射进来，那男孩正慵懒地和一个朋友喝茶。沃克斯并不认为这个没精打采的男孩很粗鲁，相反，他探测到了他头脑中对利他主义的浅薄理解——他，沃克斯，只是一名参加了一场无谓的良心安慰实践的学生——并得出了正确的结论，他不配得到那些钱。沃克斯发现，只对穷人做一个空洞的姿态是不够的。他必须认真地做慈善，要么就干脆不做。

大学毕业以后，他在乐施会工作，但在他职业生涯的最后，他依然感到他和他的同事们在道德上并不合格。由于自私地沉溺于自己的观念和使命感，他们并没有真正看见他们试图帮助的人：他们将那些人视为饥饿或受伤的身体，无辜的受害者，而非为了或美好或险恶的政治和经济目标而奋斗的人。"为了了解那些需要帮助的人及其社会、经济和政治处境，我们需要清空自己。"他这样写道。

他对在同僚身上看到的自以为是感到失望：他从事援助工作，相信这份工作是自私与自我的解毒剂，但他发现事实可能恰恰相反。"在急救工作中有许多男性参与，"他写道，"拯救生命这件事，尤其是在交战地带，对男人有很大的吸引力。救灾人员经常谈到，当行动变得困难，尤其是当他们身处危险之中时，肾上腺素会激增。有的人对此有瘾，没有这种激动就百无聊赖。一个非洲女性最近告诉我，在卢旺达屠杀之后，她惊骇地发现西方的援助工作者渴望越来越多的不幸事件来证明他们的英勇无畏。"作为一名援助工作者缓解战争疼痛的冲动与作为一名士兵造成痛苦的冲动，并没有多大不同。对于有某种政治倾向的年轻人来说，援助工作意味着荣誉和赞颂，这曾是人们描述战斗时用的词。

有好几本书与沃克斯的书在大约同一时间出版，多数人关注的并不是他们被污染的人道主义动机，而是他们工作的无效性或害处。作者知道人道主义援助可能只是拖延了冲突，最终并未减少受害者：援助工作者提供的食物可能释放了武器资源，或者直接被人拿到黑市上交易。迈克尔·马伦在他的《地狱之路》一书中描述了食物援助如何摧毁了当地市场以及让农民破产。食物似乎有益于第一次世界大战中的农民供应商，他们倾销自己多余的产出，接受比受赠者还要多的税收优惠。多数非政府组织很少调研他们的援助是否真的有用，甚至当他们发现他们事实上是在制造伤害时，有的人似乎也并不介意，他们继续收集政府的合约，捐赠钱物。亚历克斯·德瓦尔在《饥荒罪行》中认为，国际救济NGO组织通过把持饥饿的所有权，解除了政府预防饥荒的责任。这破坏了民众追究政府责任的政治企图，而问责制的匮乏是导致饥荒的首要原因。而且，NGO组织除了宣传和捐赠的市场之外不对任何东西负责——而这个市场似乎并不关注NGO争夺注意力与金钱到底有没有益处。大卫·里夫在他的《过夜的床》一书中认为，人道主义常常是殖民主义的一种新形式，一种控制的新形式，只是名义上对目标人群有利。NGO组织就像殖民主义者一样易于相信，由于他们的目标是善的，他们机构的利益就应该被促进，他们的行为方式不应该受到质疑，他们的结果也不应该受到审查。

里夫认为，总的来说，开发援助是一种失败，不相信这一点的人不是伪善就是自欺。"真相是,任何人幻想还没有破灭都是因为没有听到坏消息。"他写道,"乐观主义真的是唯一合理的道德立场吗?"但是他不能全然谴责援助工作者。"他们是最后的正义者,这些人道主义者,"他总结道,"他们所做的并非微不足道,除非,在悲观主义者看来,所有的努力都是不充分的,所有的荣耀都是短暂的,所有的解决方案对于挑战而言都是不足的,所有的帮助对于需要都是不够的。"

在这一点上里夫并不孤独。同一时间,评论家也指出了人道主义援助的问题,他们多半相信,只要有更充分的理解、更纯粹的动机、更少的意识形态以及更多的经济,总有一天事情会好起来的。什么也不做看起来并不是一个好的选择。无论有多少后殖民主义的傲慢、种族主义和大男子主义混进了援助工作者帮助受难的外国人的冲动中,比起隔离和顽固的自私似乎都没那么可怕。帮助是复杂的,很容易搞砸——现在更为明显,但这并不意味着可以不去尝试。

三十六年前,里夫的父亲菲利普·里夫出版了《治疗的胜利》,在这本书里,他为"心理人"的到来而惋惜——二十世纪的新普通人不再担心道德,因为他唯一的正统信仰是要过满足和健康的人生。里夫相信,这种可怕局面的出现是力图建立以自由与冲动为基础的信仰的弗洛伊德遗产遭到扭曲的结果。(弗洛伊德自己寄希望于个体欲望与集体规则永久的休战:他相信,没有这种休战,文明是不可能的。)但菲利普·里夫出于悲观没有预见到对无私的批判与一九六六年的情形相比会变得多么复杂和纠缠:道德的戒律会怎样背叛自己,为何无私的人看起来不仅老派、拘束,还空洞、扭曲、报复心重,甚至危险。菲利普·里夫默哀文化精英放弃了他们旧时代的道德责任,不再为大众起示范和引领作用;戴维·里夫则看到,道德的精英依然存在,只不过他们正在制造可怕的伤害。

戴维·里夫在《过夜的床》中的论调和他父亲相似——同样是与放弃有关的威胁——但他的观点更模棱两可和自相矛盾。像关心同胞一样关心外国人的伤口是非人性的和不自然的，但同时，每一个体面人都会更多地关心那些外国人的痛苦，而不仅仅是出于人道主义而捐钱。尝试帮助他人顶多是无用的，而最坏的情况是造成伤害，但是不再尝试帮助他人就等于放弃自己的人性。人道主义者正屈尊降贵为伪善者，但是他们是我们中间最好的人。

所以，乐于奉献是否是一种疾病呢？即使在简单的酗酒语境中问题也很复杂。当戒酒者家庭互助会和它的后继者宣称以错误的方式奉献自己来帮助别人可能对双方都不好时，匿名戒酒者协会宣称，试着帮助别人就是帮助自己最好的方式。比尔·威尔逊很快发现他保持清醒的唯一方式是给别的酗酒者做工作：他迫切需要他们，就像他们需要他一样——这就是匿名戒酒者协会的会议与赞助方式。那么，路易斯的无效帮助与比尔的有效帮助之间有什么不同呢？为什么一个是疾病，而另一个则是通向健康的道路呢？这之间的区别似乎在于，你是在居高临下地帮助他人，还是在帮助一个与自己相似的人——你是告诉别人该怎么做，还是告诉别人你已经做了什么。同样的东西，来自罪人就是一种祝福，来自圣人则是一种恶意。

相互依赖的逻辑显示出奉献常常是一种疾病，因为奉献者并不是自由的。比如，她可能认为自己选择成为一名治疗师是因为喜欢这个工作，但事实上是她需要做这份工作，除此之外她别无选择，因为她不能眼见人们身处困境之中却感觉自己没有义务去帮助他们。但问题来了：她这样感觉错了吗？当她感到有责任帮助他人时，她是在犯一个错误吗？任何承认道德的强迫力量的人都必定要做些什么。如果一个人认为自己是在众多选择中不涉及任何责任地自由选择了道德生活，就像自由地选择把一生都花在向水桶中扔石子一样——他不会更加自由，而只会更加困惑。这个人感到自己不受任何责任的束缚，这不是自由而是反社会。不仅行善者和互相依赖者渴望责任：责任给了生活以意义和结构。没有它，就没有家——只是流浪汉般无目标的自由。

道德直觉和所有直觉一样有其来源。假设一个人在成长的过程中感到有责任帮助他人，是因为她善良的父母教她这么做。来自善良父母的责任感与来自不良父母的责任感有什么区别呢？其中一个比另一个更缺乏自由或真实吗？或许恶在尚不致命的量度内能够自愈，就像抗体能够通过注射毒物而产生。

第九章
那些属神的事之一

STRANGERS DROWNING

她爱得越多，就越感到自己有能力去爱。她感到被她所爱的人围绕，就像她为他们分担重负一样，他们也会分担她的，并在她跌落的时候抓住她。

第九章　那些属神的事之一

在塞内加尔待了可怕的几个月以后，金伯利·布朗-惠尔被主教派到马里兰州埃塞克斯的一所教堂里做牧师。埃塞克斯是从巴尔的摩东面起跨过巴克河的一片并不美丽的随意伸展开去的土地。主干道东大街上的很多店面都被栅栏围了起来，没有被围起来的有酒吧、证券机构、当铺和二手车铺。教堂是一栋大型白色隔板建筑，已经有上百年历史了，这一漫长的历史——加上教区将自己看作是受尊重的劳动人民聚居的郊区，而非任由无家可归者在商厦后面冻死的地方——变成了一个问题。

集会是分开进行的。周日早上先是传统的联合卫理公会仪式，有唱诗班和管风琴伴奏；随后是现代仪式，播放录制的流行音乐、DVD 和幻灯片。这个分割并非没有包含敌意。较年长的成员不喜欢现代仪式，他们觉得这并不是真正的教堂仪式，但也警觉地看到他们的成员在一年年减少，而现代仪式则吸引了越来越多的人。

金伯利精力充沛，很难安静地坐下来。她说话像连珠炮似的，很爱笑，常常发自肺腑地笑得很大声。在教堂她总是抚摸和拥抱信众，当音乐响起时则充满活力地拍手或摇摆起来。

她是教会里第一位女牧师，有人对此并不乐意。有些下流的纸条被放到奉献盘里或讲道坛上,也有些送来的邮件。有人当面告诉她,他们不希望她在那里,他们会让主教将她调走。但是,在她工作过的每个教堂里,她都是第一个女牧师,所以她已经习惯了。她想:我能够爱他们到给我一个机会的程度吗?因为她是个女人,有的人离开了;而其他人则恼怒于那些人的离开,并因此责备她。但她对此并不觉得太糟——她不能改变她的性别,她说,她并没有要求到这个教堂来工作,是主教调她来的。另外,冲突也并不总是一件坏事。教堂不是社交俱乐部,它有为基督赢得信众的使命,而她的工作就是推进这一使命。做这项工作通常都是不舒服的,如果她只是迎合大家,她就做不了工作。

她热爱工作。她喜欢主持婚礼,甚至葬礼,虽然葬礼要更难一些,因为她要在讲道坛上站更久,久到让她开始为死者感到悲伤。她觉得,在如此意义深远而亲密的时刻被一个家庭视为它的一部分是一种特权。甚至在平常的日子里,每次她走进教堂都感觉得到了升华。

她总是会发一些小纸条或生日卡,或者给人们打电话;如果她最近没有见过某人,她会联系他,弄清楚他是不是还好;如果有人问她一个问题,她会反问他这个问题。偶尔她会发现自己刚好在别人最需要的时候打了电话给他,或者向婚姻正面临崩溃的某人问好,又或是送了一张生日卡片给没人会注意到他生日的人。她的教会里有很多孤独的人,他们或许认识一些上班的同事,但并没有家庭或任何亲密的人。在那些幸运的时刻,她感到庆幸,并相信上帝在那些日子里启发了她,所以她才会知道该做什么和什么时候去做。当然她并不总是能解决他人的问题,但是她会告诉他们,我是你教会里的姐妹,你无须独自承受这一重负。

多年来她已经学会了仔细聆听,因为通常其他人问她的问题都不是真正的问题。他可能在谈论失业或者婚姻中的困难,然而真正的问题却是酗酒或毒品。有一次,一个年轻的家庭带着绝望来找她,他们刚刚买了一套房子,接连生了三个小孩，由于金钱问题而苦苦挣扎。她和其他一些教会成员筹备了一个基金，在没有告知对方的情况下帮这对夫妇付了抵押贷款。但事情的真相却是丈夫沉迷于色情电话热线，这一点，而非房子或三个年幼的孩子，才是他们没钱的原因。

她的一些同事觉得她感情过剩，太有同情心，而这对一个女牧师而言不是什么好事，它会干扰判断，或者令人心灰意冷。但她不同意这种观点。事实上，她根本忍不住：超然不是她的本性。如果有人告诉她一个关于自己的故事，而这个故事很糟糕，把她弄哭了，她并不认为这是个问题，这只是向他表明她能够对他的遭遇感同身受。当某个她认识的人遭遇背叛时——背叛信仰尤其令她恐惧，她完全不能理解，她曾见过这种背叛是如何毁掉一个人的——她也会感到受伤和生气。她逐渐开始爱很多教区居民，她对他们说，我爱你。她教堂里的一个成员是牧师的孩子，他告诉她，以前从没有听牧师这样说过。她爱得越多，就越感到自己有能力去爱。她感到被她所爱的人围绕，就像她为他们分担重负一样，他们也会分担她的，并在她跌落的时候抓住她。

她提供的不仅是舒适。孤独与不幸是不好的，但是还有更糟的事情。罪恶更糟，过一种好的生活不仅仅是感到快乐。所以，当她和教区居民说话时，她鼓励他们坚持以最好的自己作为行为标准。这比仅是聆听做起来更不舒服，但她相信，如果有人能够感到她这样说是出于爱，不管他做了什么她都会一样爱他，他就会听得进去。如果有人对自己的配偶不忠或饮酒太多，她觉得帮助他停下来就是她的工作。有时会有人告诉她，这不关她的事，而且她提出的要求会让她更讨人厌。这让她难过，因为她希望自己被喜欢，但她知道自己必须去做，也知道事情并不总会好起来。她知道有的牧师需要被每个人爱，那些牧师仅仅是地图上的标记——如果你那样感受，你就不能完成任何事情。

从精神上讲，她并不认为做牧师就意味着在某种意义上处于更高层面。她和其他人一样是个罪人，也非常需要一个拯救者。但对她而言，有些不一样。

如果她没有正确地行动，人们就会想：好吧，如果她都没有做，我当然也不需要担心任何自己家庭之外的事情；或者，如果连牧师都并不比我做得好，那成为一个基督徒有什么好的？或许她的确有理由发脾气，又或许她确实有某种理由才做了一场无聊的布道，但是没有人会体谅——他们只会看到她为上帝做的工作一塌糊涂，并得出他们自己的结论。

有一次，她教会里的一个女孩才上高中就怀了孕，并决定把孩子生下来。女孩的妈妈将她赶出了家门，直到孩子父亲那边的家人介入此事。这期间金伯利告诉那个女孩会没事的，并给了她需要的各种帮助，让她走出困境。女孩的妈妈对此并不感激，她觉得金伯利是在干涉，而那个妈妈最终加入了别的教会，这反过来在那些喜欢妈妈一方并感到金伯利不应该冒犯妈妈的教会成员中引起了怨恨情绪。

金伯利发现整件事都很令人困惑。父母怎么能够这样对待孩子，把她像垃圾一样扔掉，尤其是在她那样年轻、那样需要帮助的时候？那是你不应做的事。她并非因此就不喜欢那位妈妈——她从没有不喜欢谁——她努力去理解。她知道那位妈妈是一个单身母亲，或许她的愤怒和失望要更多一些，因为她知道女儿的生活将会变得多么艰难，但那并不能为她把自己女儿赶出家门做辩护。金伯利判断，在那种情形下必定有她还没意识到的东西，某些能够解释一个母亲为何能以那种方式拒绝自己女儿的关键信息。一段时间以后，这一情形再次上演，这次是另一个妈妈和另一个同样年轻且怀了孕的女儿，都是常来做礼拜的人，而金伯利又一次困惑了。女儿悲伤而迷茫，打电话给金伯利问是不是可以过来，因为她很孤独，需要和妈妈说话，任何一个妈妈都可以。金伯利对自己说，我不明白，我不明白，我根本无法理解。

她想要做大事。上帝很伟大并做着伟大的事。她不仅是在侍奉教会或者教会中的人，也是在侍奉上帝，而那意味着她必须尽力鞭策自己，虽然那时她还不能对责任的体量与重量想得太多，因为那可能会令她失去勇气。怎么能要求她做的任何事都对上帝足够好呢？她知道需要克制自己，不要太严格或太积极，以免让会众筋疲力尽。如果有人传话说她会把人榨干，因为她认为每个人都应该把自己最好的东西献给上帝，那么就没人愿意和她一起工作，她也就什么都干不了了。

除了侍奉上帝，教堂里还有很多事情在进行。晚上有成人课堂，《圣经》学习或者读书小组——他们会读当代作者写的宗教类书籍或能被提取出宗教主题的大众读物。有时还有一些更实用的课程——关于个人理财、家庭教育。教堂里还会举行聚会：有匿名戒酒者协会、男童子军和女童子军，后者对参加聚会的成年人都要进行背景调查与指纹采集。那里白天有护理中心，晚上有驾校，同时也是男人和女人讨论家庭与工作问题的地方。

这些事情都很好，但它们只是帮助了特定人群，还有其他更需要帮助的人没有被帮助到。所以金伯利启动了一个食物储备中心计划，劝各种机构捐给她食物以储备起来，很快她每月就能收集到四千到七千公斤的食物，她对其进行分类整理、保管，再分为适宜一个个家庭的份额。她将厕所用品派发出去，将二手的外套、毯子、帐篷和油布捐给睡在外面的无家可归的人。每个月她都问自己是否有钱保证食物储备中心继续运作，如果经济不景气或人们很焦虑的话，他们会不会继续捐钱？

在教堂旁边有块荒地，堆满了又老又旧的运动设备。她将垃圾清走，开辟苗床，种了蔬菜和果树，有梨树、桃树和苹果树。这让她感到幸福，用自己的双手在土地上种植东西让她感觉良好。她认为，对于食物储备中心而言，拥有新鲜的自家种植的蔬菜和水果是多么棒的事情啊！但后来果树上的果实被偷走了。这先是令她很受伤——她几乎对这些果树有了类似母爱的感觉，但随后她想偷这些果实的人或许比她更需要它们吧。

她创建了一个热食部门——她觉得"流动厨房"听起来有点压抑——每

周三中午开放，他认为可以用作聚会场所，大家在生理需要得到满足的同时，社交需要也得到了满足。因为教堂对此没有预算，她就尽力募集资金，并用自己的钱支付了剩余的部分。她得了解每周在这个时间会出现的是哪些流浪汉。他们的生活很复杂，她试着帮助他们。他们中的多数都有精神上或身体上的残疾，这意味着他们总是有处方药需要吃却没有钱买。他们需要巴士费回到他们睡觉的地方。在知道他们中的一些是瘾君子以后，她试着不给他们那么多钱以避免使他们陷入麻烦，但她并不对此进行检查，当他们声称自己需要某种东西时，她就相信他们的话。她知道自己有时候会被欺骗，而那总是让她有种做出妥协的感觉。

当她了解了附近的流浪汉后，她意识到他们无处可去。镇上有个为女人和孩子服务的庇护所，但没有为他们服务的，所以每年冬天他们中都会有人被冻死。在最冷的月份中，她似乎每一两周就会听到有人死了，有些是她认识的，有些还吃过她做的饭。她忍受不了，尤其是因为教堂里非常暖和，有厨房和卫生间，而且在夜里也没有人使用。她决定在天气寒冷时将楼上变成庇护所，但很多人对这个想法持反对意见。这涉及教堂建筑的翻修，意味着流浪汉将整夜留在教堂。人们并不喜欢改变，他们希望教堂是他们儿时的样子。人们怀疑她会亲吻从巴尔的摩来的流浪汉，尽管她告诉大家在埃塞克斯就有许多流浪汉。

人们总是为各种事情操心。要是那些流浪汉一把火把教堂给烧了呢？要是其中一个受伤并被起诉了呢？要是某个流浪汉攻击别人，或是骚扰女童子军或男童子军呢？事情变得很尴尬。那些不想建庇护所的人开始了一个以摆脱她为目的的运动。她对她的会众说，这是你的教堂，你终生都拥有这个教堂，你在这里养育了自己的孩子和孙子。如果有人必须要走，那走的应该是我。

最终她建议，不把教堂当作庇护所，而是把她的家即牧师公馆给那些人用——她和她的家人搬到另外的地方住。人们同样不喜欢这个想法，他们希望牧师就住在牧师公馆里，而不是一大群流浪汉住在那里，但这听起来比让他们住在教堂里要好点，最终会众投票同意了。很多人都威胁着要离开，但最终没有人这么做。

金伯利和她的丈夫理查德搬了出去，第二天流浪汉就搬了进来。搬出去是容易的，因为他们几乎没有什么东西。每次他们去国外传教就要抛弃所有东西，等再回来时，他们就借东西来用，或者人们会将自己不想要的老物件捐给他们。通常在他们的结婚纪念日，金伯利会对理查德说，他们已经结婚十年了、二十年了或二十五年了，但还从没有拥有过一个沙发。某天她对他说，我们会有一个属于自己的沙发，但这也就是说说而已。如果到现在上帝都没有为他们安排一个属于自己的沙发，那么这就是一个明确的信号，即他们并不真的需要沙发。

在金伯利成长的过程中，倒是有沙发而没上帝。她父母告诉她，他们是在教堂茶话会上认识的，但那其实是个酒吧。她爸爸来自俄克拉荷马，在战时服完了兵役，来芝加哥继续大学学业，完成工程学方向的毕业作品。她妈妈是一个捷克移民家庭中最小的孩子，当时在酒吧上班。他们结婚以后生了五个小孩，金伯利是其中最小的，出生于一九五五年。

金伯利的父亲成了一名航空工程师，选择这份职业部分是出于专业的要求，但更多的是出于热爱。他们在全国不断搬家，一年一次、两次、三次，以便他可以在不同的地方工作。他总是在看其他州的不动产广告——密歇根州、阿肯色州、伊利诺伊州、加利福尼亚州——考虑下次搬家会去哪里。在那些日子里，他是个醉鬼。他喝酒最厉害的时候金伯利还很小，她说她不记得了，但在她长大一些后，有很多次他从车上摔下来后会消失数日，等他再回来的时候，家里总是会发生争吵。

她父亲最终停止了酗酒，开始去匿名戒酒者协会，不过到那个时候金伯利的两个最大的哥哥却开始酗酒了。那时她正在上高中，她最大的哥哥戴维是个瘾君子，总是被逮捕，在监狱里进进出出。在死寂的黑夜里，总有警察重重地敲响她家的大门。他将一些令人害怕的朋友带回家，那些朋友勒索、偷窃，戴维也跟着勒索、偷窃。她父母为这些事情而争吵，但也无济于事。等金伯利上大学的时候，有一次戴维差点被人打死，不久之后他就自杀了。他非常讨厌，完全不顾及他人，也从不为任何人做任何事。他的生活是如此混乱，一件坏事接着一件坏事，他的死讯似乎只是其中一件坏事而已。多年以来金伯利目睹了这一切，对戴维而言，事情到最后也没有一个善终。

她爱她二哥蒂姆。他也是个酒鬼，但对他的小妹妹很好。他是个嬉皮士，总爱到处转悠，遇到人就带他们回家吃饭或待着。后来，他变得无家可归。他告诉金伯利他想要成立一个袜子会：人们总是给那些流浪汉捐大衣，但从来没有人想到要给他们捐袜子，而他们很需要袜子。他最后生活在拉斯维加斯，那里有免费的医疗保健与大量酗酒者。最终，他结了婚并设法重新开始工作，但那个时候酒精已经毁了他的肾脏、肝脏和心脏，最后他去世了。

尽管或者也许正是由于她哥哥们身上发生了那些事情，金伯利发展出了一种被她父亲称为盲目乐观的人格特征。她总是认为人们从根本上来说都是善的，事情总会有好结果。她父亲告诉她，她并不理解这个世界，她长大一些后明白了他的意思，但也并不想改变什么。在她去国外传教之前，她担心见到太多的贫困与绝望会令她心肠坚硬——她不得不避开那些来寻求帮助的人，因为那样的人实在是太多了，但事实上并没有。

她是个幸福的孩子，但也注意到了痛苦。她总是将迷路的动物带回家，这让喜欢保持房子清洁的妈妈感到很厌烦；她看到杰里·刘易斯为肌肉萎缩症拍的电视节目时哭得一塌糊涂；为了步行募捐，她会走好几公里；她将自己兼职当保姆挣来的钱捐给大街上看到的人。她父母认为这很怪异，她对他们说，她喜欢捐东西。但是她从未将任何事与上帝联系到一起，直到她十三岁。那时她住在阿肯色州，她的一个朋友带她去了镇上的南方浸礼会教堂。在那之前，她连进教堂都有点害怕,但那一次她进去后却感到自己像是回到了家。她想,我要找到一种能留在这里的办法。

这不是那种由几个家族控制的、女孩独自前来都会引人注目的小教堂。这是一间大教堂,组织良好,有青年唱诗班、青年团契和很多小孩子的项目,很快她就一天去两次了。她父母都不信教,他们担心她会变成一个怪人,担心这间教堂宣扬某种狂热崇拜。她妈妈问她,是否认为自己正变得狂热。金伯利回答,她觉得这正是上帝想要她做的。她从没有试着让家里人和她一起去教堂,也没有人这样做。在大学里,她主修社会学和宗教研究,并在附近的几所教堂里参与几个儿童项目。有一天,一个教堂的牧师问她,是否考虑过成为一名被任命的牧师。她吃了一惊,她以前并不知道女人也可以成为牧师。但当这个念头呈现在她面前的瞬间,她意识到这正是她一直在寻找的东西:一种在教堂里度过余生的办法。

在神学院的最后一年,她遇见了理查德。理查德和金伯利来自同样困难的家庭,只不过造成困难的原因不同。他在巴尔的摩西南部长大,那是相当艰苦的地区。他父亲在米德堡的部队工作,在一所老学校做纪律督查。他期望别人对他绝对顺从,如果不是这样,他会很生气。当他下班回来时,家里的晚餐必须已经准备好了。等他吃完饭,他会起身去看电视直至上床睡觉。孩子们在饭桌上不许说话,在他离开餐桌后不能再吃东西。理查德还小的时候,他们在圣诞节和复活节去过几次教堂,但有一年复活节前夜有人偷走了他们家汽车的电池,理查德的父亲将这件事看作一个征兆,再也不去教堂了。理查德关于父亲最好的记忆是他们两人在一九七二年艾格尼斯飓风来临期间冲进雨中,在山底下救助被洪水淹没的家庭,但是也就仅此而已。

理查德认为他的父母对孩子没什么感情。上了大学之后,他搬到了离校园只有八公里的地方居住,对他母亲而言,他就此离开了,她从没联系过他。后来,等他学会思考这些事情的时候,他判定母亲缺少人类的同理心。或许是由于他父母与他相处的方式,或许是他比自己认为的还要像他父母,理查德很冷淡,几乎总是沉默不语。他看起来似乎很严厉,对人爱理不理,迟钝到了粗鲁的程度。他看待一切事情都是非对即错,没有任何中间的灰色地带。金伯利的妈妈很不喜欢他,在他们初次见面时,她就拒绝参加他们的婚礼。为了帮理查德获得足以应对牧师职责的社交能力,金伯利有很多工作要做。

他们的孩子以不同的方式来到他们的生活中。他们从马里兰的寄养所领养了最大的孩子,一个名叫萨拉的混血女孩,那时她才六个月大。领养了萨拉之后,他们有了自己的孩子彼得。不久以后,当他们被分派到格林纳达做传教士时,他们又收养了凯西,当时她无家可归。凯西最后到了看护中心。她还是个婴儿的时候,她叔叔朝她头部摔了一个酒瓶,损害了她的大脑。她在医院里住了几个月,最终留下了残疾。

金伯利并没有事先仔细考虑过这些事情,她没有计划要收养小孩,事情就那样发生了。很多人认为他们收养一个混血小孩是错的,而收养一个外国黑人小孩并将她带离自己的出生地更是错上加错,不过这一切对金伯利来说都算不上什么。她并不在乎孩子是什么肤色,只要他们需要一个家。在她和理查德去国外传教的过程中,很多人看见他们已经收养了一个黑人小孩,也请求他们收养自己的孩子,给孩子更好的生活,但金伯利拒绝了,她并不想让孩子离开他们的父母。另外,她感到三个孩子已经足够了。他们不是孤儿院,而是一个家庭。

早先,他们结婚前不久,金伯利和理查德申请了一个传教任务并被分派到了安圭拉岛①。这次派遣和他们想象中的不一样。他们原本期待看见上帝的教会的另一个部分,看见更大的世界,然而安圭拉岛长二十六公里,宽五公里,

---

① 位于东加勒比海背风群岛的北端。

共有六千名居民，他们的世界非但没有扩大反而显著地缩小了。但过了一段时间后，他们喜欢上了那里的地域亲切感：他们了解每个人，每个人也了解他们，要走出去或者谈生意没有长期的交际是不可能的。周日他们会开着车在岛上转悠，在几个不同的教堂里布道。这里和美国非常不同，在美国教堂是很边缘的，而在安圭拉岛，教堂是一切的中心。那个地方是那样小，她发现自己无须任何努力就已经融入了每个人的生活。

他们和两个还在学步的孩子搬到了岛上，而困难也开始呈现出来。彼得总是生病，不生病的时候又总是受伤，这使生活在一个没什么医疗救助的地方变得很艰难。彼得一开始就发育不良，他不会吃东西，必须被强行喂养；他在婴儿期得过败血症，随后到他们上任的时候，他又被葡萄球菌感染并迅速发展为全身病变。金伯利把水烧开了再用，把他的尿布放水里煮，用含氯的消毒液浸泡绿叶菜，但他还是会生病。离开安圭拉岛之后，他们被分派到了另外一个岛，格林纳达。在那里彼得掉进了一个排水沟，一根污水管刺穿了他的腹部。他还被蜜蜂叮咬，有过一次过敏性休克。后来理查德也生了病——他中风了，还得了登革热。不过他们都挺过来了。

去了格林纳达后，他们回到了美国，这样理查德才能拿到自己的博士学位，有了这个学位他才有在海外神学院任教的资格。他们本来要去津巴布韦，但政府与教会的关系恶化，他们没有拿到签证；后来他们突然接到通知说要改派他们到莫桑比克。因为派遣是最后一刻下达的，他们连一个葡萄牙语单词都不会说就上了飞机。

那是一九九三年，十五年内战刚刚结束，这个国家处境困难。搞清楚如何捐献是很难的，捐助需求极大。如果金伯利设法给某个小孩食物或一瓶水，一大群人就会以惊人的速度跟上来。理查德在城外的一所泛基督教神学院教礼拜仪式，她则为农村教会编神学读本，去妇女中心工作，开办研读《圣经》的课程，并教当地人英语。

战争期间，传教士曾被撤离或驱逐，因为那些地方在打仗之前是不能逗留的。金伯利不知道当她到达那里时会被如何接待：人们会觉得教会曾经抛弃了他们吗？但她发现在很多地方，人们一直在等待，就好像知道总有一天教会会回来似的。从传教士的角度看，莫桑比克是令人愉快的。成百上千的人涌入教堂，年轻人、老人、每个人。金伯利感受到了她在美国从没有感受过的——你能提供上帝的话语，而人们总是觉得不够。首府的人到教堂里去，乡村的人则聚在树底下举行仪式。好像在几十年的不幸与压抑之后，某种宗教情感一涌而出，他们来寻找上帝。她想：我可能再也不会看到这样的景象了。

并不是所有成为基督徒的人都会放弃传统的信念，但理查德和金伯利与那个时代的很多传教士一样，开始感到过去的传教士对此太严厉了。比起只接受那些准备拒绝他们所知的一切的皈依者，欢迎人们进入教会并采用一套混合的信念要更好些。有很多方式可以让这些信念彼此接纳，比如说，先祖看护着你的信念和圣人的信念就很契合。当然，有些习惯会引起很多问题，比如一夫多妻制就很棘手。但如果这种婚姻已经是既成事实，你又能做什么呢？你只能接受，并抱有乐观的希望。

尽管金伯利对教会投入了全部的热情，人们还是不理解她在那里做的事情。他们想知道她真正的动机是什么。她想从他们那里得到什么？她会从他们那里拿走什么吗？如果真是这样又会怎样呢？他们看到萨拉和凯西都不是她自己亲生的，于是他们假定她一定会让她们当仆人。当她解释说她们并不是仆人而是她家庭的一分子时，他们感到很困惑。

有一天，理查德在大街上被袭击了，大家以为他已经死了。袭击者偷了他的钱和衣服，并掐住了他的喉咙直到他倒下去。袭击发生在大白天繁忙的大街上，但没有人上来帮忙。正是这一点让理查德感到愤怒——对他而言，没有人来帮忙比受到袭击还要糟糕。

另有一天，他们全家驾驶着卡车从北面驶离马普托。金伯利曾将一些神学材料编在一起，他们打算去农村地区会见几个非官方的牧师，把文献交给他们，并组织专业的培训。他们的第一站是一家卫理公会医院，他们将卡车留在锁起来的医院院子里，和当地的一个传教士去吃饭，等他们再回来时，卡车车门已经被撬开，里面的东西被洗劫一空——不只是他们的衣服，还包括金伯利准备的宗教文献。警察对他们说，最好的办法就是去邻镇的超市，因为他们的东西很可能在那里被出售，他们能够用不太多的钱把这些东西买回来。他们开车到镇里，理查德走进了超市，但他们的到来引起了注意——这是个小镇子，他们引人注目。许多人很快就围着卡车聚集起来，大家看见凯西以后（当时她大约四岁，坐在卡车后面）指着她大声叫嚷起来。金伯利花了些时间才弄明白他们在叫嚷什么，在这段时间里人越聚越多，威胁也越来越大——一共聚集了几百个人。

他们叫嚷说，金伯利是中国人，绑架了莫桑比克的孩子凯西，为了她的器官要把她卖掉。他们叫嚷着要把孩子要回来。人们开始使劲击打卡车，撕扯着车厢上轻薄的铝合金车皮，三个孩子缩成一团，萨拉和彼得用他们的身体护着凯西。在之前的抢劫中车皮已经被撕开了，口子越扯越大。等理查德回来的时候，他对人群挥舞着凯西的护照以证明她是美国籍，不过人们仍然大喊着护照是假的，并不断撞击卡车，试图将凯西抢过来。最后，警察到了，朝天空开枪，他们才得以将车开走。

大约在同一时期，他们发现彼得的心理有些反常，需要治疗，所以教会准许金伯利休病假，带彼得和凯西回家并评估这一损害。金伯利的父母请求她不要再回莫桑比克，甚至教会中也有人希望他们留在家里，但他们最后还是决定回去。他们不想放弃已经开始的工作，不想被说成是传教士在莫桑比克遭到攻击，不得不撤出来，那会让接替工作变得非常困难，尤其是当教会正处于令人激动的扩张中，急需帮助之时。

金伯利说：生活是有风险的。你在家也可能受到攻击，也可能生病。她觉得他们做出了一个承诺，她想遵守它。她觉得他们正在做的事情是好事，她想完成它。人们对她说，他们绝对做不出她所做的事，去到类似莫桑比克的危险之地当一名传教士。但她想这种说法没有什么意义——她并没有什么特别之处。她对他们说，为什么做不了？收拾你的行囊，出去走走，看看我如何帮助别人。我们能做的比我们所认为的要多。去试试吧！

二〇〇六年，金伯利和理查德被派到塞内加尔。这次真的是一次传教之旅。这国家的人口几乎百分之百都是穆斯林，不存在卫理公会的教会；这里的据点只是象牙海岸卫理公会大会的一个微不足道的附属物。但是首都达喀尔是移民聚居之地，那里有很多人想到欧洲去，其中有一部分是需要牧师的卫理公会教徒，于是金伯利和理查德去那里为他们建立教会。教会建了一些卫生所，他们为幼儿分发营养剂，为人们做糖尿病检查，还提供小额贷款。教会在改变人们的宗教信仰这件事上并没有取得多大的成功，但即使它成功了，情况也会很复杂。如果一个塞内加尔人变成了基督徒，他会被逐出原本的生活环境。穆斯林通常会拒绝与叛教者做生意，所以叛教者，乃至他的整个家庭，都很可能会活不下去。为了帮助刚刚改变宗教信仰的人摆脱困境，避免这一类的灾难，过去的教会会雇用他们为教会工作。金伯利明白这个原因，但同时这也让她不舒服——这就像是在为改变宗教信仰买单，这种感觉令人苦恼。

教会让他们住在海边一个村庄的房子里。食物是个问题。面包由政府补助，所以他们总能买到，但要弄到其他食物就困难了。有个男人带着六个土豆经过，她想买下它们，但又担心如果她把这些土豆全买了下来，下一个人就要挨饿了，于是她只买了两三个。

他们生活的地方对待女性很保守，金伯利并没有多少能做的事。理查德可以到处去布道和施洗礼，但没有人会接受一个女牧师。对凯西而言甚至更难。

萨拉和彼得现在已经长大了，可以靠自己生活，但凯西和父母去了塞内加尔，在他们居住的地方，女孩和年轻女人总是待在屋里。由于凯西是个年轻的美国女人，也由于她智力上的缺陷，她外出的时候总有很多人围上来盯着她看。没过多久，她就不再出门了。她从没有和父母之外的人说过话。金伯利觉得，让一个十八岁的女孩子一直待在屋里是一件可怕的、有违天性的事，但让她出去却更糟。

凯西试着在网上完成自己高中最后一年的学业。她本来是一个阳光爱笑的孩子，但几个月之后，她变得抑郁起来。金伯利很不愿意看见凯西如此痛苦，但中断教会的委任对她来说似乎也不可接受，她希望他们能够应付过去。事情总会有所好转，她想，以前也总是这样。但是事情并没有好转，金伯利越来越担心和困惑，不知道该怎么办。她开始害怕这段经历会摧毁凯西的生活。她感到她对教会的奉献是绝对的，就像她对凯西的奉献一样绝对，但教会可以让很多人来塞内加尔传教，而凯西却只有一个妈妈。

过了很长一段时间，她打电话给主教，询问她是否可以回家。这时，不可思议的好运到来了——"那些属神的事之一"，金伯利想，就像她经常想的那样——就在她决定不能再让凯西留在塞内加尔之前不久，埃塞克斯教会的牧师突然去世，主教把这个职位给了她。这之后不久，同一区域的另一个适合理查德的职位也空了出来。这一切来得太容易了，以至于她觉得这是命中注定的。她知道在塞内加尔的艰难岁月自有其原因，她相信这一艰难岁月的结束也自有其原因，至于那些原因是什么她就不得而知了。

你绝不会知道上帝行事的原因，你绝不会知道孩子们会长成什么样或者你对他们说过的话是否会起作用。凯西在埃塞克斯街边的一所小学找到了一份午餐服务的工作，随后她在网上遇到了一个男人。他是个白人，比她年纪要大，住在圣路易斯东部，但和她一样有后天的残疾——他还是小孩时遭遇了一次脑损伤，从很高的楼梯上被推下来——她觉得她发现了一个同类的灵魂。在通信一段时间后，她决定去会会他。金伯利很不愿意让她去，担心那个男人不怀好意，会占凯西便宜，她不认识一个能够在圣路易斯看着凯西的人，但她知道不能限制凯西的自由，让她变成一名囚犯，不管她有多么脆弱。

凯西最终搬去和这个男人住在一起。他住在很穷的街区，在那里白人和黑人住在一起是不正常的，会遭到抵制。他有残疾，他的整个家庭都要依靠政府的各种救济维持生活，但凯西出去为自己找到了一份有福利的全职工作，在一个超市的烘焙部门。他们没有结婚，这让金伯利有些伤心，但总的说来情况比她害怕的要好很多，她觉得应该感到庆幸。

彼得在莫桑比克时就开始骑马，长大以后，他成了一名国家级障碍赛选手。他个子太高了，做不了平地赛马师，于是就成了障碍赛骑手，有一阵子在一个猎狐家族的畜棚干活。最后，他在巴尔的摩东南面的月桂苑赛马场做练习骑手和驯马师。他不骑马的时候，总是在骑他的轻型摩托车。金伯利担心他对肾上腺素上瘾，所有这些他正在做的非常危险的事情都会导致灾难。确实，他出过几次很严重的事故，但骨头一痊愈他就会立刻回到自己的轨道上。他从不去教堂，那让他感到痛苦，但他总是愿意到食物储藏室来帮忙。在醉酒、嗑药、赌博和腐败这些道路中间，他保持着干净和体面，即使他不去教堂，她还是觉得教理已经感染了他，让他成了一个好人。

萨拉从大学毕业后在"世界面包"找了一份工作，那是一个关注饥饿问题的基督教游说组织，她在那里谋划筹款项目。对金伯利而言，募集资金来筹备一顿盛大的宴会以减轻饥饿似乎有些怪异，但萨拉说这就是事情运作的方式，她接受这个。后来，萨拉去了烹饪学校，并和一名律师结了婚。他们定居在丹佛，萨拉成了一名项目规划师。他们搬进了城里的高层建筑，有代客泊车和门卫服务。她和她丈夫都是美食家，他们花了很多钱去饭店吃饭。对金伯利来说，所有这一切都非常陌生。她无法想象花十五或二十美元以上去吃一顿饭，那最多只是一顿饭，四五个小时以后你就需要吃另外一顿。但萨拉和她的独生子依然按时来教堂，她对此心存感激。

在回到埃塞克斯教会一两年后的某天，金伯利看见一则新闻报道，说当地某个年轻女人需要肾脏移植。她先前所在教会的助手做过肾移植，所以她知道肾病有多可怕以及一次成功的肾移植是多么幸运。看到这个报道时她想，愿上帝保佑她吧，她还年轻，移植对她意义太大了。那上面留了电话号码，打那个号码就可以安排测试，看看自己是不是匹配者，她想，为什么不呢？于是她直接拨了那个电话。

结果她和这个女人不匹配，但护士问她是否愿意把自己的肾捐给别的什么人。因为她并不认识那个女人，就想，为什么不能把它捐给另一个陌生人呢？所以她回答说同意。他们询问她是否需要知道接受者是谁，她回答不用。她觉得见见那个人是挺好的，但只有当对方也愿意时才行。随后她想到了自己的孩子，由于三个小孩中有两个是收养的，她并不比其他人有更大的概率与他们配型成功。她对丈夫说，如果其中一个孩子需要肾的话，那就只有指望他了。她想：只有两三天的不适而已，为什么不做呢？我是说，如果你空有一颗好肾不用，为什么不把它让给别人？

捐肾对她的吸引力一部分来自它的具象性：她知道她在帮助某个人，也知道究竟是怎样帮助的。她自认为自己的事业是帮助别人，但是她整天做的只是不停地说——她在礼拜天布道，在葬礼上布道，在婚礼上布道，去医院探望教区居民时布道——她常常怀疑她做的事情是否真的有意义。等她到家时，总有很多人坐在门前的台阶上，讨要食物或车旅费或一间过夜的屋子。她喜欢人们想着到教会去寻求帮助，但如果她不认识这个人，她担心给他的钱会被拿去买酒精或毒品，或者会让受助者对她产生依赖。

有时候事情也会出错。比如有一次，她和一群教区居民为家庭庇护所做了一顿丰盛的大餐，但当他们到达那里的时候却没有一个人来吃，因为庇护所忘记把这个活动放进日程安排了。还有一次，他们问庇护所里的七十个孩子想要什么圣诞礼物，之后教区居民花了很多钱为他们买了那些东西，然而礼物却被偷走了。帮助别人是艰难而复杂的，不过那并不意味着她免除了继续帮助别人的义务——她有这个义务，但这做起来很难。捐肾不一样，她知道这一定会帮到某个人，她觉得这是一个非常珍贵和罕见的机会。另外，她总是那么狂热和勤奋，就连睡觉也想着要完成某件事，那么遵循多日来一再被强化的激情似乎是相当有吸引力的。

她手术后顺利地康复了。她不使用医院里的吗啡点滴（她声称自己老是找不到呼叫按钮，虽然它就安装在她床上），所以护士给她开了泰勒诺，将她送回了家，她也没有服用。医院送给她一盆盆栽作为谢礼，她将它称为"她的移植"。她在一周内回到了工作岗位。"天哪，"她说，"得个流感都比这个难受。"

第十章
肾

STRANGERS DROWNING

"这些人必定是不正常的,才会做这样的事。"他们觉得把一个器官捐给陌生人不仅不值得赞赏,甚至是堕落的、违背良心的,这违反了人类的天性。

在被允许捐出一个肾之前，金伯利·布朗-威尔被要求做了一个心理测试，以便医院彻底弄清楚她不是受到强迫来捐肾，也不是疯了。这一测试对她来说并不难，负责检查的心理学家似乎发现一个牧师这样慷慨是可以理解的。但她的体验不同寻常。医生常常受到这一念头的干扰，为一个不能从中受益只能承受伤害的健康人做手术，似乎违背了希波克拉底的誓言。有的移植项目根本就拒绝利他主义的捐献者。一旦允许将肾捐献给非亲属，很多人，尤其是医生，便会发现，给陌生人捐献器官成了行善者的一种新手段，那些被称为利他主义者的捐献者都很奇怪，甚至令人讨厌。

　　现如今，肾通常是通过腹腔镜手术取出，只会留下很小的伤疤。捐献者常常在两到四周内就感觉恢复了正常，剩下的那颗肾也会运转起来弥补不足，并发症的风险很低。但是，如果捐献者得了肾病，就会影响到两颗肾。所以，只要捐献者还病着，就不能捐掉他多余的那颗肾（如果另一颗在事故中受到损伤，或者他得了肾癌，多余的那颗肾还是有用的）。尽管如此，肾带来的性活力和手术对身体的伤害仍然阻止人们这样做。对某些人而言，捐献的道德逻辑似乎是非人道的自杀式理性。毕竟，如果我们将身体看作是为别人而存在的多余器官的储存处，那为什么只限于肾呢？为什么不捐出我们所有的器官来挽救更多生命呢？当你开始将身体及其拥有者当作实现公益的手段，最终不就会这样吗？

金伯利出院以后，她的生活依然如常。她没有联系那个接受了她的肾的男人——她不知道他的名字，虽然医院告诉她移植进行得很顺利，他也很好。她的经历在其单纯性与简洁性上都非比寻常。几乎同一时间，在不远的地方，保罗·瓦格纳也打算将自己的肾捐给一个陌生人，他的经验则完全不同。

保罗是位于费城的皮尔斯-菲尔普斯公司的采购经理，那是家提供采暖产品与空调的批发商。他四十岁，和配偶亚伦住在一套小公寓里。他妈妈在六个月前快满六十岁的时候死于肉状瘤病。他们过去关系并不好——在他成长期间，她有吸食海洛因的问题。他曾是个问题少年，他将自己如今的明智和价值归因于学校教育——她的死并没有对他造成多么深远的影响。

保罗认为自己是个干巴巴的人——简单粗暴、郁郁寡欢，有时候还显得粗鲁无礼。他相信对不了解他的人来说，他表现得像是个不懂感情的人，可能还有一点小气。而事实上他并不是这样的，他养了两只猫和两条从庇护所救回来的上了年纪的可卡犬。他运营筹款活动联合会已有三年，也会开车为当地的流动厨房送食材。他把这些行为看作义务而非美德。他相信，只要他的需求得到了满足且他发现自己还有盈余，不管是钱、时间还是必要的资金，他都应该与人分享。分享，而不是全都捐出去。他喜欢好东西，不想变成阿米什人[①]。但对他来说非常重要的一点是，当他见到他的创造者时（他不认为自己信仰宗教，但他确实相信上帝），他能够说自己给的比拿的多。

在为皮尔斯-菲尔普斯公司工作之前，他在银行工作。短短两年之内就从呼叫中心的职员升为分部管理者，但他认为银行的激励机制是不道德的——通

---

① 分布在美国和加拿大的一群基督新教再洗礼派门诺会信徒，以拒绝现代设备、过简朴生活而闻名。

过引导客户购买并非对自己最有利的理财产品而获得奖励——于是他辞职了。青年时期，他在一个看护中心工作过，有一天，他听到上级很猥琐地谈论另一个员工，他自觉有义务向后者转述前者的话。这一处理让大家都很不舒服，于是他被解雇了。从此之后，他得出结论，有时候最好是关心自己的事而不要试图帮上帝做工作。

在感恩节前一天的午休时间，保罗正在看报纸。其中一篇文章介绍了一个叫作"配对捐献者"的网站，需要肾移植的人可以在上面发布信息来描述他们自己和他们的情况，还可以附一张自己的照片。他们希望陌生人看见这些信息后会被感动，进而捐出自己的肾。他在电脑上输入了网站的名字，点进了"搜索病人"栏，输入了"费城"。他看到的第一个病人是盖尔·托马斯。他在屏幕上放大了她的照片，好看到全部细节。她坐在楼梯上，后面似乎是她的客厅。她是一个快七十岁的混血女人。他注视着她，试图在发式与妆容上寻找关于她个性的线索。他仔细地检查她身后的楼梯，想看出有多干净。他几乎立刻感到她就是那个人。他知道自己的血能和她的配型成功，他会捐一个肾给她。不存在反悔的问题：看着她的照片，他觉得自己已经被牵涉其中。这就好像看着一场车祸——如果不帮忙的话，他就会看不起自己。

回家以后，他和他的配偶谈了这件事："亚伦，这是我在报上看到的一位女士，如果没有一颗新肾，她就会死去。我决定把我的肾给她。"亚伦不同意。保罗说，抱歉，但我无论如何都会做这件事。他告诉他妹妹，她半开玩笑地说："要是有一天我需要一个肾怎么办？"他觉得那太自私了。他回答说，她有丈夫和两个孩子可以指望，但这位女士现在快要死了。和他父亲谈这个问题有点麻烦。几年前，他父亲的第二任妻子得了肾病。保罗提出要把肾捐给她，但她和他父亲觉得向一个人索要这么多违背了他们的原则，坚持要等来自死者的肾源，结果她死了。他父亲沉默了一阵，然后对保罗说，希望他不要去做这件事。

但保罗一旦决定捐献，就仿佛感受到了召唤。平常他对医疗程序有些畏惧，这次却轻而易举地完成了所有测试。他几乎每天早晨上班都会迟到，但医院的每次预约他都按时过去。他并不担心疼痛或并发症。在他人生中仅此一次，他感到上帝对他的指引是绝对清晰的。除了测试，还有其他障碍需要克服。做移植手术的外科医生很困惑，他不确定保罗是否愿意做这个手术，于是他们和他见了面，谈了一个多小时，临近谈话结尾，保罗吃惊地看到外科医生哭了。

保罗假定他和盖尔在手术后不会成为朋友，他已经好好想过这个问题了。他们怎么可能有一个健康的关系呢？他推测：对她来说，受惠于他感觉会很糟糕；而对他来说，让她觉得他是个圣人也很糟糕。整件事情会令人毛骨悚然，最好能够避免。但是盖尔却有不同的想法。

盖尔·托马斯是一位退休的歌剧演唱家，在被著名女高音利西亚·阿尔巴纳斯在其大师课堂上发现以后，曾去整个欧洲演出。如果说保罗是个干巴巴的人，她则相反——活泼、健谈、率真而感性。她寻找捐献者大约有一年了。她的家庭成员都与她的血型不一致，而她又不想求助朋友，所以她的女儿就在"配对捐献者"网站上为她注册了。起初发生了几件明显不靠谱的事：一个印度男人写信过来，说他能在当地做所有检查，不过她得先寄给他五千美元；后来有个得克萨斯的女人，看起来挺可靠，很想帮她，他们通信了数月，结果她两米高的儿子由于肝脏肥大需要做移植，之后这个女人就消失了。"就好像有人把你带到了圣坛，突然，新的布景下来了，你说'我以为我要结婚了'。"盖尔说，"我想我们不会再找到另一个人了，有多少人愿意这样做呢？"

就在手术前不久，保罗和盖尔第一次见了面。他们都在医院做检查。保罗将自己描述成一个瘦子，所以盖尔就在候诊室到处寻找，锁定里面最瘦的人后就穿过人群，向对方介绍了自己。对她而言，这次见面棒极了，似乎他们已经认识了一辈子。保罗努力保持着友好,但其实他整个人都晕乎乎的。他不知道如何理解这个就要接受他的肾的生气勃勃的女人,也不清楚应该体会到怎样的感情。他妈妈去世不到一年,而他现在很可能要与另一个生病的老女人纠缠在一起,这意味着什么呢?捐出一个肾,为自己找到一个新妈妈——还有什么比这更扭曲呢?他也担心去见盖尔是一件糟糕的事,这让他感到内疚。接受她的谢意会降低他行为的价值吗?如果他没有见过她,也没有接受这些感谢,他是否会是一个更好的人?他的捐献现在变成一件仅仅是取悦自我的事了吗?他到家的时候,感觉整个人都被掏空了。

手术本身已经把他弄垮了,他非常疲惫。后来,当他坐在医院病床上时,电话铃响了。电话那头的女人在新闻里听说了他的事,对他说,希望他剩下的那颗肾赶快衰竭,好让他死掉。因为她的丈夫就在下一行受赠者中,而保罗却把肾捐给了别人。那之后,保罗让医院将他的电话关掉,但随后有人在费城的报纸上写了一篇关于他的文章,质疑让他来选择受赠者(选择谁活谁死)是否公正。他不能理解——他只是听说附近某个女人病了,然后帮助了她。这怎么就让那些人愤怒了呢?

从医院回家后,他始终感到非常伤心。他承认,从英雄的神坛上下来是困难的。在做手术之前,每个他认识的人都对他另眼相看;医院里也有很多喧嚣的声音,来自当地媒体的关注。他喜欢告诉人们,他就要把一颗肾捐给一个陌生人了,只是为了看一下他们的反应。但现在一切都过去了。更糟的是,盖尔突然不再回他的电话了。她生他的气了吗?他不知道。

为了寻求建议,他开始在一个叫作"在世捐献者在线"的网站上发帖,他发现很多捐献者都需要处理手术后独特的感情。他读到一个女人将自己的肾捐给她妹妹的案例,捐献后肾脏出现了排异反应,她妹妹去世了。那之后,剩下的家人不再和她说话。还有一个人将器官捐给了自己的配偶,然而接受者后来却离开了捐献者,大概是因为感激的重负让婚姻无可挽回地变形了。类似的情形似乎发生过好多次。

　　最终，因为担心，保罗打电话到医院找到了盖尔。她之前病得很重，不想惊扰到他，但现在好些了，她希望保罗留在她的生活中。他依然感到难受，不能确定。她邀请他去参加她儿子的婚礼，他拒绝了很多次，直到最后她非常生气地朝他大吼起来。不知怎的，对保罗来说，一切似乎好了起来。如果她能够对他吼叫，那意味着在她眼里他并不总是完美的，他们可以有一段正常的友谊。她不是他妈妈，他知道这一点，这很好。事实上，盖尔确实或多或少把自己当作是他妈妈。她想要他节假日在家里；她不让他抽烟，追着他去量血压。但无论如何，这个程度还好。

　　看起来保罗·瓦格纳的捐献非常复杂，但事实上，与过去相比，也就是二十年前，这根本不算什么。他的体验是近四十年来医学和道德相互改造的结果，结论就是：过去一度被看作是明显病态的行善者行为现在被认为是健全的，甚至是好的。但只有在回溯的时候，这一转变才显得是可预料的。

　　在肾移植出现的早期，二十世纪六十年代末七十年代初，医生倾向于通过心理分析的透镜来看利他主义捐献者，这样确实很麻烦。有些医生认为利他主义的捐献者是"不能被信任的怪人"。"这些人必定是不正常的，才会做这样的事。"一个移植外科医生说。他们觉得把一个器官捐给陌生人不仅不值得赞赏，甚至是堕落的、违背良心的，这违反了人类的天性。（公众倒是较少质疑——一旦生出想去做这种事的念头，很多人甚至会欣然接纳。）

　　一九六七年，一项关于活着且同受赠者不相干的捐献者的长期研究启动了，目标是帮助移植中心制定关于这些复杂个体的政策。这项研究让捐献者接受个别访谈、梦境分析、墨迹测验与主题统觉测验。报告于一九七一年出版，在捐献者中发现了以下各种病态的证据：原生的受虐狂，针对早期施虐的反向形成，同性恋冲突，怀孕象征，阴茎嫉妒。但是，可以看到，在此捐献者与其他人并没有什么不同，在手术后，每个捐献者都深切地感觉到他的自尊心增强了，一种"毫不后悔做了某种健康而自然的事情"的感觉。（"我做过的唯一的好事，"一位捐献者说，根据研究，这位捐献者患有人格障碍，"我因此变得更好了。"）

另一篇论文里说："捐出这样一个礼物的行为变成了一种卓越的体验，和宗教行为相似。很多捐献者表示，捐出器官是他们一生中做过的最重要、最有意义和最让人满足的事。这增加了他们的自我认识，提高了他们的自我价值感，给了他们完整的信念与献身的感觉，还增加了他们与受赠者、一般人和整个人类联合起来的感觉。"一位研究这个主题的心理学家写道："我们的研究最使人迷惑的地方是存在一个引人注目的对比，自愿捐献者表现自然，相对冷静和镇定，移植团队却感到不舒服。"没有手术后抑郁或生理性不适的报告。然而，这些研究并没有改变什么。

四十年前，即使是作为家庭成员的捐献者都会被警惕地看待。从二十世纪六十年代末开始，两位学者勒妮·福克斯和朱迪思·斯威泽花了几年时间来观察移植中心，发现外科医生和精神科医生几乎是夸张地提炼他们认为隐藏在捐献者接受手术的意愿之下的冲突与矛盾。如果捐献者潜在的动机显得不够健康，他们就会拒绝他。比利·华生（化名），一个十岁大的男孩，为了活下去需要做肾移植手术，他妈妈想把自己的肾捐献给他。但是华生夫人的动机是可接受的还是病态的呢？医生想知道。华生夫人还有另外九个孩子——想要让比利活着的她是否显示出对他不健康的偏爱呢？因为手术会让她暂时不能很好地照顾其他孩子。此外，这是一个心理上健康的家庭吗？华生夫妇的婚姻有多稳定？（经过两个月的争论后，医生们很犹豫地决定，允许华生夫人做出捐献。）

有一个男人想捐肾给他的兄弟，但是他妻子不同意。肾病学家怀疑这个男人的部分动机是为了和他专横的配偶分手，所以拒绝了他。另一个案例来自二十六岁的未婚女子苏珊·汤姆森（化名）。她妈妈说她想救女儿，但移植小组注意到，在接受测试的时候，汤姆森夫人肠胃出了点问题，还伴有心悸。小组认为，在无意识的层面上，她并不真的想放弃自己的肾，所以他们对她说，她不是一个合适的捐献者，并拒绝了她。

医生开始意识到，捐献器官会搅动一系列感情，并伴随着无法预知的后果。捐献很容易将捐献者与接受者绑在一起，有时是因为爱，有时是因为内疚或感激，或是由于一个人的器官存在于另一个人身体里产生的物理上的结合感。这些新纽带的力量可能会削弱其他的纽带，让家庭关系受到玷污和扭曲。比如，有人捐肾给自己的兄弟姐妹，会不会因为他与受赠者变得过于亲密而损害夫妻关系？一位移植医师相信，女人将自己的器官捐给其兄弟后，会感到"对兄弟的完全的控制，就好像她把他阉割了一样"。手术后，他没有回到自己妻子和孩子的家，而是搬进了他姐妹家里恢复身体。另一个人接受了姐姐的捐献后，完全被随之而来的责任感压倒，甚至无法面对他姐姐。还有一个儿子拒绝接受来自母亲的肾脏，他对医生说："她已经够让我痛苦的了。"

当任何感激都显得轻巧，回报毫无可能时，由于接受器官而产生的感激的分量可能是令人恐惧的。福克斯和斯威泽沿着法国人类学家马塞尔·莫斯的思路观察到，礼物有其残暴的一面。"为什么施惠者对受惠者的爱比受惠者对施惠者的爱多呢？"生物伦理学家里昂·卡斯仔细思考了移植的问题，顺便提到了亚里士多德在《尼各马可伦理学》中的一句话："因为施惠者活在受惠者之中，就好比诗人活在诗歌里。"

即使在死尸的案例中，情感也会使移植蒙上阴影。事实上，感激的重负在捐献者已死的情况下可能更重，尤其是像经常出现的那样：如果捐献者还很年轻，死亡很突然又很可怕，捐献者的家人鉴于捐献的力度，有时候会感觉接受者已经变成了他们家的一部分，某个他们可以爱、可以提出要求的人。一个失去儿子的父亲对接受他儿子心脏的女孩的父亲说："我们一直都想要一个小女孩，现在我们有了她，与你们一起分享她。"很多人感到，在某种准万物有灵论的意义上，心爱的死者在接受者身上获得了新生。人们会深深关切发生在死者遗体上的事，哪怕它已经化为灰烬。当死者的身体还剩一颗搏动着的肾脏或跳动着的心脏时，这种关切会变得多么强烈！

这些强烈的原始情绪令移植小组感到不适，随着时间的推移，发展出了匿名移植和独立于家庭移植的条款，情绪卫生的制度也落实到位。人们认为，也许在将来，当移植变得越来越普遍，这些预防措施会不再必要。或许这种对死者器官的依恋会和相信一个人剪下来的头发或指甲可以用来对他施咒一样，看起来很奇怪。或许器官离开拥有者独自活着的想法会不再神秘、诡异、不祥，像是爱伦坡的悬疑小说一样。又或许这一改变会缓解众多家庭对捐献亲人器官的那种不情愿。

对有些人来说——比如伦理学家吉尔伯特·梅兰德——这一前景十分可怕，它是一种渐渐渗透的精神上的麻木不仁。对梅兰德而言，很多人对捐献器官的迟疑（即使在死后）并不是自私或者迷信，而是一种信号，即我们将身体视作某种整体的、人类的、神圣的东西。一个人人都在愉悦的理性的支配下毫不迟疑地在捐献卡片上签上自己名字的社会，对他来说是可怕的。器官的捐献，不管是活人还是死人，都不应该没有苦恼。

目前，肾脏捐献至少在亲人中已经是平常事了，不再有理由质疑。二十五年前，哲学家彼得·辛格被一篇文章感动，那篇文章讲的是一个女人捐出了一颗肾，用于拯救自己的儿子。他觉得这是一种非凡的牺牲，并在他的一本书里引用这个故事作为极端无私的例子。现在，一个母亲捐肾来救自己儿子是很平常的，如果一个母亲拒绝这么做反而更加值得注意。

随着时间的推移，捐献器官给陌生人也变得更加正常。有些捐赠者想要挑选自己的受赠者，其他人则觉得匿名捐献更加公平，也是更加高尚的道德行为，所以让移植中心的人将他们的器官分派给名单上的下一个人。对他们中的一些人而言，挑选受赠者似乎是一种自我中心论——通过选择让谁活着来扮演上帝的角色，通过安排一种与受赠者的关系来激起对方的感恩。但在某种字面意义上，一个无对象的捐赠并非和挑选受赠者一样"利他"，因为并没有一个"他者"。那里没有某个人的故事，仅仅是一个原则，捐献者唯一可见的就是他自己光辉的行为。

这个改变无疑在很大程度上得归功于移植技术的改进，现在捐献肾脏比起过去要更加安全，更少痛苦，肾脏会给予受赠者多年生命的可能性更大。但也许这个改变中至少有一部分是道德预期上的改变。现在，一个人自愿捐献自己的肾脏来挽救陌生人的性命，不再显得那么奇怪。他甚至可能愉快地期待这个行为，将它看作一个道德成就，而不再是那么不可理解和扭曲。

第十一章
请尽快回复

STRANGERS DROWNING

帮助他人没有什么特别之处，他想，这应该和吃饭差不多——只是他在生命过程中做的某件事而已。

根本一彻会不时召集一群自杀者参观受欢迎的自杀地点，它们中有很多是在日本，其中最广为人知的是位于富士山脚下的青木原森林，即树海。二十世纪六十年代松本清张写的两部小说出版之后，这片森林便与自杀联系了起来，一九九三年鹤见涉在他的《自杀完全指南》中将那里描述为完美的死亡之地后，情况更严重了。森林里的树长得很茂密，而且几乎没有动物和鸟，因此有一种不同寻常的宁静。树海很大，大约十四平方公里，尸体可能数月都不会被发现；游客会为尸体拍照，并清理被抛弃的财产。另一个经常被当作目的地的是东寻坊悬崖，那里能俯瞰日本海。去这样一个地方参观与在脑海里想象它是非常不同的，从悬崖顶部看海景可能是很可怕的事。

　　在其他时候，根本这位大和尚会在他的寺庙里为自杀者主持死亡工作坊。他告诉参加者去想象他们已被诊断出得了癌症，只有三个月可活。他引导他们写下在那三个月里想要做的事。然后他让他们想象只有一个月可活，然后一周，然后十分钟。多数人在这个练习的过程中开始哭泣，根本也在其中。

　　一个来参加工作坊的男人已经有好几年对根本说想要去死。他三十八岁，不时住进精神病院。在写作练习期间，他只是坐着擦眼泪。当根本走过来检查的时候，他的纸上一片空白。这个男人解释道，对这些问题的答案他没什么要说的，因为他从没考虑过。他唯一思考的事情就是想去死，从没想过用自己的人生去做些什么。但是，如果他真的没有活过，又怎么会想要死呢？这一洞见最终奇异地令那个男人想通了。他回到了自己的工作岗位，在一个工厂里当机械师。先前，他对人群非常抵触，只能在很有限的范围内发挥自己的能力，但现在他可以与人交流，并得以升迁。

有时候，根本让参与者把白色衣物蒙在脸上，就像日本人对待死尸的常规做法一样，而他会为他们举行葬礼。后来，他让每个人都拿着一支点燃的蜡烛走到庙后的小山上，想象进入了死者的世界。出于某些他并不理解的理由，这个练习更多制造的不是眼泪，而是一种奇怪的兴奋，仿佛那些人正在体验重生。

过去，根本会组织远足，其主要目的是让宅男们——被关在屋里的人，他们中的一些人已有数年不曾离开自己的房间——走出来。（在日本有几十万宅男，多数是年轻人；他们打游戏、上网，一日三餐由父母装在盘子里送进房间。）他组织露营和卡拉OK之夜，开办煲汤课程，熬通宵聊天。但整体上，这些远足都不能令人满意。宅男们有一种病态的恐惧症，而自杀者则精神紊乱，你不能指望他们露面。

根本信任直面死亡，信任全神贯注地去感受身体的运行与脆弱，信任受苦，因为受苦会暴露真正的你。当被问到是否相信快乐的人比痛苦的人更浅薄时，他首先说，没有那样的人，随后他想了一会儿，说他妻子算一个。作为宁静度日的结果，她比较不深刻吗？是的，他说，也许是的。

在日本，自杀并不像在西方那样是一种宗教禁忌，不必认为取走自己的性命是对上帝恩典的拒绝，或者夺取了只属于上帝的权力。按照传统经验，自杀能够免除内疚，取消债务，恢复荣誉，证明忠心。在日本，自杀可能是道德完整性和自由的一种姿态，或者是一种美的行为。作家江藤淳在一九九九年自杀后得到知识分子的赞赏，其行为被说成是对"一流美学"的展示。二〇〇七年，内阁大臣由于财政失当而被调查时，他选择结束自己的生命，东京政府称他为保护自己荣誉的真正武士。很多日本精神科医生认为，如果没有精神失常，一个人有权选择自己的死，他们无权干涉这一最重大也最私人的人类决定。

写给根本的邮件：

2009/10/8

我有阵子没付电话费了，手机服务明天就会被切断，所以请尽快回复我。我们是一对夫妻……现在住在我们的车里。我们过去生活在H区……但因为我们在那里找不到工作，所以到了N区……我们试着在捡易拉罐的同时找工作，但总是因为不是当地人而被拒绝……渐渐地，我们开始想，死了算了。我们尝试用一根带子勒死自己，但因为太痛，最终把带子松开了。我们也试过一次性吃很多感冒药，但一会儿之后我们醒来了，没能死成。即便如此，也不能说我们真的想死。我们确实无论如何都希望找到一份工作，就这样，我们真的还没有决定，我们靠自己也找不到出路。

通常生与死的不同取决于两点钟与四点钟的不同——取决于细微的基础性调整与几乎无法觉察的情境转变。一个离桥比较远的自杀者一旦在过桥时遇到障碍，通常不会再去找另一座桥，他会回家。东京有的地铁站为了制止卧轨，在站台上安装了一种亮蓝色的灯，结果异常有效。几年前，一个预防自杀小组对日本的自杀情况进行了详细的分析,他们相信,制定更精确的预防措施是必要的——要弄清楚谁会自杀,在哪条街道,在哪幢建筑,用什么方法,在一天中的什么时候——好像掌握足够的因素,你就会当场抓住某人一样。家是最常见的自杀场所,接下来是高楼和水池。实施自杀的人最可能选择星期一,接下来是星期日和星期四,早晨的四点到六点之间。自杀的女人更可能在中午到下午两点之间结束自己,而不太可能在下午两点到四点之间。

2008/7/5

请原谅我的粗鲁,这样贸然给您写信。我叫T……我在网上看到您的博客,现在写这封信是希望您能够就我当前的处境给我一些建议。大学毕业以后,为了成为一名律师,我一直在父母的支持下准备律师资格考试。但是,即便已经尝试了六次,我依然没能通过……我被诊断出因压力过大、负荷太重而患上抑郁症,所以正在休假……结果,我剩下的只有学生贷款的债务。

我认识到能力方面的限制,决定放弃成为一名律师,开始找工作。但是,我已经过了三十岁,以前只做过兼职,找一份工作对我而言非常困难。我迷失了,不知道自己想要什么,或者应该往哪个方向前进。我开始变成一个宅男……现在除了每周一次去见心理治疗师,其余时间都不出门。我明白处于这样无可挽救的处境是我的错,我必须自己解决这个问题。但是,我是个柔弱的、不能独立的人,过了三十岁在经济上还依靠父母,我太软弱了,不能靠自己找到出路……最近我开始考虑自杀。目前我对死亡的恐惧还很强烈,没有足够的勇气真正实施自杀。但如果这种情况持续下去,我担心可能会出于某种原因而失控,真的杀了自己。

第十一章 请尽快回复 205

  这就是我的处境，很抱歉乱七八糟地说了这么多。我感到走投无路，似乎什么也做不了……我希望您有时间的话能给我一些建议。我很抱歉，您那么忙还找您帮忙，但请帮帮我吧！

  当根本还是小孩时，他很亲近的一个叔叔自杀了。他上高中时，即二十世纪八十年代后期，他中学时代的朋友也了结了自己的生命。他参加了她的葬礼，看见她的尸体躺在棺材里，嘴巴被缝起来以隐藏往外伸的舌头，因为她是自缢身亡的。很多年以后，他听说另外一个朋友也自杀了，那是高中时代同一个乐队里的女孩。他去了她的葬礼，发现比前者的葬礼更令人不安：这个女孩也是自缢身亡的，但在那之前她已经快把自己饿死了，她的尸体瘦骨嶙峋，令人震惊。

  他还年轻时，常常在酒后和其他学校的孩子打架。高中时，他每天读尼采，他喜欢书里谈到的权力。毕业以后，他在一所大学里上了一些跟哲学相关的课程，并在船上工作，对东京湾的污染进行检测。他对污染不感兴趣，他只是喜欢船。有一阵，他在冲绳担任海上导游。他没有什么长远的计划，只做任何看起来有意思的事情。在二十四岁的时候，他出了一次可怕的摩托车事故，失去意识长达六个小时，并在医院里住了三个月。他开始意识到生命是宝贵的，他却一直在浪费它。他不想通过阅读去弄懂生命的意义，他必须通过体验去了解。

  有一天，他妈妈给他看了报纸上的一则广告：招聘和尚。她指给他看是因为她觉得为招和尚登广告是件非常滑稽的事，但他却产生了好奇心。他对禅已经有点了解，他在高中之后学过空手道，也涉猎过一些基本的修行，比如诵着经在冰瀑布下站一个小时。他的朋友认为做和尚是荒谬的主意，就连他自己对和尚也没有多高的评价，但他还是回应了这则广告。这是一份无须经过任何训练的入门级和尚的工作，负责宠物葬礼以及类似的一些事情。一段时间以后，他觉得这太容易了，他想学更多。那时，快要三十岁的他和实习护士雪子在一起生活，雪子是他在住院期间认识的，后来成了他的妻子，但他还是决定要进入寺院。

他在临济宗寺庙受训，寺庙位于岐阜县草木丛生的山坡上，在东京以西三百公里处。长长的石阶通往山上，止于一道有瓦顶的木头院门。穿过大门是一个倾斜的砾石庭院，较大的石头与矮小的松树点缀其间，还有几栋屋顶覆着拱形瓦的传统建筑。当参训的候选人介绍自己时，他必须伏在地上，并声明自己愿意为了解决生死大事做需要他做的任何事情。根据传统，住持会对他怒目而视，命令他离开。他坚持伏在地上，两天或三天以后才被接纳。

学徒期的和尚过得就像殖民地种植园里的奴隶。他们必须服从命令，绝不能说不。他们睡得很少，通常早上四点就起来了。多数时候，他们只能吃少量米饭，偶尔会有一点咸菜（新鲜蔬菜和肉类是被禁止的）。寺庙里没有暖气，即使山上的气温很低，和尚们依然穿着凉鞋和棉袍。低级别的和尚不允许阅读。

每天都有很多粗活必须完成（煮饭、洗碗、砍树、劈柴、制作扫把），而他们只有很少的时间来做这些事。如果手脚不够麻利的话，高级别的和尚就会冲他叫嚷。很少有人说话——只有敲钟的声音和叫嚷，精神饱满地做好每件事才是正确的选择。早晨醒来，钟声没有响起是不能动的。一旦钟声响起，则必须立即动起来。他大约有四分钟时间（在下一次钟声响起之前）收起自己的床铺，打开窗户，跑去上厕所，用盐水漱口，洗脸，穿上棉袍并跑去禅室。起初，在四分钟内做完所有这些事情非常困难，但他逐渐发明出一些技巧来提升自己的速度。因为他不得已要发明这些技巧，也因为即使有了技巧动作也很难足够快，所以他强烈地感知着他所做的一切。

他总是太慢，总是害怕，也总是受到严密的监察。在冬天，他感到冷，但如果他看起来冷的话，就会被尖声责备。那里不存在孤独。不断的尖叫与奔跑，伴随着慢性的损耗，在他身体里制造出一种低度的恐慌状态，那也是敏锐专注的状态。好像他头脑中的思想、怀疑、批判和解释都关闭了，被服务于身体的更简单的机制所代替。核心思想是要扔掉自我，并通过这样做找到自己是谁。也就是说，一个经过良好训练的和尚活得就好像已经死了一样：不会依赖，不会犹豫不决，不会困惑，意志与行动之间没有障碍。

每年有几次，和尚们要花八天时间长途乞讨；在冬天，他们在雪地里穿着凉鞋行走。行乞的时候，他们会戴着宽沿的圆锥形草帽挡住脸。他们不和任何人说话，即使有人问起，也不能说出自己的名字。当有人给他们食物时，不管给的是什么他们都有义务吃干净。这种被迫的过度饱食可能是训练中让身体最痛苦的部分。每天，和尚要进见老师，谈谈自己思考的公案。进见至多持续几分钟，有时只有几秒。老师偶尔会做出评论，而通常的情况是什么也不说。公案是肉体残酷训练的精神版本：顽固、令人沮丧、无法吸收，意在对和尚当头棒喝，令其猛然开悟。

一月份，和尚们会进行一周的隐居，在那期间他们不可以躺下或睡觉。在一次隐居期间，根本作为厨师，必须为隐居者准备特殊的咸菜，因此，在隐居开始之前他就已经有一周没有睡觉了，被住持使劲地驱赶着做事情。到隐居的第三天，他累到几乎站不住，但他必须搬动一只很重的装满米的罐子。他拼命拖着米罐，想着我再也搬不动了，我现在就要死了。就在他快要崩溃的瞬间，他感觉一股巨大的能量涌出，仿佛周围的一切都在歌唱，而他能做任何他要做的事情。他也感到，片刻之前那个处于崩溃边缘的、直到此时此刻过着他人生的人，并不是真正的他。那天晚上，他进见了老师，汇报了心得，老师第一次接受了他的答案。这一经验让他相信，痛苦可以制造洞见，只有在痛苦变得不可忍受的那一点，转变才会发生。

现在日本的和尚很少了，根本所在的那种训练极其艰苦的寺庙只有七座。每年都有新和尚来参加训练，也有很多人离开。这年一共来了五个，最后有四个走了。根本信奉的临济宗关注的是个体的觉醒，当和尚带着在世间做功的意愿离开时，禅师会感到失望。

几年前，一个叫R的女人通过根本的网站联系到他，并和他有过几次线下的见面。

2008/1/17

事实上R昨天差点死了LOL（大笑的表情）。我从第一次想要服药自尽到现在已经很久了。但是不管我服了多少次药，我都没能死成，你知道的，如果你还意识清醒的话，洗胃真是超级难受。如果好好服药直到失去意识，可能会有作用，但是要吃几百片药真是太难了LOL……如果很容易就能死，想必我已经死了！现在，R有一个很可靠的朋友，你知道的，所以我哭了两个小时才渐渐冷静下来。但是这对于那个倾听的人也是很难的，对吧？我对他感到同情。我想，总有一天你会厌烦R的，这样一来，我甚至更想死了，或者不，LOL。这很难。但生活就是艰难的。这就是我的结论。好吧，我要去洗澡了！

到了某一时刻，R和丈夫离了婚，搬去和父亲自杀以后就变成了宅男的男朋友住在一起。她把男朋友写的一篇短文寄给了根本，论证说，宅男和和尚在根本上是一样的：

很久以前，成为和尚被看作是一种生活方式，我认为有相当多的和尚是一些在社会中生活有障碍的人——用今天的话来说，他们有点抑郁或者神经质……基本原则就是离开家庭和朋友，抛弃所有，宣布与这个世界脱离关系……旧社会接受了这些和尚，尽管他们被看作是完全没用的人。更准确地说，他们得到有尊严的对待，人们通过施舍供养他们……在极少数情况下，有的人获得了所谓的"觉悟"，可以四处传播自己的教义，而这可能会帮到那些在社会中生活有障碍的人。换句话说，在一定的情况下，和尚可能对社会有用，我认为这正是社会支持他们的原因……我认为和尚和宅男是很相似的。首先，他们都不适应这个社会——和尚在山上与世隔绝，而宅男在自己的屋里与世隔绝。他们都独自面对自己问题的根源……但是不再有人将此视为一种生活方式，这就是为什么宅男要躲在自己的屋里……但宅男是很重要的存在。宅男不能被社会治愈，相反，有问题的是社会，宅男或许可以解决这些问题。

在寺院待了四年以后，根本想要重新走入这个世界，但他不确定自己要做什么，所以搬回了东京，在一间快餐店工作。吃了四年的米饭和咸菜后，他发现卖汉堡是个有吸引力的主意。他足够确定，与他的训练相比，这份工作简直太容易了，他整天都觉得很开心。人们跟他打招呼，对他说他干得很棒，问他回来是否还适应，是不是太热了，需要水吗。真是不可思议！他快乐的举动很快开始吸引大家的关注。没人能理解他卖汉堡有什么高兴的，餐厅里的其他人都是一脸苦相。

人们询问他的秘诀是什么，他就给他们讲了寺庙的事。人们开始向他倾诉自己的苦恼——有的是关于他们如何考虑自杀的事——他发现自己有一种能改变不快乐者思维方式的本领。不久以后，他一个老师的儿子联系到他，问他在餐厅里做什么——他们的宗派需要能够去寺庙里做住持的僧人。在岐阜的关市小镇有一座庙宇，在东京以西大约两百六十公里处，如果找不到住持，那里就会关闭。根本同意前往。

关市都是一些低矮的混凝土公寓街区，以及传统样式的斜屋顶、铺拱形瓦片的两层小楼，那里四面环山，山体被矮小茂盛的竹林覆盖着。寺庙在镇子外面，也是传统样式，被稻田环绕着，有一侧是墓地。寺庙里有一座禅室，里面摆放着教区的纪念牌位，每个牌位旁都有一个名册，上面写着家族祖先的名字，其中一些可以追溯到十七世纪。朝向外面的房间都是推拉门，木格上糊着纸；地板上铺着榻榻米。

根本想象中的乡村住持的生活是很安静的，但事实上工作却多到他无暇顾及自己。他为教区的所有家庭主持葬礼，然后就是二周忌、三周忌、四周忌等。他也在寺庙的田里种植和收获大米，并将其中一些分给教区居民。

至少没有苦修了。和尚一旦离开寺庙，变成僧人，寺庙的限制就解除了。他们喝酒、吸烟、结婚。从习俗比较严格的国家过来的佛教徒会被日本僧人的生活习惯震惊，但根本并不认为应该和普通人保持距离。（另一个宗派净土宗的一个分支走得更远——他们的僧人甚至都不剃头。这是一种谦卑的姿态：净土宗的僧人认为他们和其他人一样，是傻瓜而已。）根本在主持葬礼时会穿上袍子，上了年纪的人会因为看到僧人穿着传统服饰而感到安慰。但在离开寺庙时，他会穿上自己喜欢的宽松的牛仔裤和旧靴子，剃过的头上包一块方头巾。这不仅仅关系到礼节的简化：在日本，佛教和葬礼以独特的方式联系在一起，以至于穿着袍子的僧人看起来就像是死亡信使。

2010/4/22

亲爱的大善寺住持：

近来我的生活真的没有多少改变（因为我丈夫自杀了），但我依然想继续活下去。我想随便聊聊我正在想的一些事。说来话长，请您原谅。我母亲是个很虔诚的人，每日早晚，她都会合掌跪在佛龛前念诵佛经。我父亲喜欢喝米酒，从我记事起就很暴力。我长大了，看到母亲数十年来承受痛苦，却从不抱怨。她辛苦工作，一心一意地祈祷我们家庭幸福，全心全意照顾我父亲，直到他去世。我非常不理解我母亲，我能想到的就是她的所作所为令人感动。我一直都恨我父亲……

我父亲去世后，母亲的身体状况每况愈下。她最终从我父亲的麻烦中解放了出来，但我却开始给她制造麻烦。我的婚姻走到了尽头，生活中的一切都不如意，年纪越大，失去的生活意义就越多。我只想死。我心情糟糕，开始很粗暴地对母亲说话……后来她得了肺炎，过世了。我很绝望。我感到被强烈的后悔碾压，无法原谅自己，我痛苦极了，无法再忍受下去。我尝试自杀。

我母亲因为我酗酒的父亲经历了数十载的折磨，而我在父亲死后继续给她罪受。她一生中从没有得到过回报。为什么奉献了自己身体和生命的如此虔诚的人最终却度过了满是折磨的一生？我知道我给她的只是折磨，这是我的错，然而我控制不了自己。想到她时，我感到愤怒，怀疑上帝或者佛祖根本就不存在，不明白这样的好人怎么能毫无回报。我想，假如有德行的生活不能换来幸福，我也就不再关心任何事了。我妈妈在恢复意识后说的最后一句话是："我心怀感激。"

我孑然一身。我知道这是可悲的，因为我再过几年就五十了。我的工作是临时雇员，现在还能够负担自己的生活，但我不知道将来会发生什么。我完全不知道要怎么活下去。我觉得焦虑极了，每天都对着妈妈的照片说话。每天早上起来，我都因为自己还活着而感到很失望。我死后去不了妈妈在的地方。这就是我所想的。不过，在我想死的时候，我仍然想找到一条活下去的路。今年年初以来，我一直在找工作。到了这个年纪，除了办公室工作，我什么都不会做。我得到的所有回复都是拒绝，这很正常。所以最终，我很想逃避。我不知道自己在做什么，甚至不知道我是想活着还是死去。我可能会再找一份工作来掩饰我想死的事实……夜里我会想到未来，想到我的母亲，除了哭泣别无办法。

找人谈想死的事是很难的，你交谈的对象多数都不能处理这个问题，这太让人困扰了。如果你打自杀热线的话，那个人倒是可以处理这个问题，但他是对你一无所知的陌生人。在日本，谈话疗法应用得不多，你要是去看心理医生，他通常会看你几分钟，然后给你一张处方。根本想帮助有自杀想法的人毫不尴尬地相互讨论，所以建立了一个自杀网站。最开始这个网站叫作"给那些想自杀的人"，但随后有人建议说，这会让它变成寻找陌生人帮助自己自杀的网站——那在日本已经非常普遍——所以他将名字改为"给那些不想死的人"。人们在网站上相互交流，也写信给他。

他回应每一个人。每封邮件他都回，并且当他回信时，常常会在数分钟内收到回复，他也会回应这些回复。不管白天黑夜，每个电话他都接；很多电话在夜里打来。人们打来电话，想和他说话却不知道该说什么；他们不知道如何描述发生在自己身上的事情。电话里数小时的谈话可能传达的是不可言喻、急切却又深不见底的焦虑；在挂掉电话后，这焦虑会感染到他，久久不散。他尝试练习他设想的禅之聆听——让语言和感情流过他，填满他的脑海，这样他就没了做出反应的空间。为了帮助他人，他必须感觉到他们感觉到的东西——他必须去感受，他不是提建议的人，而是一起经历痛苦的人，就像他们一样，试着去了解生活——但这对他的影响越来越大，就好像他们的焦虑变成了他的焦虑。他试着通过打坐来涤除这些感情，但并不能完全做到。

他一直都想着这些自杀者。怎么才能帮助他们呢？他能做什么呢？他睡眠不足，他很累，但是他过去在寺庙的训练也很累，他相信这是训练的延续。三年之后，他意识到自己快要崩溃了，开始考虑养生的方式。他又练起了空手道，打坐更多了，念经的时间也更长了。然而，一直有新的人请求他的帮助，以前的人也一直打电话来，但很少有案例得到解决；他感到对越来越多的人负有责任，而这些人向他索求的也越来越多。

二〇〇九年秋天，他开始感觉胸闷。他感到脖子发紧，呼吸的时候更为严重。几个月以后，情况变得很糟糕，他去了医院，被确诊为心绞痛。五条动脉被堵塞了。他的医生对他说，他可能随时会死于心脏病。随后的两年，他做了四次血管成形手术。在此期间，他父亲也有了自杀倾向。十年前，他父亲因为一次严重的中风偏瘫了。在根本住院期间，他父亲失去了活下去的意志，在几个月以后死于心脏衰竭。

一直以来，电子邮件和电话从没有断过，但有很长一段时间，根本因为生病而无法回复。起初，他没有说自己为什么变得沉默，但几周以后，他觉得必须做出解释。他在医院里给通信者写了一封信，告诉他们，他病了。他检查回信，看他们如何回应他的通告，他震惊了。他们并不关心他的身体，他们说，他们也病了，他们很痛苦，他必须照料他们。他躺在医院里，哭了一个星期。七年来，他牺牲了自己，把自己逼到了崩溃的边缘，差点就死了，只为了帮助这些人，然而他们一点都不在乎他。有什么用呢？他知道，一个想要自杀的人很难理解别人的问题，但是毕竟——他和他们中的很多人聊了很多年，而现在他就要死了，却没有人在乎。

有很长一段时间，他的思想非常阴暗和焦虑，以至于无法整理出自己的思路，但慢慢地，阴暗消退，留下一种强烈的感觉，即无论如何他都想做这份工作。他意识到，即使和他说话的人对他一点感觉都没有，他依然想从他们那里得到些什么。在成功地分析出卡住某人的某个问题时，他感到一种智力上的激动。他想知道平常人不知道的真理，似乎从人们经受的痛苦中可以找到。还存在着某种更难被定义的东西——一种精神上的兴奋，当这种兴奋产生时，对他而言就好像两个灵魂发生了撞击。如果这就是他的追求，他就不能将自己的工作看作某种道德义务或者有多么重大的意义。帮助他人没有什么特别之处，他想，这应该和吃饭差不多——只是他在生命过程中做的某件事而已。

得出这个结论后，他上线访问这个网站，看到了一些支持的信息，他上次访问时，因为太过震惊，忽略了这些信息。那对他是一种安慰，但他依然需要做些改变。很明显，他有些事情做错了。他思考了所有的邮件和来电，以及那些对话是如何年复一年没有任何进展地循环发生的；他也思考了把自己卷入从没见过的陌生人的可怕情感是多么奇怪和令人迷惑的事。

从那时起，他决定只和人面对面交流。如果人们需要他的建议，必须先到他的寺庙中来。这对有些人来说是困难的，他的寺庙地处偏远，离最近的城市名古屋很远，离当地的火车站也相当远，而他之前一直和来自全日本的人聊天。来见他需要花很大一笔钱，但这就是关键——如果他们渴望帮助的迫切程度还不足以让他们来寺庙找他，他就不大可能帮得到他们。

这个新策略大大减少了来找他寻求帮助的人的数量，而且寻求帮助者也确实发生了某种改变。是因为面对面的交流，还是他给了他们更长、更集中的时间？他不确定。但是在会面以后，他常常感到他和他们都找到了某种解决方案。这也意味着，他的人生不再充满焦虑，不用再担心和他对谈或通信的某个人会在那周的某一时刻杀死自己。随着时间的推移，他发明了一些别的技巧。他开始在倾听的同时做笔记，这能让他与求助者的绝望保持一定的距离，也让他注意到他们之前说过的一些事，提醒他们过去的快乐，帮助他们在这一点和下一点之间建构出一个故事，而不是无穷无尽的循环，这给了他们一个从远处看待自己遭遇的视角。

有一次，一个人走了五个小时来到根本的寺庙。对这个人而言，这次步行是英雄般的旅程，因为他一直是以宅男的方式生活的，而现在他突然来到外面的阳光下，出着汗，感受到自己身体的移动。在行走的过程中，他考虑着自己要说些什么。他已经很长时间没有真的和人说过话了，而现在他将要对一个陌生人说出他最私密的感受。他流着汗边走边想，五个小时后终于到达寺庙时，他发现自己已经想通了，不再需要根本的帮忙，于是转身走上了回家的路。

第十二章
陌生人的孩子

STRANGERS DROWNING

家就是这样的地方,当你不得不去那里时,他们必须得接纳你……我本应称它为在某种意义上你不配拥有的东西。

——罗伯特·弗罗斯特,《雇工之死》

第十二章　陌生人的孩子

苏·霍格十二岁时读到一本书，叫《没人想要的家庭》，讲的是二十世纪三十年代的一对夫妇，他们尽管没有足够的房间和钱，却收养了十一个来自不同民族的小孩。对苏来说，成为这样一个家庭的一分子似乎很棒，所以她请求爸爸妈妈也收养小孩。这多令人兴奋啊，她想，把那些被抛弃到冰冷机构的孩子带回家，和他们一起玩，爱他们，让他们幸福！他们家只有四个孩子，当然还有房间给更多孩子。她父母拒绝了这个提议，但是苏一直想着那本书。十五岁的时候她遇到了她未来的丈夫赫克托·巴多，十八岁时她和赫克托已经在计划他们的家庭：他们会生两个孩子，并收养两个。大学毕业四年也即结婚四年以后，他们已经有了两个孩子，并收养了两个，他们觉得自己的家庭完整了。

但在这个世界上不止这两个孩子需要父母。有很多孩子，因为年龄太大或太暴力、有太严重的创伤、不能行走、濒临死亡、肤色、有太多兄弟姐妹等问题，永远不可能被收养。当赫克托和苏想到这些没有父母、生活得无比艰难的孩子会变成什么样时，他们感到无法忍受。于是，到了苏二十八岁而赫克托三十岁时，除了两个自己的孩子，他们一共收养了七个孩子，到第二年快结束时，这个数字变成了十四个。从他们收养最后一个即第二十二个孩子往回倒十一年，他们还在高中想象有四个孩子的家庭，而现在这已经是很遥远的记忆了，某些更疯狂、更具爆发性、更令人兴奋、更难以抵抗也更复杂的事情发生了。

在那些年里，可怕与痛苦的事情不可避免地发生着。他们有三个孩子死了，两个进了监狱，还得面对子女们的青少年怀孕、离婚等问题。但他们也举办生日派对、婚礼和毕业典礼，他们有了孙子和重孙子，其中多数依然比邻而居，彼此之间或与父母之间只隔几个街区，他们出入彼此的家，照看彼此的孩子。每逢复活节、独立日、感恩节、圣诞节和新年，孩子们、孙子们和重孙子们就与苏和赫克托聚在那所他们尽管买不起却依然住在里面的大房子里一起吃饭。他们虽然失去了一些孩子——三个去世了，两个进了监狱——但大多数人还在，过去发生的一切让他们成了一个真正的家庭。

二十二个孩子对赫克托而言并不像对大多数人那样显得很奇怪，因为他就来自一个有十六个孩子的家庭。他母亲德尔维纳出生于魁北克圣塞西尔的一个农场，只上到八年级；他父亲费洛拉姆则九岁就离开了蒙特利尔的学校去当了伐木工人。费洛拉姆和德尔维纳都不会说英语，但他们还是在结婚以后搬到了佛蒙特州找工作。最终费洛拉姆在采石场找到了一份石雕工的工作。他们的十六个孩子里有十五个活了下来——第五个孩子在三岁的时候从楼梯上摔下来死了。赫克托是第十二个孩子，生于一九五六年。他们很穷，费洛拉姆挣得最多的时候是在他工作生涯的最后阶段，每周一百美元。六个较小的男孩子只能挤在一张床上。

德尔维纳每天都读《圣经》，孩子们每个礼拜日都去教堂，读《玫瑰经》，祈求神的宽恕。几年后，丈夫去世，孩子们也都长大了，德尔维纳便开始将无家可归的人带回家，从丈夫的社保金中拿出钱来给他们买吃的。她就是那样的人，但费洛拉姆在世时，是他主管一切。他是一个严厉的父亲，既严格又缺乏爱心。年轻时他曾为了钱而打拳击，还曾命令孩子们相互对打，但赫克托很讨厌这样。他不允许孩子们带自己的朋友回家，也不允许他们与人约会或去参加学校舞会。

费洛拉姆酗酒很厉害，经常整周都在喝酒。他回家的时候若是心情好就会拉小提琴，若是心情不好则会拿着马鞭或者电线打孩子。他也会打德尔维纳。赫克托十二岁的时候开始讨厌父亲，决心自己长大后要成为一个花时间陪孩子并常说爱他们的父亲。

巴多家的男孩们打曲棍球是出了名的，赫克托是其中最棒的一个，他是创纪录的进球球员，斯波尔丁高中的明星，总是登上当地的报纸。他有一头卷发，在高中时任其生长为膨大的七十年代非洲风发型，还留了小胡子与之搭配。教练想让他参加俱乐部联合会的选拔，就在那时他遇见了苏。

赫克托在一九七三年的秋天注意到了苏，当时他正在打曲棍球。她很娇小，甚至不到一米五，虽然她已经是大二的学生。用他们镇上的标准来看，苏是富裕家庭的孩子。她是后来进了大学才发现她家一点都不富裕——事实上，只能勉强称为中产阶级。但是在佛蒙特的巴里，她的家庭看起来处境优渥。她的父母都上过大学，父亲是州高速公路部门的工程师，母亲是一名牙科护士。她父母在主日学校授课，是那种被称为教堂台柱的人，虽然他们并不怎么谈论上帝。他们指挥着布朗宁蛋糕小组和女童军，还给少年棒球联合会当教练。他们有四个孩子，苏是最年长的一个，他们的房子装潢得很漂亮而且异常干净。

苏在青春期长得圆圆胖胖的，有一股书呆子气，但那个时候她已经长大了，变得很漂亮。她被封为巴里少女，在州选美比赛中夺得了亚军。后来学校的明星运动员以及将来的舞会国王赫克托·巴多邀请她出去约会，并成了她的男朋友。她写了一首关于这次惊人事件的诗歌——《曲棍球运动员》。除了是一个曲棍球明星之外，赫克托并没有多少亲密的朋友，他之前也从没有正式的女朋友，但是他发现他和苏很谈得来。她来自他很向往的那种家庭：他看见她父亲对她母亲很好，并能表现出自己对孩子的爱。六个月以后，他知道苏就是最适合他的女孩了。

苏总会和父母一起去教堂，但遇到赫克托的那段时间她开始在更严格的意义上接受宗教，那时她的芭蕾舞老师开始邀请她参加一个《圣经》学习班。对赫克托而言，上帝是某个你与之讨价还价的人：如果他给你想要的东西，你就服从他的规则；上帝只在周末和节假日存在，在一周中的其他时间不存在。但是他和苏都开始相信，耶稣的教导要求他们支援受压迫的人，关心最少数，寻求公正。

在赫克托的兄弟姐妹中，只有姐姐艾琳上过四年大学，后来她成了一名护士。他的一个哥哥在卖车，两个在采石场工作，有一个帮卡伯特牛奶厂做运输和销售，有一个是邮递员，还有两三个整天就知道喝酒，靠社会救济金度日。但是苏要去史密斯学院主修儿童成长，于是她劝赫克托也去上四年大学。他去了新英格兰学院——他称之为"不完全学院"[1]——很多时间都花在穿着袍子喝酒上，但他去史密斯学院看苏的时候表现还是挺好的，于是他们在那年订婚了。赫克托想着，苏的父母可能会感到不安，因为她和来自工人阶级的他而不是和从阿默斯特或哈佛毕业的某人结了婚，但是他们已经习惯他了。于是在一九七九年的夏天，他和苏大学刚毕业就结了婚。

他们做的第一件事就是贷款买了北安普敦的一个基督教书店，苏上大学的时候在那里工作过。他们想，有自己的生意可以让他们有时间照顾小孩。马萨诸塞州当时取消了对精神病人的公共机构服务，有大量无家可归者四处游荡。很多书店都在门口放了"不准滞留"的标志防止他们进来，但是苏和赫克托决定在书店后面留出一间屋子给无家可归者。他们拿出一个烟灰缸和一壶整日供应的咖啡。有时他们会带人回家，睡在他们的沙发上。他们和那些无家可归者

---

[1] 新英格兰学院（New England College）和"不完全学院"（Not Exactly College）首字母相同。

聊天，发现他们中的很多人都没有家庭，他们就想，如果他们没有家庭的话也会无家可归。

他们本计划过些年再要孩子，先花时间把学校和书店的贷款还完，但是苏在婚礼后几个月就怀了孕。他们的女儿切尔西出生于一九八〇年的夏天。几周后，两个大学生来参观他们的教堂，谈到他们曾经利用暑假为特蕾莎修女工作。对苏和赫克托而言，这似乎是来自上帝的暗示。他们那时候计划着要收养一个——就像赫克托说的——"最需要但最不可能得到一个家"的孩子。那么，谁能比贫困的加尔各答孤儿更需要一个家呢？

  赫克托：苏和我，不管怎样，我们——
  苏：行动了起来。
  赫克托：只是想到了这个主意，就要去做。这似乎是命中注定要做的事，所以我们第二天就打了代理的电话。
  苏：我们甚至没打电话，直接走进去了。走进了领养机构！

他们在领养机构对社工说，他们想要领养一个印度的孩子。社工看着苏怀里的小婴儿，问他们为什么想这样做，但她并没有嘲笑他们或者赶他们走。

领养的过程比他们想的要复杂。社工对他们说，印度对外国领养者有一个临时的禁令，但他们那里有两个孩子来自前年发生内战的萨尔瓦多——分别是两岁和三岁——很需要家庭。他们会收养其中一个吗？苏和赫克托从没想过要收养大一些的孩子，但是他们讨论以后为此做了祷告，对社工说可以。他们收养了一个男孩，名叫约瑟。他来的时候状态不佳：看到桥或者狗时，他会哭得很厉害；他夜里常常呜咽并在惊叫中醒来；苏或者赫克托必须一直在他的视线范围内。但渐渐地，他变得镇静起来。

在约瑟到来六个月以后，苏发现她又怀孕了。她吓坏了，离开医生的办公室之后，她哭了起来。有两个孩子的生活是好的，但她不能对付三个，她很确定这点；她会疯的。但现在她没有选择。更糟的是经济也变得紧张起来：书店的销售业绩很差。赫克托找到了一份在快餐店做厨师的工作，随后又开始在工厂的流水线上早班。但怀孕最初的震惊退减以后，苏忘记了她害怕有三个孩子，而赫克托也不为此担心。于是，在预产期前不久，领养机构打电话来问他们是不是还想领养印度小孩时，他们的回答是肯定的。他们还签约加入了收养家庭，开始将青少年带回自己家。印度孩子拉吉到了：他是早产儿，有轻度的脑瘫；他来的时候有四个月大，三公斤重。

一开始，苏和赫克托会一起回家或去书店工作。在以撒出生以后，苏决定试着做一个全职妈妈，和四个孩子一起留在家里。她并不喜欢这样。在真正的危难时刻，苏是冷静的，但是当面对更小的家务上的挑战，比如尿布或头虱时，她的自控力会瞬间瓦解。

赫克托：我有两份工作。我必须去工作，然后回到家里再做她的工作。苏从来没有真正的热情——

苏：我喜欢烘焙面包或别的什么。

赫克托：在洗衣服和洗厕所这些事上。

苏：我只是意识到，那并不是最好地发挥我们各自能力的领域。

几个月以后，一切变得清楚起来，她不再做这样的尝试了。她和赫克托达成了一个约定，从那时起，她处理所有的文书工作，而他会换所有的尿布。年复一年，很清楚的是，在史密斯学院拿到学位的苏凭借她在管理和公共演讲方面的天赋，更适合在外面挣钱；而不介意尿布和讨厌老板的赫克托，更适合待在家里。她看着她妈妈的生活，他看着他爸爸的生活，然后他们都做了与之相反的事情。

苏：他喜欢四处走动，而我不喜欢。

那段时间，他们的经济状况越来越差，除了搬家别无选择。要在打几份工的情形下同时收养孩子似乎是不可能的，但是他们意识到通过运作一个团体之家就能够将这两者结合起来。他们在一个团体之家找到了工作，照料六个失足青少年，卖掉了书店，搬回了佛蒙特。

苏：那儿的孩子有十六岁的、十七岁的、十八岁的，而我们也才二十出头。

赫克托：一开始这挺吓人的，我们不知道这个孩子会如何回应。苏比我还害怕。

苏：我不怕！

赫克托：不管什么时候我要出去，都有几个孩子在屋子里。苏会说，你要出去多久？你最好别出去太久。

一旦习惯了这一切，他们就开始喜欢被孩子们围绕着。但团体之家令人沮丧，在他们运营团体之家的两年中，有二十三个男孩在那儿待过——那些平均有十一年都待在收养中心的男孩子，有的到十五岁时已经在超过二十五个家庭里待过。苏和赫克托知道，他们中的多数人从没有过一个真正的家庭，可能有些人最终会无家可归。他们对此想得越多，越觉得收养中心是一个糟糕的地方。孩子们需要永久的家庭。如果一个孩子整个童年都在经历被一个又一个家庭踢出来，对他而言，不存在多少希望。

他们认为应该尝试让更多人来参与领养，于是决定用教堂募集来的资金创办一个代理处。他们将其命名为"根之翼",因为孩子既需要根,也需要翅膀。他们搬到了位于卡伯特的房子里,和他们一起的还有他们离开团体之家时无人收养的五个男孩。房子很便宜,只有一个壁炉,但是足够大,大一点的孩子都有自己的房间,他们还有两公顷的土地可以在上面玩。为了挣钱,赫克托拆除了旧牲口棚和粮仓,把木头卖给了回收公司,卖不掉的则留着用来取暖。

就在这个节骨眼上,他们开始背离最早制定的生两个孩子然后再收养两个孩子的计划。在一次去参加收养会议的旅途中,苏和赫克托与一个领养了十二个孩子的家庭一起吃了顿饭,他们领养的孩子包括两个家庭的兄弟姐妹,他们觉得那些孩子既安全也受到珍爱。随后,和三个兄弟、五个男孩生活在一起的切尔西开始想要一个妹妹。苏认为他们有四个孩子已经足够了,但赫克托并不那么认为。这就是为什么当还在学步的以撒由于几乎致命的脊膜炎住院恢复期间,他们领养了佛罗里达州来的八个月大的黑人女孩。那女孩早产,患有胎儿醇中毒,出生的时候只有一公斤重,他们叫她乔尔。他们也决定苏去做输卵管结扎。有些瞬间他们想再要一个亲生的孩子,但是领养是他们的使命,如果他们再添一个自己的孩子,他们的使命就得为之妥协。

在有了四个小孩、一个婴儿、三个收养的男孩后,苏和赫克托决定给自己放一个假。他们负担不起住旅馆和在餐厅吃饭,所以驾驶着一辆野营车用五个星期穿越了全国。他们吃花生酱黄油果冻三明治,喝果汁,一晚上花两美元在州立公园和国家公园露营。他们参观了黄石公园、约塞米蒂国家公园、科罗拉多大峡谷、大盐湖沙漠和彻罗基泪水之路。

他们的目的地是在阿尔伯克基召开的另一个领养会议。在那里,他们听说了那些孤儿群体的可怕命运:那些因为人数太多永远不会被领养的孩子,以及那些因为被分给不同的收养者和家庭而无法再相见的孩子。会议结束后,苏和赫克托确定他们必须做点什么。不久以后,苏在翻阅《洛尼诺》——一份来自新墨西哥的领养时事通讯时，她看到来自同一个家庭的两个男孩和两个女孩的照片，有什么东西感染了她。另外一组有六个青少年的照片也吸引了她，但她已经有了自己的和团体之家的几个孩子，再要六个实在是太多了。这四个年轻点的孩子似乎很合适：亚伯十岁，苏安九岁，乔治八岁，弗洛里六岁。

赫克托：很难解释，就像瞬间产生的爱。

苏：就好像他们已经是我们的孩子，但不知什么原因他们没有和我们在一起，而我们必须要带回他们。

每次他们领养一个孩子，都感到对他崭新的爱。有时他们觉得，爱甚至在遇到孩子之前就已经开始了，甚至在他们看到他的照片之前。就好像你得知自己怀孕时会有的一种感觉，苏说，你不认识那个孩子，你看不见也感觉不到他，他几乎还不存在，但你爱他。

这四个孩子总是搬来搬去。他们曾经生活在一个团体之家，但是团体之家会将男孩和女孩分开，姐妹和兄弟之间很少能看见彼此，也就不能确定另外两个是不是还在那里生活。女孩们也被分开，因为弗洛里要睡在婴儿室。夜里，苏安会跑到婴儿室，藏到弗洛里的婴儿床下，以确保没有人会在她睡着后把妹妹带走。她希望亚伯也能用一样的方式看着乔治，但她也不知道。在这个团体之家中，四五个小孩共用一个房间，睡在上下铺。工人是轮班的：一个人关灯，另一个人叫大家起床；一个人告诉你到吃饭的时间了，另一个人告诉大家工作的时间。

后来他们从团体之家出来，被安置到收养家庭，五年里换了四个家。他们不知道为什么要一直搬来搬去——是因为他们不好，还是因为养四个孩子太难了，或者因为事情本来就是这样。有的收养人会打他们，有的对待他们不像对待自己的孩子一样。他们的最后一个收养人真的很爱他们，但是却无法负担领养他们,所以他们知道不能留在那儿了。

> 弗洛里:总是有人试着领养我们,但法院不让。我不知道为什么。
> 苏安:我不认为他们真的想要采取行动。
> 弗洛里:可能吧。
> 苏安:真的。

他们不确定为什么会从妈妈身边被带走,他们听过很多说法,但不知道哪一种是真的。最年长的亚伯记得有一阵子他们和妈妈住在一辆车里。有个社工对苏安说,有天校车来接孩子们去上学的时候,乔治穿着尿不湿正在外面玩泥巴,门大开着。六岁的亚伯在里面试着点燃火炉做东西吃,弗洛里穿着脏兮兮的尿不湿在婴儿床上饿得直哭,苏安则在四周晃荡。他们都很脏,视野范围内又没有成年人,所以警察就来将他们带走了。

政府通知他们的妈妈有六个月的时间把孩子领回去,随后延期了六个月,又六个月,但她没怎么念过书,不知道该怎么填写那些表格,以及怎么去参加庭审;或许她甚至不能识读政府寄来的通知她孩子在哪儿以及被谁照顾着的信;又或许她本可以做这些事,但就是不想把孩子领回去。有好几次,孩子们被带到麦当劳去和她会面,但之后会面就停止了。

孩子们不确定他们一共有三个还是四个爸爸。亚伯的爸爸不会说英语,很早就走了。苏安的爸爸倒是会说英语,但他不在身边。弗洛里的爸爸在他们被带走的那段时间和他们的妈妈一起生活,但当时他回墨西哥看望家人,所以不知道后来发生了什么,他回来以后就和他们的妈妈分了手,弗洛里再也没有见过他。

当孩子们第一次见到苏和赫克托时,他们了解到两个事实:这两个人想要他们四个,而且想要领养他们,这意味着他们不会再搬家了。苏和赫克托看起来人很好,但亚伯和苏安保持着防御状态:他们过去遇到过很多起初看起来很好的人,但结果并不是。他们在阿尔伯克基的一家旅馆里见了面,然后去旅馆的泳池游泳,乔治在泳池里吐了,苏安也吐了,但除此之外那是很美好的一天。等他们到达佛蒙特时已经是隆冬,非常冷,他们有生以来第一次看见了雪和山。

当然,这些新来的孩子也带来了一些困难。尤其是一开始,事事都是挑战。要多久孩子才会觉得她和赫克托是他们的父母呢?怎么才能让他们觉得这是他们的家,而不仅仅是以前待几个月就被赶出去的收养家庭?他们和其他孩子相处得好吗?这些情感问题是最复杂的部分,但是还有后勤和管理方面的问题:她应该安排哪些特殊待遇呢?孩子需要心理咨询吗?物理治疗和学业辅导呢?事情变糟的风险总是存在,这一风险推动和激励着她,她心中涌起一股从没有过的能量,因为没有什么事情比这更难,而这是她所擅长的。

> 苏:这几乎就像是高峰体验。在那段时间,了解他们,面对各种挑战,比如寻找合适的学校,合适的这个,合适的那个。在大家都安定下来以后,你想起自己错过的事,然后你说,哎呀,是时候再做一下那件事。

这些孩子刚来的时候情况尤为困难,但万事皆难,她和赫克托喜欢这样。他们从不想要一种轻松的生活。他们总是筋疲力尽,总是没钱,很少有时间单独在一起,但他们知道他们是被需要的:他们能够给孩子们他们所需要的爱、食物和庇护所,孩子们则回报以爱。他们做着上帝的工作。他们的日子繁忙而不可预知,充满了热情与斗志。

为了安排这么多孩子,他们不得不组织化管理。就像赫克托所指出的,苏是"表格导向的"。他们有家务表格和洗衣表格,以及用不同颜色的标记来列出每天活动的表格。她每两周要制定一次菜单，从大量电脑文件选项中选择每顿要吃什么，把做十四顿晚餐、午餐、早餐和放学后的零食所需的材料打印成采购清单。布告栏上贴着祷告安排，上面列着每夜要向谁祷告。

苏编了一本《巴多家手册》，里面写着家庭价值、规则、制度，分为好几部分："精神生活""情感生活与关系""教育与心理发展""生活管理"。每年开学前，每个孩子都会得到一本更新过的手册。苏会召开一个家庭会议，将手册的内容一页一页地过一遍。

> 6. 我们要为每个人生活中的特殊时刻庆祝，比如生日、周年纪念日，尽最大的努力让每个人都感到自己的特别与被爱。
>
> 9. 每个周五晚上妈妈要带一个孩子出去"约会"，而爸爸每个周六早上要带一个孩子出去吃早饭，这样我们就有了一对一的时间发展彼此之间的关系。

苏做饭时，为了让孩子们的民族特色能够得到展示，她会尝试一些有趣的外国料理；而赫克托做饭时，就是肉馅土豆馅饼或者意大利面和红酱，如果有剩菜的话，他会把它们都翻到烤盘里，随手放到微波炉中，称之为杂烩。在赫克托成长的家庭里，舒适度与和谐度比苏的家庭要低很多，所以赫克托在家里更能容忍不完美，也更重视纪律。苏头脑里总是浮现出那些从社工文献和课堂教育中获得的诸多词语，关于生气有多不好啦，以及聆听是多么重要啦，在极罕见的情况下，尤其是当家里只剩下她和孩子们时，他们会完全不把她放在眼里。

> 赫克托：孩子们总是给她制造麻烦。我是一个强制执行者，他们叫我巴多警长。苏和这一点完全不搭边。她做得还好，活过来了。

他们整个屋子的墙上都是《圣经》中的句子，写在海报或者布告上，以便让上帝的话语留在每个人的心里。孩子们每周都必须背诵一段《圣经》经文，还要做关于《圣经》故事的小测验。但是苏和赫克托希望孩子们也能欣赏别的传统，所以他们每年也过光明节、逾越节、宽扎节、五月五日节、冬至以及印度和穆斯林的节日。大多数的夏天，他们会有一次家庭旅行，通常是赫克托自己带孩子，因为苏要上班。一九八九年的夏天，赫克托开着能坐十五个人的车（一辆旧的机场巴士）带着十四个孩子经过迪士尼乐园到新墨西哥再开回来，一路上就在露营地过夜。

这段时间，关于这个家庭的文章开始出现在报纸上。他们赢得了赞许，但批评也随着关注而来。有人认为他们是圣人，但是也有人认为他们是寻求公共关注的人或奇怪的人，或有某种心理疾病。有人认为他们想要通过拥有孩子来满足某种需要，就好像有人沉溺于购物一样。有人认为他们很狂妄，竟认为自己可以做这么多孩子的好父母，即使那些把他们视作圣人的人也不能理解他们为什么这么做。苏试着为此做出解释。

苏：想象一下那些为了爬上珠穆朗玛峰而训练多年的人。当你看到他们的生活档案时，你就知道他们不得不放弃很多东西，他们甚至没有参加自己母亲的葬礼。你想想，那个人有什么错？为什么为了追求这个看似荒诞的目标，他们做了那些牺牲而没有过正常的生活？我能认同那种感觉，我不认为问那个问题有什么错。但回头想想，为什么我就不能接受那个人呢？他们被驱动着那样做，那是他们的使命，那对他们很重要，就像我所做的对我很重要一样。

赫克托的母亲一开始反对他建立一个大家庭的想法。她对他说，你在干吗？别干我干过的事。她希望他有一个比她更好的人生，但是她爱孩子们，不管有多少孩子她都会把他们照看得很好。赫克托的兄弟姐妹则不同，赫克托认为，他们大多数都相信血缘；一群黑人、西班牙裔、亚裔小孩对他们来说并不像是一家人。他们不能理解为什么赫克托要偏离自己的路去外面寻找有生理和心理缺陷的孩子，他们很少花时间和赫克托一家相聚。

苏觉得，她母亲因为她所有的孩子感到困惑和害怕，她不能理解为什么苏要选择这样的生活。她妈妈说过：你不能拯救全世界，这就是你认为自己在做的？多年以后，她妈妈去世了，她从她父母的教会朋友那里听说，她以她为傲，并且总是告诉人们她女儿正在做了不起的事情，但直到在母亲的葬礼上她才知道这些。

在亚伯、苏安、乔治、弗洛里陆续到来之后，他们已经有九个孩子了，本不考虑要更多，但是几个月以后，第十个孩子偶然进入了他们的生活。在佛蒙特有位白人女性和一位黑人父亲有了一个孩子，她想要放弃自己的孩子，让他被领养，但是又不愿他进入一个只有白人的家庭。她在报纸上读到巴多家的事迹，决定要让他们来领养自己的儿子。赫克托厌倦了尿不湿，制定了一个不再要更多孩子的规定，但是他认为上帝是在用报纸上的文章告诉这个妈妈把自己的孩子给他们。他们对孩子们说他们要去接一个半黑半白的新生儿。当宝宝到家以后，乔治看着他说，我以为你说他是半黑半白的。苏意识到他期待的是一个条纹状的孩子，像斑马一样。

几个月以后，他们接到了新一期的《孩子们》，看到之前注意到的六个孩子还在上面，只是现在人数少了些——两个年龄最大的超出了系统设置。现在六个孩子几乎不再有留在同一个家庭的机会，大一些的孩子可能不再会有父母了。还有谁会收养这六个男孩呢？他们决定试一试。

社工拒绝了他们的申请。赫克托和苏太年轻了——仅比最大的孩子大十岁——肤色也太偏向白人了。带六个黑人孩子进入佛蒙特这个已经有十个小孩的家庭似乎是个糟糕的主意。但苏对社工说，他们的家庭或许对这些孩子而言并不是理想的家庭，但总比没有要强吧。

孩子们来自得州。他们的母亲没有念过书，十六岁时就和他们的父亲结了婚，在七年时间里生了六个孩子：JD、费希尔、莉莉、蕾妮、特蕾西、大卫。大卫还是婴儿的时候，有天夜里发高烧，他们的母亲带他去了医院，等他回来以后就变得又聋又哑了。他们的父亲酗酒很厉害，也常进监狱。他相信自己在监狱的时候妻子会对他不忠，所以等出狱以后就会打她。他也打孩子，他让大些的男孩子相互对立，为他的爱而展开竞争，直到他们变成敌人。JD和费希尔都认为他们的父亲是超人。

费希尔：我一出生我哥哥就试图用叉子戳我。我是父亲的最爱，在所有的兄弟姐妹里他最喜欢我。我还很小的时候在医院里挣扎着活了下来。有个吉卜赛女郎对我说，我会承担起家里的所有麻烦。

蕾妮五岁时，他的父亲开始性侵她。他不碰其他姐妹，就只是蕾妮。他对她说，他是在教她怎么变成一个女人。那件事发生在房子尽头一个小小的房间里，墙上贴着花壁纸，角落里有一把椅子，门是白色的。她妈妈知道正在发生什么——后来她在浴室里帮蕾妮做了清理——但她打了她的屁股，并且告诉她这都是她的错，蕾妮这样说。

他们的父亲也和别的女人鬼混，有一天他和一个有夫之妇在一起鬼混时被那女人的丈夫射杀了。他死后，他们的母亲就离开了。JD当时十二岁，他满脑子想的都是复仇。他父亲以前教过他，不管怎样你都要照看好这个家，所以他想要给父亲报仇，杀了那个杀死父亲的男人。他知道他是谁，几个月以后他就会从监狱里放出来，他会在那时杀了他。但首要的问题是要找到食物。JD和费希尔出去拼命挣钱，有时候他们会出去数日，寻找食物、钱或者工作。他们不在家的时候，莉莉就去偷和乞讨一些吃的，确保小一点的孩子能去上学。没人付电费，所以屋里是黑的。

他们知道母亲在哪里，因为有邻居在附近看到过她。她参加派对，睡在他们的阿姨家、表亲家或她认识的什么人的房子里。JD知道他妈妈月底会兑现支票，所以等到了那段时间，他就让大家都坐上出租车。他没有钱，但他对司机说到了目的地就会拿到钱，虽然他并不知道能不能找到他妈妈。他们确实找到过她，但她看见他们并不开心，还问他们在那里干什么。JD说他们很饿，她就带他们去杂货店买了一些吃的。她和他们待了几个星期，后来还是走了。

这样过了几个月，有人将他们的情况报告给了政府，他们六个就被分开了。大卫被送到了圣达菲的一所聋人学校。蕾妮在一个收养家庭里受到虐待，她说想要结束自己，于是被送到了阿马里洛的精神病院。特蕾西的收养人把她锁在密室中。有时当特蕾西坐在校车里时，她会透过车窗看见自己的母亲在街上。她会朝她大喊：妈妈！而她妈妈会说，嗨，帕特丽夏，接着走！

苏继续与社工讨价还价。一开始她和赫克托只被允许领养六个孩子中最小的孩子——十三岁的大卫。当苏和赫克托来接他走时，他们说服了社工让他们也带走次小的两个——十六岁的蕾妮和十五岁的特蕾西。

蕾妮：当我第一次见到赫克托时，我的样子就像是说，你像黑人一样有爆炸头！特蕾西说："蕾妮，他是黑人，我想他是半黑半白的。"我说："特蕾西，我不认为他是半黑半白的，我认为他是纯种的高加索人。"而她说："不，他一定是混血儿，你看到他的头发了吗？"

特蕾西：那时很冷，是十二月，他们从机场开车载我们回来，我记得爸爸把车开到这个破旧的房子前时，我坐在那里心想：天哪，这些白人会把我们当奴隶使唤的！我很害怕！我在后座上哭了起来。赫克托的样子像是说，嗨，别哭了，回来吧，我只是开个玩笑——这才是我们住的地方，在这边。

开始的时候，特蕾西觉得这里就像是一个团体之家。她喜欢周围都是小孩子，喜欢给女孩子们梳头发，喜欢玩芭比娃娃。她认为以撒很可爱，是个矮矮胖胖的金发小不点儿，但是他们还不把其他人当作是兄弟姐妹。把赫克托和苏叫爸爸妈妈的想法很奇怪。他们总是在做些什么，坐雪橇玩，锻炼身体，或者在屋外的草地上奔跑，把衣服、鞋子和玩具混在一起；要是你和某个人较劲的话，会有很多人跑来逗趣。他们很欢乐。

蕾妮：天哪，我们什么都做！我们玩躲猫猫。犯事儿落到爸妈手里以后，就藏到大片的高草丛里，他们知道我们在干吗。"切尔西，弗洛里，蕾妮，特蕾西！你们在哪儿？"我不敢说话。妈妈往窗外看了看。你最好别躲在高草丛里！我心想，她怎么知道我们在草里呢？切尔西说，因为她脑袋背后有眼睛。弗洛里说，难不成妈妈是斯里克罗普斯！她其实是想说另外一个词，独眼巨人库克罗普斯。我、切尔西和特蕾西都笑得在地上打滚，把草都压坏了。

下一个冬天，苏和赫克托邀请了三个大点的孩子来玩——十九岁的JD，十八岁的费希尔，十七岁的莉莉。他们在一场大风雪中到来，穿着新墨西哥的衣服。雪下得太厚了，车子不能开到山上，于是苏让孩子们下车走了最后一公里才到家。

JD：关于他们的一切我都很好奇。他们将是和我的兄弟姐妹组成一个家庭的人。他的名字叫赫克托，所以我一直以为他是个西班牙人，但突然间见到的却是这个浅肤色的白人，我心想，这是怎么回事？但不管怎样，我观察了他们。我对他们有戒心，可以这样说，并且感到疑惑，这儿真的待得下去吗？

在这次拜访的最后，即使JD已经是个成年人，而费希尔和莉莉都上高三了，他们还是决定离开新墨西哥加入他们，苏和赫克托完成了最后三个孩子的领养。

　　苏安：他们让我交出了自己的房间。我本是女孩里最大的，有生以来终于有了自己的房间——我们都有，我、切尔西、弗洛里都有自己的房间——结果莉莉住了我的房间，特蕾西住进了弗洛里的房间，蕾妮住了切尔西的，我们三个最终和乔尔合住在一个房间里。爸爸说，别担心，有一天你会再有自己的房间的。最终也确实有了。
　　弗洛里：但我爱他们。
　　苏安：我们爱他们。
　　弗洛里：他们老帮我们编辫子。
　　苏安：他们帮我们弄头发，玩音乐，跳舞，他们很有趣。而且莉莉很喜欢逛街，她会告诉我们最新的时尚潮流。
　　莉莉：我感觉他们是我的兄弟姐妹。我的意思是，他们确实是我不认识的孩子，但他们和我在同一条船上，他们也需要爱的对象。他们需要一个大姐姐。我觉得我必须保护他们。

几个孩子回到佛蒙特的时候都很紧张，但费希尔和莉莉在高中广受欢迎：莉莉是一个田径明星，而费希尔很酷，长得很好看。

　　费希尔：我很受欢迎。这有点上头，我不骗你。所有的白人小女孩都知道我是学校里最好的舞者，而且我是唯一一个黑人。

几年以后，莉莉注意到，几乎她所有的兄弟姐妹都和不同肤色的人结婚或恋爱了。

刚加入这个家庭时，莉莉问苏怎么才能知道她是可以信赖的。苏说：我们向你承诺。那个承诺就像我们的婚姻誓言一样郑重。我们不只对你承诺，也对上帝承诺，不管你做了什么，你都是我们的家人，我们是你的家长，我们会一直在一起。

对苏而言，向上帝做出的承诺是牢不可破的，但以这样的方式来思考亲子关系是挺奇怪的。莉莉的母亲抛弃她的孩子之所以是错的并不在于她违背了承诺。她是他们的母亲，做母亲意味着，或应该意味着，她除了照顾他们别无选择。承诺是给陌生人的。你试着遵守承诺，有时会做不到。但对苏和赫克托来说不存在这个区别，诺言就意味着你别无选择。

这是他们和其他人之间的不同。对于多数人来说，有些责任是天生的，有些是孩子出生以后会产生的，还有一些是你主动承担的；在后天生成的责任中，家庭责任是最多的。但是对苏和赫克托而言，他们所承担的家庭责任和天生的责任一样不可改变。对她们而言，选择和承诺就意味着一切，这就是巨大的力量之源。他们不认同父母以及他们认识的其他人过的那种生活，而选择了一种自己发明的生活，因为他们希望这样，并且相信这样的生活会取悦上帝。他们明白他们是受到诸多束缚的人，但他们努力对抗着那些限制：睡得更少，吃得更差，工作更加努力。

那些称他们为圣人的人看到并钦佩他们的努力，但是叫他们圣人也泄露了一种矛盾情绪。对很多人来说，父母对孩子的爱应该是急迫的、原生的、不假思索的。那种爱应该源自渴望，源自对幸福的自私追求，而不是源自同情或帮助的意图。同情和承诺一样，是针对陌生人的。这并不是说利他主义是不够的，利他主义似乎是与父母之爱相对的东西。父母可能会为了孩子牺牲，但他是被驱动的而不是出于责任。父母的爱必定是自私的，否则就失去了它的价值，甚至会让人讨厌。

对苏和赫克托来说，自我牺牲易如反掌。为了过一种通常意义上的道德生活，抵制诱惑与拥抱困境并不困难。但他们被要求的比禁欲主义还复杂得多，为了责任而牺牲快乐会让一切都显得不太对劲。为了履行做父母的承诺，他们必须感到快乐，他们必须喜欢他们的孩子，否则再努力也是没用的；如果他们感受不到快乐，他们就已经失败了。

蕾妮：我花了两年半才信任我爸爸。我不让他碰我。我过去常常从噩梦中惊醒，他们都会进屋来，当他到门口时，我会说，你想干什么？我不是故意要这样说。但是他会问，苏，她还好吗？我妈妈会抚着我的背说，没事，你是安全的，你是安全的。没人可以再伤害你，没人可以再那样对你。我会哭泣，看着他，看着我的爸爸赫克托站在门口，眼里涌出泪水，他说，一个什么样的男人才会那样对待自己的女儿？

我必须坐下来看着他和我的兄弟姐妹们相处。我对他不怎么热情，但我一直都会抱我妈妈。他会说，她还没有准备好抱我，是吧？我妈妈回答，是的。他会接着说，她什么时候才会抱我呢，苏？我妈妈回答，还没到时候，给她点时间。记住了，他说，我想要的不过就是抱抱她，让她知道在我怀里是安全的。

终于，在一九九〇年的圣诞节，切尔西说，蕾妮，让我们来拥抱妈妈和爸爸吧！她说，你已经到这儿两年啦，快点！我说，呃……我应不应该抱他呢？切尔西和弗洛里说，快点！抱他！然后我就抱了他。我对他说，爸爸，谢谢你送我的礼物。等我抱完他坐下以后，我看着他说，你在哭吗？他说，是的，我等这个拥抱已经等了两年了。我说，我知道，对不起，我花了两年的时间才信任你。

第十二章 陌生人的孩子

运营一个收养中介的麻烦在于，苏和赫克托每天都要面对很多没有父母或者可能不会有父母的孩子的照片。他们把这些照片贴在家里的冰箱上，晚上全家人会看着这些照片为他们祈祷。其中一张照片上是得州的阿莉西亚，一个长得像玩具娃娃的黑人小女孩，她正笑着跨坐在婴儿床上。她患有很严重的脑瘫，没人指望她还能走路。有一天，赫克托对苏说，每次他为阿莉西亚祈祷的时候，脑子里都会响起"她是我们的孩子"。他们决定领养她。

他们的医疗保险只能为阿莉西亚支付一年八个疗程的理疗，所以他们一家人都跟着去理疗，以便每个人都能学会那些练习。一夜又一夜，孩子们让阿莉西亚站在餐桌边，扶着一根码尺从这个人走向那个人。一年之内，她不仅开始走路，还学会了跳舞。

根之翼接收了一个在婴儿时期遭受过脑震荡的四岁白人男孩。脑震荡让他的眼睛瞎了，留下的脑损伤让他的智力水平停留在六个月大时。他当时待在一个收养家庭里，但收养妈妈照顾不过来，如果他不能很快找到领养家庭的话，就会被安置到公共机构了。提起他的社工对苏说，她打心眼里感到这孩子是巴多家的。

苏对社工说他们已经不再领养孩子了，但赫克托看到男孩的照片以后表示并不那么确定。当他们在收养人家里遇到他时，赫克托决定要这么做。喂他、让他好好吃一顿饭是很困难的，而且他还有很多药要吃。他爱咬人，他们不得不小心照应他和周围的孩子。但他喜欢待在车里，他的收养妈妈说，夏天出去露营时他是很乖的。赫克托觉得他们已经为阿莉西亚做了那么多好事，谁知道他们会为这个男孩做些什么呢？于是他们把他带回了家。他们叫他迪伦。

孩子们觉得他好可爱，十岁的弗洛里立即就要求学习怎么喂他。

弗洛里：迪伦是我的。我喂他，我给他换衣服，我喂他牛奶。

苏安：迪伦不是你的。别做这些啦！

弗洛里：他是我的！我喂他。

苏安：好吧，我给你，你喂他。但食物是我准备的啊，这怎么算？

弗洛里：我准备食物，我喂他，我给他换衣服，我给他洗澡，我给他洗头发。他只吃我喂的东西。

起初，迪伦哭得很厉害。他以前被打过，所以不管何时有人靠近他，他都看起来很害怕。但是一段时间以后，他开始能辨识出大家的声音，也变得柔软，开始笑了。

特蕾西：爸爸说我得给迪伦洗澡。我不想碰他，因为他身体的那个样子让我有点害怕，我觉得我会伤到他。但是他们让我给他洗一次澡——我知道他看不到我，因为他看不见啊——这很难解释，但似乎他看着我的眼睛，有什么东西抓住了我，我感到一种从未感受过的与他之间异样的连接。就好像他是在告诉我，你做得好，我没有受伤，只要好好照看我，别让我淹到水里就行了。从那之后，这就变成了我们之间的小秘密，这就是我想成为一名护士的原因。

在领养了迪伦的第二年，社工来问他们是否要领养一个名叫韦恩的华裔美国小男孩，他患有沙费利波综合征，一种让小孩多动与无眠的疾病，这种疾病会逐渐破坏他的生理功能直至其夭折。韦恩当时三岁，已经失去了听觉，但还能走路。一开始苏和赫克托都认为领养他毫无问题，他们已经有了太多的孩子。但是带一个注定会死去的孩子回家，对他们和其他孩子来说，想象一下都是很可怕的事。他们对社工说他们会考虑一下，并为之祈祷。

他们想着至今为止领养的孩子们，没有一个如他们期待的那样安静，他们努力适应这种局面而不流露出失望。他们想着所有的爱如何意味着痛苦、悲伤和某种失去。他们想着他们现在是怎么知道——他们更年轻时并不知道——不管是爱还是信仰都不足以拯救一个被悲惨经验摧毁的孩子。所以，如果他们能够爱一个以那种方式被永远摧毁的孩子，那为什么不能爱一个他们同样无法拯救的孩子，没有他们的爱，他就会更糟糕地结束人生？几周以后，他们相信是上帝让韦恩成为他们的儿子。

三年后，有个朋友打电话来告诉他们关于亚当的事，这个来自佛罗里达的六岁白人小男孩需要一个家庭。亚当和韦恩患有同样的绝症，但他还有胎儿乙醇综合征，一直通过胸腔上的插管服药。他在好几个收养家庭待过，还受到过虐待。

每次考虑要领养另一个孩子时，苏和赫克托都会开一个家庭会议来讨论这个问题。起初，约瑟是唯一一个公开质疑领养更多孩子的必要性的。约瑟说，肯定会有另外一个家庭来做这些事，我们家不可能领养这世界上的每个孩子。其他孩子可能也有这样的想法，但是在不同的时间以不同的方式表现出来的。切尔西十二岁时去送报纸，在一个陡峭的山坡上，自行车的刹车失灵了，她重重地摔在了车把上。她朝父母大声叫道：要是你们没有领养这么多孩子，我就会有一辆新自行车，这种事就不会发生了。但是通常，在家庭会议上，孩子们都是支持的。一个新的小生命是可爱的，一个新的大孩子是令人激动的，一个同年龄的孩子则是可以一起玩耍的。尽管如此，这一次孩子们却不大确定。

特蕾西：我们到达了一个点，就好像是说，行了，爸爸妈妈，你们别再领养了。我们中的一些人已经厌倦了，我们感到我们在帮着照顾每一个人。我也会想到我自己，因此感觉并不好。如果他们想到他们已经有了太多孩子而不愿领养我的话，我会是什么感觉呢？但我依然觉得，已经足够了。

以撒：我理解总有需要帮助的人，但你不能把自己抻得太薄。我们问他们，确定这是你们想要做的事情吗？他们回答说，这是他们需要完成的事情，如果他们不去帮这个孩子，那就没有人会帮他了。我猜，那并不是他们觉得自己能承受的东西。

苏和赫克托对孩子们说，他们会考虑他们的意见，并为此祷告。之后不久，苏就飞到佛罗里达将亚当带回了家。

这是另一件使苏和赫克托与多数人不同的事情。多数人会首先想到领养会给已有的孩子带来什么样的影响，但是对于苏和赫克托而言，陌生人的孩子的需要具有同等重量。他们从来不会对自己说，因为这个孩子是陌生人，他就不关他们的事了。如果他们听说了正在遭受痛苦的某个孩子，他们会感到他就是他们的问题，就像他在他们身边溺水或被留在自己家门口的台阶上一样。

对于苏和赫克托来说，一个身处不幸中的孩子还不是他们的家人，但也不完全是陌生人。从道德的角度看，家人和陌生人之间还存在着第三个中间范畴：他们有责任去帮助的人，就如同在大街上有人当着他们的面受伤，所以他们有责任提供帮助一样。这个孩子并没有在物理意义上在他们跟前，但因为他们已经认定没有家的孩子都是他们的责任，因此，孩子所在的地方就是他们建构自己道德生活的地方；同样，他们所在的地方也在等待着，以便那样的孩子加入。这无关乎他们是否遇见了那个孩子，或是否爱过那个孩子。父母因为爱孩子所以谈不上对孩子的责任——即便那些不爱自己孩子的父母也对他们有责任——因为在世上的所有人之中，父母是最亲近的，周围没有别的人可与之相比。

苏和赫克托并不认为，如果他们不领养孩子，就没有别的人来做这件事。他们知道这不是真的。如果他们决定不领养一个孩子——确实有很多他们没有领养的孩子——那是因为他们感到，出于某种理由，他们对他而言不会是好父母，或者是因为他们担心带上他会让大家都生活得更差。这是他们的使命的另一复杂的方面：他们想要尽可能地帮助更多的人，但如果他们帮助的人太多也有坏处；没有人告诉他们该在哪里停止。

亚当与韦恩不同。韦恩被爱过，总是笑眯眯的。亚当几乎从没有笑过——他不高兴。当有人靠近他时，他会往后缩，他僵硬而淡漠。

亚当有一个四岁的弟弟亚伦。苏和赫克托也尝试过领养亚伦，这样他们两兄弟就可以一起长大了，但是亚伦又小又白又可爱，社工认为可以为他找到更好的归宿，所以拒绝了他们的申请。此外，社工对苏说，亚当因为病得太重其实已经不知道自己有个弟弟了。结果亚伦并不像他看起来那么可爱——他非常暴躁，六周以后他的领养人就将他送了回来。社工给苏打电话，问她是否还想要领养亚伦。一周以后，亚伦到了。他站在那儿迎接将亚当从治疗中心带回来的班车。轮椅刚落地，亚当就看见了自己的兄弟，脸上露出了苏从没看到过的大大的笑容。

亚伦确实是个难对付的孩子，苏和赫克托下定决心，二十一个孩子已经达到他们的极限了。但后来有一天，当赫克托出去送柴火时，其中一家的女主人请他进了屋。她之前在电视节目上看到过他们家的报道，认出了他。她对他说，她认识一个来自印度名叫吉塔的十四岁女孩，从小就被领养了，但她妈妈管教不了她，把她送进了收养机构，在一个家庭和另一个家庭之间搬来搬去。这个女人在电视上看到了巴多家的报道，她想到他们也许能够让这个女孩坚持下来。赫克托对她说，他们不会再领养孩子了。但不久以后，苏和赫克托认定这女孩注定是他们的孩子，苏总是相信他们会有第二个从印度来的孩子。

过了一年，赫克托从一个试图重新安置科索沃难民的组织那里收到了一封信。他给苏打电话说，他无须祷告就知道上帝想让他帮忙。他提醒她他们有一个空房间，那里可以容纳一个家庭。当一个八口之家被分派给他们时他感到很吃惊——爸爸、妈妈、奶奶和五个孩子。不过，他计算着最大的房间应该能够容纳他们。社工让他放心，这个家庭更喜欢住得紧凑一些，而且他们可能只住几个月。这个科索沃家庭的事情很顺利，所以大约一年以后，赫克托又接纳了四个苏丹男孩。

那是他们家人数达到巅峰的时候：二十二个孩子，加上难民。他们自己不再领养了，然而仍然有很多需要家的孩子，所以，为了说服其他人来领养孩子，他们写了一本关于自己家庭的书——《我们到了吗？》。随后家庭成员的数字开始下降了。

首先是亚当在十一岁的时候过世了。迪伦随后也死了，就在他二十四岁生日那天。一年半之后二十五岁的韦恩也死了，比预期的年限多活了十年。人人都很悲伤，但最难过的是赫克托。十二年来，他每天破晓就起来给他这三个病儿子喂饭、换衣服，照顾他们是他最恒定的责任。

　　苏：就好像同一天失去了你的孩子和工作。
　　赫克托：我的整个人生都改变了，我的整个气场都混乱了。我需要感觉到我是有些价值的。

他和苏需要钱，就像往常一样，所以他决定去一个为无家可归者而建的群体之家值夜班。

运营领养机构的另一个麻烦——除了要持续面对他们要么无能为力要么必须帮助的孩子——在于它是没有报酬的。总是抱有乐观主义的苏开始使用他们个人账户里的钱来负担根之翼的花费，但是他们的银行账户里没有多少钱，很快就花空了，账单又开始反弹。苏向赫克托隐瞒了很长一段时间，将近两年。

当苏最终告诉他关于钱的事之后，她做了不得不做的事：关闭了根之翼。他们都打了好几份工来偿还债务。

> 赫克托：苏在……
> 苏：为有精神疾病的成年人服务的机构里工作。
> 赫克托：成年机构。
> 苏：你在UPS（联合包裹服务公司）工作。
> 赫克托：我在UPS工作，还在为一个精神迟滞症患者做工作教练。你还做了移动销售员的工作，卖礼品卡，还给西班牙裔的孩子做家教。
> 苏：在霍利约克。
> 赫克托：霍利约克。
> 苏：天哪，我们做了好多奇怪的事情。

他们不得不靠挣来的钱维持生活。有些孩子来的时候有领养补助金，其金额取决于他们出生的国家以及他们所需的服务种类。一个健康的孩子不论在哪儿每月都可以领到两百五十美元至五百美元的补助，一个有严重缺陷的孩子则可能领到七百到八百美元。补助覆盖了食物和部分衣物的花销，但他们还需要支付暖气和其他方面的花销。

慢慢地，他们还清了债务，接着苏收到了一份来自费城的领养社会工作者的工作邀请。这意味着更多的收入——她会挣大约六千美元——并且生活在这里，学校里不是只有他们的孩子是有色人种。他们决定去。那时，JD、费希尔、莉莉和特蕾西已经成年，能够养活自己了，所以他们决定留在佛蒙特，但剩下的孩子都收拾行李跟着过去了。

他们在芒特艾里找到了房子，那是一个有着宽大门廊和都铎王朝式人字屋顶的大型石头建筑。之前这里是个提供住宿与早餐的酒店，再早些时候是个女修道院。屋内光线昏暗，铺着深色的地板，有巨大的壁炉和嵌着彩色玻璃的窗户，还有十个大小合适的房间，但是苏和赫克托开拓了更多空间出来：他们觉得有些房间里的衣柜大得足以做一个卧室了。后院有片很大的草地，他们将其出租办婚礼来挣一些额外的钱。开始的时候他们在冬天烧暖气，但房子太大，他们并不真的负担得了，后来火炉坏了，他们就开始用客厅的壁炉、前厅的柴炉再加上散布各处的小型取暖器取暖，这意味着房子的大部分是冰冷的。晚上大家都挤在客厅的电视周围，因为那里最暖和。

他们买这栋房子的时候，有四个男孩待在里面。他们对这几个男孩说，他们可以一直留在那里，于是这几个人就变成了他们家的非正式成员。多年以来，这个家庭接纳了更多的非正式成员——来来去去的临时收养的孩子，一个从危地马拉非法移民过来的少女，和自己父母相处不好跑来暂住的巴多家孩子的朋友们，有时一住就是数年。在正式领养的孩子与非正式成员之间，苏和赫克托向来一视同仁。苏觉得，待在周围最久的人就是家人：不是因为领养，而是由于常年生活在一起以及分享家庭生活（比如同居婚姻）而形成的某种不成文的约定。有时，当苏把这些非正式成员也算在亲密家人中，正式领养的孩子们会反对。如果人人都被包括了进来，那么家人意味着什么呢？

人们把苏和赫克托称为圣人还出于有另一种矛盾心理。圣人把陌生人当作家人一样照顾的行为众人皆知。有人宣称，这种对所有人都不偏不倚的博爱是困难却高贵的事，是值得追求的事，尽管只有圣人才能实现。对多数人而言，对自己的偏私——比起陌生人更爱家人和朋友——才是人之为人的核心。

苏的工作做得很不错，几年后她得到了一个新的邀请，在国家领养中心做一些培训、倡导和政策方面的工作。再之后的几年，她申请并得到了华盛顿特区的一个研究员职位，在参议院研究收养与照料残疾人的政策。这意味着她每周五天都在华盛顿特区上班，只有周末在家，但工资比之前高多了，她真的很想做这份工作。她说服赫克托，这是他们通往上帝之路的下一个垫脚石——第一个是团体之家，接着是根之翼，接下来是她在费城的工作，然后就是现在这个，每一份工作都让他们帮助到越来越多的孩子。一年后，基础性的工作结束，苏得到了另一份意味着她得在华盛顿特区多留一年的工作，她答应了。

赫克托：我浑身有使不完的力气，我想那时的我正处于那种状态，这正是我应该做的事。随着时间的推移，老实说，我有些嫉妒苏。我处于每周七天、每天二十四小时运转的状态，有时夜里当我起来处理所有的屎尿而她在睡觉的时候，我会有些不满。但是最艰难的部分，让我有些生气的一点是，很多时候她回到家里会继续工作。我挺喜欢她的，我想和她待在一起，然而我们都只得到了对方最糟糕的那部分。我们总是累得要死，好不容易有一点时间，也总会有孩子来打扰。

等那份工作结束之后，苏回到了费城生活，但是她常常要出差到全国各地演讲，就领养的重要性和给孩子一个永远的家开展培训。她现在是这个领域的杰出人物，她的演讲和培训有很大的需求。有时她会带个孩子和她一起上路，但多数时候都是一个人。

特蕾西：有时候我希望妈妈更多地和我们待在一起。她出差太多了。我理解她有自己的工作，但我那时候感到我没有妈妈。当我和生母一起生活时，她总是离开我们，我几乎觉得我妈妈也是这样。我心想，好吧，领养我的妈妈，她也总是不在。我觉得我需要她，因为很难和爸爸谈论女孩之间的事情，我很尴尬。我想和妈妈聊天，她什么时候才会回来呢？

有时，苏回家后还记着自己受过的训练和在社工文献中读到的东西，于是对赫克托说，他应该对有些事采取不同的方法，而他想到自己夜以继日地在壕沟里战斗，她待在宾馆里的时候他却在清洗厕所和洗衣服，他会朝她吼道，别给我上课，我知道怎么做！如果孩子把事搞砸了，苏总是想，她应该怎么做才能更好地支持他；赫克托则认为，孩子应该受到惩罚，如果没有任何后果，孩子就不会吸取教训。孩子们很快就弄清楚了，如果想要什么东西，应该找苏要。她外出归来会因自己不在家而感到内疚，因此很难对他们说不，但接下来的一周她又会出去，而赫克托是他们的长官。

　　约瑟：我认为我父母都太过随和了。在他们的清单上，负责任并不具有很高的优先性。对他们而言，惩罚孩子是很难的。我认为这是他们真的没有正确认识到的一点，而这也是各种各样的剧情会在我们家反复上演的原因，比如偷盗、怀孕、触犯法律。这样是不对的，这样做会有严重后果——这些没有得到足够的强调。

在他们领养了那六个青少年后不久，麻烦开始了。先是JD让他女朋友怀了孕，后来莉莉去学院上学，也很快怀孕了。随后费希尔从学院辍学了，由于毒品被送进了监狱。

费希尔并不总是能联系上，尤其是在大家搬去费城而他留在佛蒙特之后。他让一个女朋友怀了孕——他既性感又迷人，总是不缺女朋友。他向苏和赫克托要钱，钱不够的时候他就去偷。他和他女朋友有了另一个孩子，又和另一个女孩有了一个孩子，随后又是另一个女孩与另一个孩子。最终他因为对女朋友施暴而被捕，被关在监狱里好长一段时间。他的兄弟姐妹不回去看望他，他们很不喜欢他，不喜欢他的偷盗、撒谎、暴力——只有苏和赫克托去过。莉莉说他变得和他们的生父很像，她认为他会死在监狱里。

> 费希尔：我总是梦想着成为一个不同的人。我仍然保有这些梦想。

特蕾西被强奸后生了一个孩子，赫克托照看孩子，特蕾西高中毕了业。蕾妮怀孕了，搬回了家。这些是坏事情，但苏和赫克托觉得他们在孩子们长大前陪伴得太少，现在能做的只有这些。后来苏安在十五岁怀孕时，苏和赫克托极其生气，他们对苏安发了很大的火，她哭了。看到她的姐姐们那样败坏自己的前程，她难道没有从中学到点什么吗？她就没有从这些年来他们一直试图灌输给她的基督教教诲中感悟到什么吗？赫克托告诉她，她有两个选择：把孩子交给他人领养，或者从高中退学自己照顾孩子。苏安允许家人的朋友领养了自己的孩子，然后去上了大学。

弗洛里十九岁时怀孕了。吉塔也怀孕了。苏安又一次怀孕，从大学里退学了。吉塔又一次怀孕。阿莉西亚怀孕。弗洛里又一次怀孕。然后就轮到了下一代：JD最大的女儿在十八岁时怀孕，JD的二女儿在十七岁时怀孕，莉莉的女儿在十七岁时怀孕。

每一次苏都感到是自己的错，如果她是一个更好的家长，这一切就不会发生。她对自己说，这样想问题很愚蠢，这是在扮演上帝的角色，她不可能控制所有事情，但她总是这样觉得。

> 弗洛里：怀孕的时候，我有天夜里在屋里睡得不舒服，所以睡在了沙发上，我醒来的时候妈妈正为我哭泣。她真的在哭，就坐在沙发上看着我睡觉。那是唯一一次我见到她崩溃。但她是等我睡着以后才哭的，她不会当着我的面哭，或者告诉我她对我感到失望。

赫克托和苏并不天真——他们知道孩子终归是孩子，这就是为什么他们要和每个孩子进行关于性和避孕的谈话。

乔尔：我不记得有过关于性的谈话。或许有过，但我有点不能集中注意力，我妈妈话很多，所以，如果她谈到过这个问题，我可能在一开始的时候就走神了。

赫克托和苏甚至在一些女孩十五岁时给她们做了避孕，因为他们担心事情迟早会发生。这类避孕措施你无须记得去使用它，只须将药物注射到手臂中，或者埋植起来。但一切还是发生了，他们做的事情一点也没起作用。

赫克托相信堕胎是一种罪过，但当怀孕接二连三发生的时候，他对女儿们说是否堕胎由她们自己决定。他不认为女儿们真的堕过胎，但也并不确定如果她们真去堕胎的话会告诉他，因为她们知道他会是什么反应。他希望她们知道他将一如既往地爱她们，但他也不确定。

很长时间以来，切尔西和乔尔都坚持住了，赫克托确信她们会很小心。她们都在念大学，都有野心——切尔西想要制作电影，乔尔想要成为一名演员。但切尔西后来怀孕了，最终乔尔也怀孕了。当乔尔对赫克托说她怀孕了的时候，他先是对她大吼大叫，随后他哭了，离开了房间。他去火车站买了一张车票，一整天都在火车上，一直坐到特伦顿再返回来，走遍了费城。他坐在自己的座位上哭了好几个小时，一开始他对上帝发火，为什么他们没有哪怕一个孩子能等到结婚后再有孩子？为什么每个人都无视他们教过的在稳定家庭中抚养孩子的重要性？

后来，赫克托听到上帝提醒他《约翰福音》第八章第七节中的话——"你们中谁是没有罪的，谁就可以先拿石头打她。"——他回想起自己的罪，感到羞愧。他想到乔尔二十七周就出生了，只有一公斤重，现在还活着本身就是个奇迹。他想到她小时候做过的好玩的事，以及她对迪伦和韦恩是多么温柔。他想到她是多么努力才考上了大学并且就要毕业了，想到自己是多么卑微，一想到她大着肚子走过台阶的样子就感到丢人。在这天结束的时候，他回了家。

几年以后，更严重的事情发生了。阿莉西亚学校的老师把赫克托叫过去，对他说，阿莉西亚说自己爱上了她哥哥亚伯，老师断定他们之间发生了性接触。那时亚伯二十八岁而阿莉西亚十六岁，但老师说由于阿莉西亚患有脑瘫，她的理解力只有三年级的水平。

赫克托想到亚伯过去是个多好的孩子，他在学校是多么努力，一向遵守规则。

亚伯：那真是我生命中很糟糕的日子。我当时正在离婚。我做的事情是非法的，主要是因为她的年纪和她患有脑瘫这件事。他们说她的理解力只有三年级的水平，但如果你了解她，你就不会那么想。我感觉我让全家都失望了，我真的很消沉，但我真的没有攻击她或者做过任何类似的事。

家人间的忠诚瓦解，甚至曾经被生父性侵过的蕾妮也不能说服自己只责备亚伯。

蕾妮：我开始哭，因为我认为有人也对他做了什么。有人像那样碰了他，所以他以为他可以对阿莉西亚那么做。但是她也做了些什么，他们都错了。我不能只责怪他。

社工、医生和精神科医生来了，律师和警察也来了。最终，亚伯被判入狱八年。

赫克托：我差点就走了，我差点就走了。我差点就直接离开了这一切。这是可能发生在我们身上的最糟糕的事情。我太天真了，因为它发生了——我在其他家庭里听说过这样的事，还想着在我们家不会发生。但是确实发生了。我完全没有觉察到。我觉得这是一种失败。我到底在哪里？我们怎么就没有看出些蛛丝马迹？肯定有过什么，但是我们没有看到。我只是觉得，去死吧，我不干了。我再也做不下去了，让别的人来接手吧。我想要揍谁一顿。我不认为我那时崩溃了，但是也差不多。

苏：这就好像在鲨鱼为患的海里离开了你的船，只有鲨鱼离开，你才可能活下来。我不知道。我沮丧得不知所以，我想不到接下去能做些什么。我想不到能做什么事。

苏变得比过去更加沮丧。有时候她感到她的整个人生都是一个错误，她误听了上帝对她说的话，她根本不应该做这些事，她是一个错误的人。其他时候她又觉得她就是听了上帝的话，所以她对上帝感到愤怒。

苏：你故意给我们设局。你告诉我们这样做，那你就应该保护我们的孩子和我们，别让这些事情发生。你竟敢给我们设这样的局？

上帝并没有回应。她在给朋友的信中写道：

我试着祷告，但我感觉我是在向一个黑洞祷告。读《圣经》对我来说和读报纸差不多。我依然"相信"，但是我什么都感觉不到，我与上帝之间没有连接，我们的生活中没有圣灵。这肯定就是地狱的样子了。

慢慢地，她恢复了活力。她想到过去发生的事，想到这不过是世界上发生的可怕的事情之一。她还想到这样一个问题，一个全善全能的上帝怎么会允许这样的事情发生。她认为这个世界是展开的世界，其结局对她而言是未知的。

不知道结局，她就无法理解事情为什么是这样。她知道，她只是历史的一小部分，是某天可能变成大教堂的砖块上的微小生物而已。她会在世界末日之前死去，所以她绝不会知道事情会变成什么样。她相信最终上帝会确保一切都是好的，但他会怎么做则是一个谜，所以她必须接受世界展示出来的样子，轮不到她来评价。

2005

亲爱的亚伯：

　　这些是我们想要寄给你的照片，希望你能被允许保留它们。很高兴爸爸和我来探望过你，即使看见你在里面我的心都碎了。每天我都会为你祈祷……我决定，为了向你证明我对你的爱以及我会在你待在监狱里时一直支持你——我向你做出以下承诺：

　　我会持续为你祈祷，每一天，每一周。
　　我会尽可能多给你写信……我的信件会关注积极的方面，分享家里的好消息，以及家人都在做什么……
　　当我有能力的时候，我会寄些钱给你，这样你就有足够的钱买生活必需品了，比如肥皂、除臭剂或者邮票。
　　在你的生日或特别的节日里我会给你寄卡片和礼物。
　　只要我的工作和家庭时间表允许，我会定期来看你……

　　你在监狱里是一件让人难过和羞愧的事情，每天都让我心碎。但既然你已经在那里了，你就必须决定如何利用自己的时间。你会用它来生气、痛苦和自我防御吗？还是你会把时间用来做一些积极的改变呢？你有大量的时间可以用来祈祷——为我们每一个人祈祷——要是知道有人天天为我、爸爸和孩子们祈祷，那该是多棒的事情啊！如果你选择这样做，这会是上帝给你的多好的礼物啊！

  奇异的恩典啊！在某种意义上，你有大量我希望自己也有的机会。选择权在你——你会怎样度过自己的时间呢？

爱你的妈妈

2006

亲爱的亚伯：

  我希望你一切都好。致以简单的问候，祝你生日快乐。我相信你已经好多了，希望是这样。妈妈和我都会想念你的。

  最近发生了一些事。我很抱歉没有写更多的信给你，我记得上一次是在玛米去世的时候。那真是非常艰难和悲伤的时期……对妈妈来说也很难。她总是保持坚强，很像你。

  最近三个月我们过得很艰难，真正的问题是亚伦。他离家出走了。他是周五晚上走的，偷了切尔西一百三十五美元。一月的时候他就离家出走过，抢了一辆汽车后被逮捕了。我认为他真的有毒品问题。就那样消失得无影无踪，像是以前费希尔在的时候。我同情亚伦，他看起来会打破和地方检察官的协定，直接朝着监狱去了。我们很难和他生活在一起，我无法信任他接下来会做什么，真是难过啊……

  我拔了上牙，现在刚补好。它们看起来还不错，但在我适应之前还挺疼的。

  想你，希望很快能来看你。

爱你的爸爸

2009

亲爱的亚伯：

　　我不知道该从哪里开始说，那就从我心里的话开始吧——我爱你。实在地，真心地，全心全意地。我非常非常想你，想得心里很痛。那为什么我没有时常给你写信呢？为什么我没有找到看望你的理由呢？我没有答案，也没有借口。我甚至都无法向自己解释……我感到好像我在最后几年作为你的妈妈已经失败了，但我真的希望并祈祷你能给我更多机会，让我对此做出弥补，我们共同的日子还在等着我们呢……当然，我已经原谅了你过去做过的事情。我希望你也能够原谅我……

　　现在我要告诉你一些家里的新消息，按年龄来一个一个说吧，我希望你喜欢……

　　再说一次，你不会知道在过去几年里忽略了和你之间的交流让我感到多么遗憾，我请求你的原谅与理解。我真的很爱很爱你，期待着我们的关系重新开始。

　　　　　　　　　　　　　　　　很多的爱和很多的祈祷——妈妈

　　亚伯：我刚回来时，要重新与父母恢复关系真的很难。对我而言，埋葬和放下这段关系比较容易，而让这感情包围着我，时刻感到他们的存在却很难。我只是想让他们知道，我已经从自己身上学到了某些东西，不会再做类似的事情了。爸爸从监狱中接我出来，回来大概有七八个小时车程，一路上我们都在谈这个问题。现在他们总是对我说，很高兴看见你做得这么好，我们看到你已经改变了。

　　怀孕的事情一件接着一件，尤其是亚伯进了监狱以后，赫克托开始酗酒。这是他对一切不可忍受之事的逃离。不管他喝的是什么，他总是五点钟就会醒来，想起在世时候的亚当、迪伦和韦恩。他没有让事情就这样过去，虽然有时候他会醉醺醺地上床，并在第二天早上意识到夜里没发生什么事其实是一件好事。

苏总是出差，她知道赫克托在喝酒，她也担心在这趟旅程中间家里可能会有不好的事情发生。她担心这一切都是她的错，因为她身为母亲没有做自己应该做的——留在家里照顾孩子。每一次要举行婚礼或大型家庭活动时，赫克托都会变得暴躁，而苏会觉得羞愧。

苏并不酗酒，她有偏头痛，还有点抑郁。有时候，她会陷入抑郁情绪中，郁郁寡欢，无法起床；有时候她还在继续做事，但之后她意识到数月以来自己生活在云雾里，除了愤怒几乎感觉不到别的东西。

有天早上，苏想让赫克托起来送她去坐火车，但是他喝醉了起不来，于是她只能自己走着去，却在路上遭到了抢劫。事情就这样结束了。出差回来的时候，她说，如果他不停止酗酒的话，她就离开他。赫克托并不真的相信她会离开他，但是她说出这件事对他来说就已经足够严重了。他向她许诺将滴酒不沾，他确实做到了。但这一壮举并不能带走一开始导致他酗酒的悲伤。

赫克托：我年轻的时候有使不完的力气，总是能看见一些东西，你知道的，像是半满的杯子。但后来我开始感到厌倦了。一遍又一遍地处理每代孩子都要经历的那些破事——啊，别再这样了。孩子被学校开除了，或者某个孩子又被逮捕了。可能是在十年前吧，当事情真的变得艰难时，我开始有一点愤世嫉俗：这值得吗？为什么我每天早上要起那么早并且做同样的事情呢？结果都是一样的。我是不是精神有问题啊？

没有按照他们所希望的方式发生的不仅仅是那些可怕的事情。只有几个孩子依然去教堂，以撒是个不可知论者，而拉吉开始参加无神论者的聚会。没有孩子领养他们自己的孩子。

切尔西：我脑子里一直在想，我可能会领养，但是我绝不想要一个庞大的家庭。我目睹了关于领养这件事的一切，不确定自己已经为处理这样的事情做好了准备。我感觉我并没有继承我父母的使命感。

苏和赫克托过去一直很确信他们能为这些孩子改变一些事情；但孩子们的亲生父母都是青少年时期就有了他们，依靠福利生活，进了监狱；而现在他们的很多孩子也都在青少年时期就有了孩子，依靠福利生活，进了监狱。当赫克托感到最绝望的时候，他告诉自己至少孩子们要比生活在收养中心好一些。这是底线，因为他们做了那么多的事。随后他会想：好吧，打破循环不取决于我们，这取决于上帝。只要我们做了我们相信上帝要我们去做的事，那就够了。

在艰难岁月里，当觉得自己很失败的时候，苏和赫克托很难记起他们当初为什么要选择做这些事。

约瑟：我父母年轻时是很酷的——她是美丽的王后，而他是体育明星。我记得他们怎样与朋友一起出去玩，他们出去野餐，就像你在二十世纪六十年代的电影里看到的那样——大家都带着自己的孩子，在朋友的房子里吃饭。他们很会社交，有许多的朋友。但有了很多孩子以后，保持关系变得更难了，并不是人人都想要和他们有关联，因为事情就是这样，他们的家庭里有了黑人，不是每个人都觉得他们的家庭仍然很酷，而这改变了你的朋友圈以及你的行为方式。

苏：如果有人过来吃饭，他们总会说，这真的是太好了。他们说这话的意思是，我们并没有期待这有多好。

约瑟：我父母失去了他们的运气，他们为这样一个家庭付出了代价。我认为爸爸最能体会到这一点。我妈妈为了工作出差，有她的社交网络，但我爸爸留在家里。他之前真的是一个非常非常酷的人，即使现在你到巴里去，也依旧人人都知道他是谁。但随着时光的推移，他们成了某种被放逐者。我认为我爸爸希望有更多的朋友。

以撒：他有我们，就一起出去打台球、打保龄球和滑冰而言，我们就是他的朋友。但他一直没几个好朋友，没有像正常人一样和大家一起出去。他从没这样过。

在艰难时期，一想到让别人领养他们的孩子是多么不可能，以及如果没有自己的家，这些孩子的生活将变得更加糟糕，苏和赫克托就很痛苦。他们很容易忘记孩子们的生活中发生过多少美好的事。不幸是比幸福更加强烈的情感，灾难削弱了他们的思想，以一种普通的、令人满意的生活所不能提供的方式重塑了他们对于生命的感受。但曾经真的有过很多好的事情。

莉莉怀孕以后到卡伯特奶油厂的生产线上工作，结果她很喜欢自己的工作——二十二年以后，她仍然在那里，已经被提升为经理。那么多年她一直和同一个男人生活在一起。有时在喝了一两杯后，她会哭着对父母说她是多么爱他们，心里有多感激，要没有他们，她绝不会有现在的生活。

有了赫克托帮她带孩子，特蕾西最终从高中毕了业。现在她又多了两个孩子，和一个也是被领养的男人生活在一起，为老年人做家庭健康护理；她也很爱自己的工作。JD是个水管工，和女朋友订了婚。他知道，要不是苏和赫克托领养了他，他会因为谋杀杀父仇人而在监狱里度过一生。

蕾妮和大卫在当地学校的后厨工作，过着自己的日子。虽然大卫又聋又哑，却可能是全家人中最幸福的一个：大家都爱他，他也总是乐呵呵的。他散发出一种超脱尘俗的光辉，艰难的生活似乎完全没有在他身上留下印记。为了生第二个孩子，苏安从大学辍学了，但她很幸福地结了婚，并且很喜欢她在理发店的工作，她还有美容执照。弗洛里也结婚几年了。以撒结了婚，入了伍。乔尔做着一份在学校管理特殊儿童的稳定工作。约瑟和切尔西在世俗的意义上获得了最大的成功：切尔西就职于费城的一家大型媒体集团，在他们的网站当总监，而约瑟则是苏黎世一家银行的计算机程序员。连亚伯在出狱后也适应了环境，在一家日本餐馆担任主厨。

在苏和赫克托结婚二十五周年的时候，孩子们筹集了一笔钱，让他们去佛蒙特那个他们当初度蜜月的湖边露营一周。那地方没怎么变化，他们点燃篝火，游泳，在湖面上划船，玩双陆棋。他们回来的时候，有个惊喜派对正等着他们。全家人都在，连约瑟也从瑞士飞了回来。有一个看起来和他们的结婚蛋糕一样的蛋糕。苏安做了中间的装饰品和名牌，蕾妮读了一首为那天而写的诗。切尔西拍摄了那天的家庭录像。阿莉西亚跳了舞，人们看得哭了起来。

每年都有生日派对、婚礼和毕业典礼，孙子和重孙子们大多数还比邻而居，与父母和兄弟姐妹只隔几个街区，经常进出彼此的家，相互照看彼此的小孩。每当复活节、独立日、感恩节、圣诞节和新年，孩子们、孙子们、重孙子们就欢聚在苏与赫克托虽然已负担不起却依然居住着的那所大房子里一起吃饭。虽然有些人缺席——三个去世了，一个还在监狱里，但多数人每年都在那里，过去发生的一切让他们成了一个真正的家庭。

第十三章
叶兰是生命之树

STRANGERS DROWNING

我们的文明建立在贪婪与恐惧之上，但是普通人生活中的贪婪与恐惧被神秘地转换成了某种更高贵的东西。下层中产阶级在花边窗帘后面，在他们的孩子、破烂家具和叶兰后面——他们当然是靠代金券生活，但也设法保持着体面。他们理解的代金券不仅仅是讽刺和利己的。他们有自己的标准，有不可侵犯的荣誉。他们"让自己受到尊敬"——让叶兰飞翔。另外，他们是活的。他们被束缚在生活的包袱里。他们生育下一代，这是圣人或灵魂拯救者绝没有机会做的。叶兰是生命之树，他突然想到。

——乔治·奥威尔，《叶兰在空中飞舞》

这就是核心。先是体面、荣誉、日常人性、家庭、孩子和生活——然后才有了神圣。先是有了这世界上你所爱的一切,然后才有了神圣。如果你发现自己在遥远的星球上遇到海难或快要死了,你会伤心欲绝地回想起在地球生活时的经历。如果说行善者在哪里最容易被刻画为人性的敌人,那就是在小说里,尤其是在现代小说里。在小说里,对人性、体面和人类友谊的赞颂是最强烈的,极端道德和献身于抽象理念几乎总是被看作是值得怀疑的。"我讨厌原因这个概念。"小说家E. M. 福斯特在一九三八年这样写道,"如果必须在出卖国家和出卖朋友之间做出选择,我希望我能有勇气出卖国家。"在小说里,反对行善者的情节——他们在精神上傲慢,远离日常生活,妄图超越人性之失败、痛苦与孱弱——最能打动人,也最有力。

以拉尔夫·埃尔德雷德为例,他是希拉里·曼特尔在一九九四年的小说《气候变化》中的一位行善者。拉尔夫固执地无视人群中的恶人,拒绝看到要改变他们是多么不可能。他让自己对每一个人都负起责任来,但却没有人为自己负责。他相信人类社会会稳步成长得更加慈善,人是可完善的。他的妻子安娜并不担心自己因为错误而造成的小小的不公正,她知道人是堕落的,世界并非完美,但拉尔夫发现这种态度令他反感:

这是宿命论，他想，这种想法让我们免除了那些本应该恰当承担的责任。他感到，我们应该尽力，并总是向我们的良心请教，按照我们的能力行事，任何时候都要尽力抵抗不公正的环境……如果我们不只是动物或者孩子，我们就必须进行选择，选择去做好的事情。选择作恶就是与腐朽的原则勾结，变成了混沌的工具，服从于一个终将毁灭的世界——那个魔鬼所拥有的世界——的法则。选择行善，显示出我们拥有自由意志，我们是能够与这样一些法则抗衡的上帝的造物。所以我要成为善的，拉尔夫想。那就是我必须做的一切。

拉尔夫在一个为受到伤害和被遗弃的孩子提供食宿的儿童之家工作，他工作很忙，很少有精力关注自己。他总是把日常家用送给更需要的人。每逢夏季，他会带一些受到伤害的孩子回家，他的家人只能被迫忍受他们的邋遢、偷盗和暴力。但拉尔夫下定决心，即使是其中最坏的一个他也要爱。他探索爱，那是一门科学；他的爱是固执的、坚定的、斗志旺盛的。

他和安娜生活中的一切都被多年前发生的事情的阴影笼罩着。在二十世纪五十年代，他们作为新婚夫妇一起离开了英国到约翰内斯堡去做传教士。他们没有什么钱，但拉尔夫对住得比当地人好感到不安，于是想要离开他们的房子住到小屋里去。他们从没有单独坐下来吃过晚饭。不管他们晚上什么时候回家，总有人在屋前的门廊等他们回来帮着解决困难——需要睡觉的地方，需要食物，或者有人需要被保释。在夜里不论何时，只要有人敲门，他们总是会开门。他们把食物分发出去，即使知道其中一些人前来并非是出于真的需要；他们只是因为免费所以来领取。

家里开始丢东西。他们怀疑是险恶的园丁伊诺克所为。安娜生了双胞胎，一个男孩一个女孩。不久后的一个风雪夜，拉尔夫听到门外有人敲门，有个女人请求进来。他意识到伊诺克在旁边威胁着她，但他选择了慈善而不是安全，打开了大门。伊诺克推门闯了进来。拉尔夫被大棒击倒,又被捅伤,差点丢了性命,随后他和安娜发现两个孩子不见了。不久后他们找到了女孩,她冻僵在一个泥水坑里,差点被淹死,却再也没能找到男孩。

小说里没出现很多行善者是件奇怪的事,因为很多小说家自己就和行善者一样,被道德义愤所驱使。但是多数这样的小说家宁愿呈现那些激怒他们的事情,而不是塑造一个解决这些问题的角色。你可能会说,在生活中行善者是罕见的,因此他们在现实主义小说中的稀有并不令人吃惊——然而他们在小说中比在生活中更为罕见。真实的人坏,但小说中的人物更坏。可能是行善者的缺席增加了故事的道德力量,并将这种力量引向了外部:如果没有角色来提供帮助,那就只剩下读者了。行善者可能被认为是贫乏无味的,但似乎还有一些别的原因,就好像在行善者身上存在着某种东西与虚构相抵触。

当然也有例外,比如阿尔贝·加缪的小说《瘟疫》中的英雄式医生里厄。不过令人吃惊的是,很多这样例外的好人都跳出自己的角色对行善者表达了轻蔑,并反对道德热忱。当他们行善时,他们会说他们只是在做自己的工作,并认为其道德意义非常有限。"这不是英雄主义,"里厄说,"这只是我的工作。"他在其他地方说:"你知道的,我在失败者而不是圣人那里感受到更多的友谊。英雄主义和圣洁并不真正吸引我,我想,吸引我的是成为一个人。"另一个这样的例子是个无神论者,格雷厄姆·格林的小说《一个自行发完病毒的病例》中拥有实用主义头脑的科林博士。科林在刚果的一个麻风病隔离区工作。一天,著名的建筑师凯里出现了,他想到一个偏远的地方隐姓埋名地生活。科林对凯里的动机深感怀疑。"你希望自己是有用的,对吗?"科林尖锐地发问,"你并不想仅仅为了做卑微的工作而工作吧?你既不是受虐狂,也不是圣人。"

在小说中，有很多非常好的人物都是纯洁无辜的，而不是行善者，就像陀思妥耶夫斯基的《白痴》中圣洁的梅诗金公爵，甚至在《卡拉马佐夫兄弟》里，具有天使般气质的修道士阿廖沙也更像是一个无辜者而非行善者。现实中确实存在的大多数行善者都有一个致命的弱点，那就是可以确定并没有人认真对待他们。他们要么令人讨厌，就像乔纳森·弗兰岑《自由》中的沃尔特；要么就办事不力，如《波士顿人》里的伯宰小姐；要么虚弱早夭，就像乔治·贝尔纳诺斯的乡村牧师、《鸽子翅膀》里的米莉，或《艰难时世》里的斯蒂芬·布莱克浦；要么就荒谬之极，对行善者的事业完全没有任何意义，就像堂·吉诃德或者《荒凉山庄》里的杰利比夫人。乔治·艾略特在《米德尔马契》中将多萝西描述为毫无建树的人，除了一定的精神上的崇高与一颗爱心，没有做成过任何重要的事情。

爱说教的行善者的形象几乎总是受到嘲笑，因为他们自以为是，抱持纯洁主义，并总想改变他人。"拥有所有这七种重要美德的人绝不会像小说中的英雄那样做，"小说家罗伯森·戴维斯写道，"他会是完美的，因此是没有同情心的，因为我们对人类的完善没有耐心也充满怀疑。"从小说家那里得到的感受如此明显和陈旧，几乎都用不着说出来。在小说里，不完美和罪恶的人似乎常常比那些好人更具深层的人性，所以爱说教的行善者是有罪的，不仅仅是因为假装的神圣，也是因为没有更深地理解人性。

那些情感受到理念影响的角色和不被信任的人一样多：任何派别的哲学家或理论家都很可能被谴责，要么是因为愚蠢的不入世，要么是因为暴力——如果他的观点实际有效的话。聪明的角色专注于复杂性、特殊性与私人性：密集的空间、转瞬即逝的时刻，最重要的是，通过爱触及具体的人。以下是乔治·艾略特在一则评论中对诗人爱德华·扬的评判，他比较了爱德华·扬与威廉·考珀：

按照道德中情感的比重，即其与艺术的亲密程度，它将自己呈现为直接的同情与行为，而不是对规则的认可。爱并不会说"我应该爱"，它直接就爱了……在扬那里，我们看到了那种有缺陷的人类同情，对眼前的可见之物不虔敬，将同情的动机、圣洁与信仰置于遥远而模糊的未知之地。在考珀那里我们看到了一种真正的爱，按照远近程度珍惜事物，随着了解的深入感受到敬畏的增加。

当这些因素被放到一起时——拥抱混乱与不完满，讨厌说教，珍视复杂与特殊之物，不信任抽象的东西，去爱与之亲近的真实的人而不是普遍的人类典范——实际上是在含蓄地劝告我们接受人类的处境。你应该爱人类原本的样子，而非他们应当表现出的样子，或者他们能表现出的最好的样子；你应该拥抱人的本性以及与之相随的所有苦难与罪恶，并且接受人生总是如此；你应该接受幸运与不幸在人类生活中所扮演的角色，以及人类改变命运的能力的有限性。不能做到这些就可能会变成一个行善者，他并不爱这个世界本身和其中不完美的人们——他的头脑中只有概念。

当然，有些小说家拒绝这一思潮。J. M. 库切的《伊丽莎白·科斯特洛》就是一部关于道德概念的直白到赤裸的小说——几乎都说不上是什么流派了。但作为例外，它承认一个规则。"现实主义与概念绝不能融洽相处。"在书的开头有个人看到了这一点，"现实主义以一个观念为前提，这个观念就是，概念不能独立存在，而只能存在于事物之中。"伊丽莎白·科斯特洛是一个小说家，虽然她厚着脸皮宣讲动物权利，她也意识到这个宣讲在她步入的文学圈里不能算是好的形式。在书的最后，科斯特洛碰到了她多年不见的做了修女的妹妹。她妹妹说："我不需要通过读小说来知道卑鄙、无耻、残忍的人会做什么。"事实上，她妹妹想知道，为什么在小说里几乎没有行善者——她想要更多道德抱负。"如果所有对人的研究都是为了向我们指出那些更阴暗的可能性，我会把时间花在更好的事情上。"她说，"另一方面，如果对人的研究是要研究人们将如何重生，那就是另外一个故事了。"

乔治·萧伯纳与列夫·托尔斯泰也拥抱明确而抽象的道德化——两人都站在了攻击莎士比亚的立场上，因为他们认为他对人类处境采取了非道德的接受态度。萧伯纳抱怨莎士比亚的懦弱与悲观主义。萧伯纳认为，他能呈现虚荣、被动与绝望，但却没有美德或真正的英雄主义。"都是些什么人啊"，萧伯纳写道：

> 这些恶棍、蠢人、小丑、酒鬼、懦夫、阴谋家、好战者、情人、爱国者、以为自己是哲学家的忧郁症患者（或者被作者弄错）、没有公共责任感的王子、明明是自己无能却以为遇上了贫瘠而无意义的世界的没出息的悲观主义者……在追求政治才能、公民权利和任何物质或精神意义上的国家财富的人中，你找不到一个得体的教区代表或助理牧师。至于信仰、希望、勇气、坚定或任何真正英雄主义的品质，你更是找不到……

萧伯纳在自己戏剧的前言中阐释了他倾向的道德，他发现莎士比亚的哲学不可知论是脆弱和应受谴责的。如果他能将世界看得如此清楚，他怎么能对解决其问题的方法如此漠不关心呢——而且还对不这样的人充满敌意？在这个方面，萧伯纳发现狄更斯同样令人吃惊：社会剥削的超级记录者，如此感性，却不能清晰地思考稍好一点的世界是什么样子。这两个人都"关注世界的多样性而非统一性，"他写道，"他们没有建设性的观念，并且将有建设性观念的人看作是危险的幻想家。他们所有的小说中都没有主导性的思想或启发，人们甚至不能为此去承受洗澡时打湿帽子这样的危险——更别说是大得多的生命危险了。"

早年的托尔斯泰以自然主义者、反道德主义者、唯美主义者的身份为人所知。一八六五年，也就是他刚刚出版《战争与和平》之时，他在一封信里写道："艺术的目的与社会目的是迥然不同的（就像数学家们说的那样）。艺术家的目的不是要无可辩驳地解决一个问题，而是要让人们热爱生活无穷无尽的表象。"八年后，他开始写作《安娜·卡列尼娜》，这本书讲了安娜与渥伦斯基的故事——是常见的关于浪漫之爱的小说。有很重的自传色彩的列文出现在他写作的第一年里，成为托尔斯泰陈述各种社会目的和无法解决的问题的工具。但托尔斯泰很小心地区分了抽象的社会目的与那种自然地产生于个人感受与日常生活的目的。虽然微小而有限的社会目的现在得到了承认，但抽象性仍然是不好的，比如试图以任何一种方式去帮助陌生人或者改变社会。

> 奥勃朗斯基：她现在有个英国女孩，她对他们全家都挺感兴趣。
> 列文：为什么，她是某种慈善家吗？
> 奥勃朗斯基：你看，你总是自找麻烦！这和慈善没啥关系，只是她的好心罢了。

列文和他妻子基蒂两人在不同时期都曾尝试去过一种道德生活——基蒂是通过帮助令人厌恶的病人，而列文则是以不同的方式为公共福利工作。但是两人都发现以下原则并不会产生什么好的效果：一个人只按照自己的内心生活，没有个人兴趣。不管是出于自私还是爱，慈善都仅仅是一种伪善或不能成功的空洞的理智主义，因为它背后没有迫切的动机。托尔斯泰写道：

> 列文是这样看待他同父异母的兄弟的：他有很高的智商与受教育程度，他的高贵已经穷尽了"高贵"这个词的最深层含义了，还有着能为公共福祉服务的才能。但在灵魂深处，随着他越来越了解自己的兄弟，一

种想法就越是经常地出现在他的脑海中，即他感觉自己完全缺乏的那种为公共福祉工作的能力可能并不是什么相反的品质，并不是缺乏善良、可敬、高贵的欲望与品位，而是缺乏某种生命力，某种被称为心灵的东西，某种驱使人去选择的冲动——在无数种生活方式中选择一种，从此坚定奉行。

《安娜·卡列尼娜》是托尔斯泰作品的转折点，处于他早期的唯美主义与后来的道德化之间。他于一八七七年完成这本书的最后一部分，这时他已经判定，如果一部小说能够自我辩护，那么它必定是"对所有社会问题提供正确观点的工具"。他开始讨厌《安娜·卡列尼娜》，只是极不情愿地完成它。他处于一种可怕的极度痛苦的精神状态中。由于害怕自己自杀，他将枪和绳子都收了起来。他开始对艺术感到一种清教徒式的厌恶，这种厌恶正源自他之前看重的艺术特有的品质——它自然的物理力量，它的非道德性。

这时的托尔斯泰距离谴责莎士比亚只有数步之遥。新世纪到来不久的某个时间，当时已经七十多岁的托尔斯泰写了一个小册子，描述了他对社会予以剧作家普遍的奉承这一现象感受到的困惑。他认同剧本中过去总是激怒他的很多美学上的缺点——角色们说着相似的话，总是发表冗长的演说，与其行为之间只有纤弱的关系，他们的动机毫无意义（他觉得李尔王尤其愚蠢）。但他认为莎士比亚最大的罪过是一种道德罪过，这种道德不可知论同样激怒了萧伯纳。

剧作不带判断地呈现，不带结论地观察。托尔斯泰感到，在莎士比亚的世界里，不存在对一切处境都真实有效的道德原则——人类生活由于其无限的复杂性而不允许确定性存在。一个人能合理确信的只能是中庸即善，抱负是坏的或荒谬的，或者两者都是。如果你的行为或多或少跟其他大多数人类似，你就不会错得太离谱。他写道："莎士比亚并不赞成责任的边界超越自然倾向……他鼓吹一种对人而言自然合理的介于基督教与异教戒律之间的中道，一个人一方面爱他的敌人,另一方面又仇恨他们。一个人可能会做过多的善事(超出了善的合理限制)被莎士比亚颇具说服力的文字与例子所印证。因此,过度慷慨毁掉了泰门,而安东尼奥适当的慷慨则带给他荣誉……莎士比亚教导大家……那个人可能过于好了。"

托尔斯泰指责莎士比亚的更令人吃惊的时刻是他断言《汤姆叔叔的小屋》比莎士比亚的任何一部戏剧都更伟大,因为它出自对上帝和人类的爱。这一断言尤其像是诽谤,因为《汤姆叔叔的小屋》是一部文学价值很少得到捍卫的感性畅销的通俗作品,但这一对比的离谱之处不仅仅是因为托尔斯泰乖张好斗的性格。如果托尔斯泰要反对的是莎士比亚非道德的自然主义,那就可以和通俗作品做对比,因为在通俗作品中并不存在反道德化的文学思潮,而这正是托尔斯泰在莎士比亚的作品中要反对的东西。确实,这是可以将书定义为通俗的特点之一:在一部通俗作品中,一个人物形象可能非常好或非常坏;毫不含糊的道德可以被很清楚地写出来;没有什么情感上的适度感可以限制情绪的洪流。一部通俗作品不必体现世界与人心的复杂性:行善者必须最好是天真的,而最坏则是暴力的。在通俗小说中的通俗人物可以努力改变这个世界。

当然,《汤姆叔叔的小屋》确实改变了这个世界。它出版于一八五二年,是十九世纪卖得最好的书,在推广废奴事业上不论对狂热分子还是对美国大众都影响极大。汤姆叔叔是一个天主教徒——非常虔诚、自我牺牲、勇敢、清廉正直、有爱心。在他最初的主人将他卖到河下游,让他和家人分开的时候,他并没有抱怨——他相信自己被卖掉比其他人被卖掉要好一些。他对妻子说,他爱他的主人,因为他从主人还是个孩子的时候就一直照顾着他。他对妻子说,要为贩卖奴隶的人祷告,因为他们的灵魂处于危险之中,而这比卖掉要糟糕上千倍。但他不是被动的,他冒着极大的风险去帮助其他需要帮助的人,当被命令去鞭打其他奴隶或不让他们看《圣经》时，他并没有那样做。他拒绝告诉主人有些奴隶逃到哪里去了，最终他被杀了。

总是有人因为文学的理由讨厌《汤姆叔叔的小屋》，也有其他人出于种族政治的理由讨厌这本书，但詹姆斯·鲍德温在一九四九年写文章解释自己为什么讨厌这本书时，他说，种族主义的侵犯与文学上的失败是一回事。和其他通俗小说一样，《汤姆叔叔的小屋》在漫画倾向上有其过错：其中大多数人物不是复杂的个体而是荒谬的漫画形象。但这不应归咎于作者斯托作为写作者的局限性，甚至不应归咎于她将政治目的置于文学目的之上。鲍德温感到，这应归咎于某种更致命的东西。"过度而虚伪的情感招摇过市，是不诚实、缺乏感受力的标志，"他写道，"多愁善感者湿润的眼睛出卖了他对经验的厌恶，对生活的害怕，以及一颗荒芜的心；多愁善感因此总是标志着秘密与暴力的不人道，是残忍的面具。"

这里的暴力最明显针对的是被简化为纸板耶稣的黑人汤姆之人性，但也是针对这类人，针对人类复杂的真理与自由。"忽视、否定和回避人的复杂性，"鲍德温写道，"那无非是对复杂性的焦虑——我们被压缩了，枯萎了。只有在模棱两可、矛盾、饥饿、危险和黑暗之中，我们才能立刻发现我们的自我以及那种将我们从自我中解放出来的力量。对这种力量的揭示正是小说家的责任，这一旅程必定朝向优先于所有其他断言的更加广阔的现实。"

这是小说最强烈、最摩尼教的反行善者思潮：一方面是复杂性、生活与情感；另一方面是多愁善感、道德化与暴力。在这一图景中，无限的复杂性似乎是唯一好的，也是唯一的真理，而哈姆雷特则是唯一的英雄。所有的行动看起来都像是暴力，所有的原则都像是谎言；所有的人都必定是小说家或凶手。

小说里明显的说教并没有随着维多利亚时代的多愁善感的终结而终结。满世界依然都是粗浅而类型化的小说，观念在这种小说里披着角色的外衣演出道德戏剧。但这些更近期的作品对他们的哲学化倾向是有意识的，并为此找了借口，他们似乎觉得这违背了某些不言而喻的文学规则。

例如，在大约同一时间，鲍德温写了一篇文章说另一种道德化和改变世界的小说出现了，其传递的信息据他的文学观看来或多或少是有冒犯性的《汤姆叔叔的小屋》的反面：安·兰德的《源泉》。这本书里满是无私与帮助弱者，但对兰德而言这两者都是诅咒。她小说中的反派角色是埃尔斯沃斯·M. 图希，一个诡计多端的社会主义建筑批评家，他相信艺术家应该使自己的品位服从于大众的品位；他相信个人的爱是不公正的，因为你应该平等地爱所有人。她小说中的英雄是霍华德·罗克，一位才华横溢的古怪的建筑师，其原则与利他主义相反——他害怕让自己卷入另一个人的生活，同样也害怕别人会干涉他的生活。"这就是我写作的动机与目的，"兰德写道，"典范的投射。树立道德典范的肖像是我的终极文学目标——任何包含在小说里的说教的、理智的或哲学的价值都仅仅是手段。"

兰德对无私的论证于一九七七年被玛丽莲·弗伦奇在《女人们的房间》中采用，这是一本卖了两千万册的女性主义小说。女主角米拉在二十世纪五十年代读了《源泉》，那时她还是个学生，这本书点燃了她改造自我的欲望。那时她感到自我已经窒息，并被一种教导女人要无私的道德所绑架。米拉读《源泉》的时候感到内疚，因为她意识到这是一本粗浅的书，不如她在学校里读到的文学作品。但她也开始怀疑，正是因为这是一本粗浅的书，才会对她有种道德上的影响力。"好文学，她的老师们觉得好的文学，与真实世界无关，"她想，"与世界相关的作品要低于与世界无关的作品。"对她来说，似乎坏小说的低劣与坏人的低劣是相似的：要得到尊敬，文学如人一般必须保持贞洁。

詹姆斯·鲍德温毫无贞洁可言，他极深地卷入了这个世界。从没有人像他那样被道德义愤所驱使，他在他的非虚构作品中描述了这种愤怒以及引起这种愤怒的机制和邪恶。然而在他的小说里，就像在很多文学作品里一样，这种愤怒被转化了，仿佛某种跟形式有关的东西用强力催生了一种关于"什么是错的，什么是对的，什么是人应该做的"的不同的表达方式。在他的小说里，道德美变得更小，更具体，更私人，是某种存在于一个人与另一个人之间的东西。他在《告诉我火车走了多久》中写道："生命中的某些瞬间——不需要很长或显得很重要——能够补偿生命中的很多东西，能够为一个人生活中的那种疼痛、那种困惑提供救赎和辩护，赋予他不只是忍受生活而且要从中获益的勇气。某些瞬间让我们懂得了人类相互连接的价值：如果一个人能够忍受自己的痛苦，那么他也会尊重他人的痛苦。因此，简单但又抽象地说，我们能够帮助彼此摆脱痛苦。"

第十四章
从宇宙的视角看

STRANGERS DROWNING

不要行义过分,也不要过于自逞智慧,何必自取败亡呢?不要行恶过分,也不要为人愚昧,何必不到期而死呢?你持守这个为美,那个也不要松手。

——《传道书》7:16-18

满三十岁后不久,斯蒂芬妮·维克斯特拉决定不再信仰无条件的利他主义。这是她十年之内所经历的第三次重大转变,最终她感觉自己疏离而孤独。她怀着一种彻底的道德明晰感长大,明白什么是自己的责任,但这已经逐渐萎缩与朽坏,直到最终像一层老掉的皮肤一样从她身上掉下来。在二十多岁的时候,她开启了一系列探寻,寻找一种不同的明晰性,有两次她认为已经找到了,但是都搞错了。在最后一次探寻失败以后,她接受了这样一个事实,即她可能再也不会像童年时那样坚定地相信道德的确定性了。

她在密歇根州的荷兰镇长大,那是一个靠近大峡谷的美国西部小镇,是非常荷兰化的地方。那里每年都会举办郁金香节,有很多高大的蓝眼睛的人和新教教堂。她妈妈在一个基督教学院教书,爸爸在一所要求教授在基督教信仰誓约上签字的大学里教授哲学。虽然她爸爸是一个哲学家,但他和她妈妈展现给她的基督教并非一系列神学信念或一种道德生活的方式,而是一种与耶稣的情感联系。斯蒂芬妮虔诚而盲目,她爱上帝。

在上十一年级时,因为要去东海岸休假,她的父母把她送到了马萨诸塞州的一所寄宿制学校里。家庭作业比过去要难,一开始她非常努力,以至于都开始掉头发了。她还发现她在学校的很多朋友都不是新教徒,于是她尽自己所能去说服他们相信上帝。她随身携带着《圣经》，这样就可以随时翻开它和其他人分享，比如和朋友们一起出去的时候，或在半夜的宿舍里。她不是一个说好话的新教徒，她对自己的使命非常认真。有一次在餐厅吃饭时，她搅进了一场可怕的争论，当时她说，上帝创造某种人不会只为了将他送入地狱，所以同性恋必定是一个选择。

她爱上了一个不信神的男孩，这个男孩也爱她，并开始在晚上给她打电话。有天夜里，他问她，如果有一天早上她醒来后完全确信上帝并不存在，她会做什么？她回答，她会不想再活下去，那将毫无意义。谈话不久就结束了，和谈话一起结束的还有他们的友谊。这并不是因为他们说了什么，只是对他来说这太疯狂了。她还有另外一个犹太朋友，他是个不可知论者，当他们一起出去绕着校园散步时，她试着说服他相信上帝是存在的。她不知道任何正规的论证，于是她对他说，唱圣歌的时候她感受到了圣灵的存在。有天晚上，她的朋友说，如果上帝真的存在，他为什么要允许我的亲人们死于大屠杀呢？这给了她很大的打击。她感到晕眩，头脑一片混乱，不知道该说什么。这不是她第一次遭遇恶的问题，但这是第一次有人让她以如此直接与私人的方式来面对这个问题。

在她试着让人们改变信仰的时候，她自己却动摇了。她以前从没有和新教徒之外的人一起生活过，她发现这既奇怪又令人激动。她开始骂人，吸大麻。这些东西并没有让她有很强烈的罪恶感，那种感觉为性保留着。在一场基督教摇滚音乐会上，她签署了一份婚前无性行为的誓言，但是她十四五岁时的一次经历一直保留在她记忆深处。她在纽约时，有一次坐在她祖母公寓附近的街角咖啡店里，看见一本女性杂志放在桌上，就随手拿来翻了翻。她在里面发现了一位有基督教背景的女性的文章。那个女人直接对读者说：如果你在婚前有过性行为的话，你并不会化为一股烟。你不会死亡或者消失，生活会继续，你将好好的。我是这样做的，所以我知道。在那时，这对斯蒂芬妮来说就像是一个启示。在她可能犯的所有罪中，她知道婚前性行为是最坏的，然而这里却有一位女性基督徒这么做了并幸存了下来。她好多年来都想着这篇文章。

在她上大学前的那个夏天，她在网上用笔名发了一个有脏字的帖子。她爸爸在搜索电脑的历史记录时猜到了她的笔名，与她对质。他对她说，她需要更努力地祈祷，不再犯罪。她哭了，跑到后院里，躺在蹦床上，看着夜空；就在那时候她看到了一颗流星。她感到这是上帝在对她说话，让她回家。他已经发现了她，拥抱她并重新接纳了她。这是一种欢喜的感觉，一种被接纳、重新变好的感觉——即使这意味着要放弃过去两年她生活中出现的令人激动的新事物。

当她去上大学的时候，她立即开始强化她复苏的承诺。她睡觉前每晚都读《圣经》，还写了一张纸条给上帝，保证决不看色情文学，并把它装在钱包里。她加入了一个基督教的小礼拜堂唱诗班，每周六早上聚在一起读《圣经》并谈论神学问题。她想知道为什么上帝要聆听祈祷。难道对他而言更有意义的不是把事情都安排到最好状态，什么都考虑周到吗？一个人因为碰巧祈祷了什么或没有祈祷什么而有不同的命运，这难道不奇怪吗？

她在读研究生时学了哲学，并遇见了一个叫杰夫的哲学系学生。有一次，她向他解释关于莱布尼茨的某一观点，他们相爱了。他们能够连着八个或十个小时谈论哲学或宗教——他们散步时走很长的路，整夜整夜地不睡觉。

杰夫来自宾夕法尼亚州。他还在读高中的时候就已经是一个活跃的创业者了。十六岁的时候，他募集了大约九万美元创建了一个公司——但他并不是为了追求金钱本身。他想要对世界有所影响，并想着，不论他要怎么做到这一点，很多的钱总会是有用的。他本科在沃顿商学院念商科，但随后决定转而学习哲学。读到康德的时候，他开始发展自己的道德体系。他也开始发展自己的心理学理论，他相信人类的大脑远远未被完全开发，在少量心理学伎俩的帮助下，与目前所开发的量相比，它能够得到指数级的增长。他经常引用的例子是记忆宫殿，比起其他方法，这种方法能使人记住的东西要多很多。

当斯蒂芬妮和杰夫在一起时，她是幸福的。但她再一次纠结于自己的信仰，她不能将自己与一个判处人类下地狱的上帝联系在一起。她心想，我不想崇拜那样的上帝。她从没有跟她父亲提到过这些怀疑，但他却觉察到了。有一天，他在电话里与她对质：你依然相信耶稣是为你的罪而死的吗？她最终尖叫着结束了对话，并且好几个月都没有再跟他说话。那真是一段艰难的时期。她意识到，如果要放弃基督教的话，就不得不预备着永远不能亲近她的父母。但是她感到必须要保护父亲，因为她知道她的抛弃对他是毁灭性的。有天夜里她梦到他游走在沙漠里，她知道他将死去，她本来可以救他，但是她没有。

在进研究生院后不久，她开始对形而上学不再抱有幻想。哲学家似乎是想通过运用他们对事物本性的直觉来得到真正的知识——但为什么应该是这样呢？尤其是研究已经显示生活在不同文化中的人们对同一问题拥有完全不同的直觉。当处于相同文化甚至相同流派的哲学家们拥有冲突的直觉时，该如何在二者之间进行裁决？她转向了知识论——研究我们怎样为自己的信念辩护——但很快她就开始怀疑很多讨论是毫无意义的。

这段时间，在一趟有杰夫加入的意大利家庭之旅中，她妈妈发现斯蒂芬妮在吃避孕药。她妈妈很吃惊，想方设法阻止这一可怕的罪过。她为杰夫祷告，向他伸出手，想带他走向上帝，她让他们发誓在意大利不要有性行为。最终，她和斯蒂芬妮大吵了一架，因为她妈妈整天追着他们，不让他们溜出她的视线——斯蒂芬妮愤怒而困惑地想，好像她觉得他们会在大街上乱搞似的。之后，当她发现斯蒂芬妮已经和杰夫睡过之后，便对她说她已经背叛了上帝，她不会原谅她。

之后的几个月，她和父母在电话里就自己与上帝的关系展开争论。她父母感到她的信仰已死，他们为她的灵魂而战，但最终还是失去了她。她不再相信了，她这样告诉他们。接下来的夏天，她和杰夫去密歇根州参加一个婚礼，趁着父母不在住进了他们的房子。她到了那里后发现，以前屋里到处都放着她的照片，而现在全都不见了，她所有的痕迹都被移除了。她妈妈留了一张字条解释怎样可以找到杂货铺，就好像她是一个陌生人，从没有在那所房子里生活过，没有每周都去那个杂货铺。那张字条也告诉她，她的东西都被打包放在了地下室，她走的时候应该带走。

斯蒂芬妮和杰夫结了婚。她父母来参加了婚礼，但她知道他们并不对此感到高兴，她没有让父亲带她走进礼堂。在接待处，她看见一个表亲拿出了一些她小时候的照片，其中有一张是她大约十二岁时，正在试穿她妈妈的婚纱。这些照片似乎呈现了从那个孩子到现在的她之间的连续性，她退却了。她想，那之间没有连续性。她已经选择了和童年断裂，这选择是艰难而痛苦的。她收集了所有的照片，把它们藏了起来。

婚礼后不久，她的生活似乎终于安定了下来。她和杰夫都在马萨诸塞州郊外的一所小学院找到了工作，并搬到了附近的一所房子里居住。但她并不满足，她感到应该做些什么来改善自己的生活。

在她还是研究生时，她曾在珀斯安波易的一所看护中心里做一个十三岁女孩的看护人。她们一起去博物馆，一起看电影，一起做饭，她变得有些依恋那个女孩。她开始研究看护中心，发现很大比例的孩子在长大离开看护中心之后会成为无家可归的人。有一年夏天，她在几个为收养孩子服务的机构实习，试着帮助这些孩子顺利进入成年阶段，她注意到，尽管这些机构抱有良好的意愿，但他们很少关注项目的进展情况。那里并没有真正的研究，没有数据，没有证据。她意识到这是她喜欢做的事——对善良意愿的效果进行研究。

在这一领域进行探访的时候，她发现了"善予"，一个致力于这类研究、追求用最少的钱改善更多人生活的组织。这家组织在几年前由两三个年轻人筹建，他们当时在一家对冲基金工作，苦于在非营利组织的世界里找不到评估投资所需要的数据。很多慈善家谈到用很少量的金钱救人，因为这有益于募集资金，但事实上"被拯救的生命"这一概念并没有多大的意义。要将一个生命算作是"被拯救的"，那个人必须要多活多久呢？如果一个人在接下来的一周死于小儿麻痹症，那么治疗他的疟疾就不会有太大用处。要是你这周让他免于因疟疾而死，下周又免于因小儿麻痹而死，那这是算救了两个人还是一个人呢？

"善予"喜欢用于测量的工具是DALY①，其字面意思是调整残疾人生活年限。这个量表不仅考虑到一个人是否得到了挽救，还考虑到他又活了多久，以及生活在什么样的状态下。比如，健康状态下的一年会比盲人或截肢的一年比重更大。在选择要关注哪种疾病与问题时，这是有用的。斯蒂芬妮一开始在"善予"做志愿者，后来，她把父母都研究哲学而绝不会尊重这样一份工作的担心放在一边——她辞掉了学院里的工作，在那里全职工作。

同时，杰夫也在改变。他也辞掉了教职，创建了一个叫"杠杆研究"的组织，企图以此改变世界。他与托比·奥德在牛津创建的有效利他主义运动联合起来，后者已经在美国的大学里通过像茱莉亚·怀斯与杰夫·考夫曼这样的人建立了先遣队。杰夫与斯蒂芬妮搬到了纽约，并和其他几个已经与"杠杆"签约的人合租了一个院落，此后组织和杰夫的野心就一直伴随着他们。

为了改变世界，杰夫相信，他必须改变自己。他变得越来越关心效率，每夜只睡三个小时，白天平均午休三十分钟。斯蒂芬妮看见他在电脑前打盹，担心他这样下去会生大病。他的野心是无边际的。他在"杠杆"的简介中写道："杰夫出于第一原则思考与行动。他得出并颁布了一系列为所有人创造一个繁

---

① Disability-Adjusted Life-Year 的首字母缩写。

荣世界的行动指令。"这意味着，他不认为可以在别人关于某一议题已有的成果的基础上做进一步研究。他将提出一个原创的道德理论以及一个原创的人类心智理论，他将一切从头做起。

他的终极计划是创造一个理想世界，斯蒂芬妮与他争辩过这点。她会说，你可能会达成你计划的一部分——你可能从事疾病、战争、饥荒或人际关系方面的工作——但你不能做所有的事情，即使你非常聪明也不行，因为世界是复杂的。但杰夫好辩，他会逐个击破她的观点，即使他从未说服过她，但她也同样不能说服他。她会将很多辩论的环节详细记录下来，而他会写下类似这样的回复："我不同意你论证中的前提四，请弄清楚你是如何使用'困难'一词的，这里有五种可能的定义，你用的是哪一种？"她感到无助和挫败，随着时间流逝，她开始回避这些论证。他感觉到她的疏远，并产生了背叛感。当然，如果你爱一个人的话，你要不就支持他的目标，要不就艰难地劝阻他——不会仅仅扭过头去。她同意这点，并感到内疚。一部分的她希望他的野心会就此打消，然后他们会重新幸福地在一起，而她也不再挣扎——但这不会发生。

斯蒂芬妮热爱她在"善予"的工作，但在心底总被杰夫激起的念头——这是不够的——搅得不得安宁。她应该做些更大的事，但她不知道什么是更大的事。像奥布里·德格雷一样，致力于战胜死亡吗？像机器智能研究所的工作人员一样，防止计算机被恶意侵入吗？这当然比她现在做的事情要多。杰夫觉得"善予"的工作太短程，太有限了。他总结道，它扮演了一个有用的角色，但它对修复这个世界几乎没有什么作用——并没有真的改变什么。他对她说，如果她工作得更努力些且不再介意采取非常规的观点，她就可以做到不辜负自己的潜能。

但这一想法让她感到悲伤。如果她真的投身于拯救这个世界的行动中去，就像她"应该"做的那样，她就再也不会有乐趣了——她不能去旅行了，也绝不会去漂亮的地方。她将必须像杰夫一样专注地投入。她得一直工作，将自己的生活与自己所爱的东西切断联系，一样一样地，直到一个也不剩。如果她真的要让自己去承担义务，就必然要孤注一掷。但承担这种量级的责任还是让她害怕，当她不得不这样做时，她成天都在担心。她总是感到内疚；然而同时，有效利他主义的一些事情也开始让她感到困扰。她讨厌那种感觉，即她有义务只关注做善事的可能的、最有成效的方式——更个人化但不是很有效的方式，比如去收养中心做一个小女孩的看护人，没有好好利用时间。

在斯蒂芬妮与杰夫分开几个月后，两人开始了夫妻心理治疗。她告诉父母时很担心，但出人意料的是，他们并没有生气。她开始更频繁地跟他们打电话。那些对话并不容易——她依然感到疏离——但她觉得和他们又慢慢地靠拢了，他们在暗中摸索，试着靠近彼此。她妈妈说，我们每天都在想你。斯蒂芬妮知道她在说什么，她很小心地没有说出来，她知道妈妈想说的是：我们每天都为你祈祷，希望你找到重返上帝之路。

虽然斯蒂芬妮确定分手是正确的，但她很痛苦，她感到自己开始分崩离析。有天晚上，她约了妈妈在祖母的公寓一起吃饭，但她晕头转向搭错了地铁，最终到了城市的另一边。她哭着打电话给妈妈，说她不能过来吃晚饭了，她无法面对她的评判。她妈妈说，来吧。斯蒂芬妮去了，整个晚上她都躺在床上哭泣，她妈妈坐在旁边轻抚着她的头发，斯蒂芬妮感到她不再掩饰自己的某些部分，而她妈妈却依然爱她。

就在这段时间，夫妻治疗师推荐了一本叫《彻底接受》的书给斯蒂芬妮，这本书改变了她的生活。这是一本佛教书籍，她对佛教并不特别感兴趣，但它的基本观点是这样的：你是一个还不错的人，就像你现在这样。你可以改变，但并不是必须。当她刚开始读的时候，这一观点荒唐得让她吃惊。但随后她想，如果你看见了一棵树，你不会想，这棵树不如另一棵树那样花枝招展，这是不够的。如果你看见一只小狗，你不会想，你应该长得更大点呀，你怎么回事？也许人也是一样的——他们就是那样子，这就挺好的。

她曾经相信，在她这一生中，总归有些在根本上不好的东西，但现在她认为或许她错了。这本书里讲到很多人在一种"无价值的恍惚状态"中度过了人生。这让她回想起很久前读到过的一句话，讲的是上帝怎样用他的斗篷盖在你身上，掩藏了你的罪。这让她吃惊，也让她觉得可怕，即上帝是如此讨厌人，以至于他宁愿遮住人而不愿直视人。这是让她感到自己开始远离教堂的那些时刻之一。

随着她开始接受自己，她也开始拒绝自从抛弃基督教后构成她道德生活基础的东西：功利主义。她拒绝彼得·辛格关于我们要承担多少义务的池塘论证，她已经意识到，接受了这个论证就意味着要放弃自己。她并没有一个哲学的反对论证，但她不再相信她非得有一个不可。她花了很长时间才认识到这一点——经历了很多年的内疚与自我撕裂——但最终她不再相信她有责任将每一个醒着的时刻都用来拯救世界，或必须从睡眠时间中争取更多醒着的时间。

她依然希望成为与她分享共同价值观的团体的一部分，但她能找到一个她会一直认可的团体吗？她读过一本社会学的书，讲的是人类群体是如何产生将他们凝聚在一起的半正式的宗教仪式与信念的。或许在努力为自己的信念辩护的过程中，她误解了他们的目的，以及人类社会是如何运作的。或许你仅仅是被认为应该接受这些东西，或至少对此不太质疑。她想要属于某个地方，相信某些东西。她不希望她的整个人生都由拒绝的链条、一个又一个永无止境的离开所组成。

她拒绝了基督教，拒绝了哲学，拒绝了无条件的利他主义。现在她什么都没有了——只有她自己。想做什么就可以做什么让她觉得幸福，但这也令人恐惧。她没有过去那么内疚，但却更加焦虑。她花了一辈子的时间为没有过上实现这套或那套既定规则的生活来苛责自己，现在她必须要靠自己来解决一切。

这种思维方式对她而言并不容易，但她承认这种令人目眩的不确定性正是自由的代价。

"有价值的东西就是我所认为有价值的东西，这样合法吗？"她怀疑，"这样对吗？"对她来说，这听起来太主观了——如此浅薄，如此没有根基。这样想让人非常不安。她花了一生去寻找一个基础，当她不再信任一个神圣计划时，她曾去寻找一个客观的道德真理，但她没有找到，而现在她怀疑是否存在那样的东西。但是还剩下些什么呢？你能将人生建立在你发明的观念上吗？没有比那更大、更多的东西？她已经拒绝了建立在数个世纪的思考与信仰之上、被百万人所遵守的道德体系，而现在她的基础将是她自己？这听起来太荒谬了。但这就是她所拥有的一切。"这样说对吗——这世界上有我看重的东西，而这就是我在生活中所要追求的东西？"她很怀疑。或者，她不再知道什么是对的，或许永远也不会知道了，就这样根本没有任何基础地活着，可能吗？她不知道。

第十五章
远离生活之物

STRANGERS DROWNING

当一个正直的人处于最大的不幸中——倘若他无视责任，其实本可以避免——他难道不是通过以下意识才活下去的吗？即在他眼中他没有理由为自己感到羞愧，或担心自我审查的内在凝视。这里安慰人心的并不是幸福，幸福甚至都算不上其中最小的部分，因为没有人会希望自己遭遇此种处境，甚至欲求一个陷入此种处境的人生。但是他活着，他不能忍受过一种自己眼里无价值的生活。这是敬重某种远离生活之物的效果，与这种东西相比，生活的全部快乐都显得没有价值。

——伊曼努尔·康德，《实践理性批判》

如果在道德与生活之间存在竞争的话，生活会胜利。生活自身会胜利，所以，让生活值得过的东西也会。虽然并非每次都是如此，但生活最终会胜利。有时人会为了事业而献身，为了责任而放弃那些对她而言最珍贵的东西。但多数时候，活下去、供养家庭、追求美丽、为自己而工作、自发地行动、没有任何目的地行动，或者做很多不同于帮助别人的事，这样的欲望强烈到难以抑制。

　　生活是否会受到道德的威胁取决于你认为生活是什么。在最古老的传统中，好的生活是道德的生活（虽然多数传统也在日常的道德生活与圣人的道德生活之间做出区分）。生活受到了太多道德威胁是一种较新的、浪漫主义的概念——与理性相比会更看重情感的价值，与有意的行为相比更看重自发的行为，追寻原初的、本真的自我而不是小心翼翼地塑造一个道德自我。对一个浪漫主义者来说，欲望更少受到限制，而行善者则会限制它。"那些抑制欲望的人之所以这样做，是因为他们的欲望太弱了，可以被抑制住，"最早的浪漫主义诗人之一威廉·布莱克轻蔑地写道，"被抑制，逐渐驯服，直到它变成欲望的影子。"对某种浪漫主义而言，行善者的自我纠结可能看上去误入了自戕的歧途。

布莱克在这里反对的是诗歌《失乐园》，在这部作品里，弥尔顿描述了撒旦对上帝权威的反叛。撒旦想要权力与自由，但天使亚必迭对他说，即使他现在逃离天堂，他也依然是不自由的：他被一个新的主人所奴役——他自己。这是关于欲望的古老观点，即内部的奴隶主；但是布莱克和追随他的浪漫主义者们拒绝接受这个观点。

撒旦反叛的善是天使之善，其中包含着对上帝的服从。但行善者的善并不总是服从，相反，它常常是对他成长过程中遵循的规则与习俗的反叛。行善者看起来如此奇怪的部分原因是他们凭自己的意志行动。他们服从的是自己制定的规则，驱动他们的是他们从还不知道责任是什么的时候就感觉到的一种责任感，而非其他人对责任的看法。他们来自的人群会认为他们古怪而极端。他们不是来自那样的共同体，即在其中他们的牺牲是正常的，是事物秩序的一部分。

在有些环境中，行善者看起来并没有那么奇怪。对行善者而言，他们总是处于战争时期；在战争时期，行善者看起来没有那么热心，他们的承诺也没有那么庄重。但战争自身也已经改变了，这可能是行善者现在看起来比过去更古怪的一个原因。战争不再要求人人都做出牺牲。对某些富裕国家而言，战争往往是发生在其他人身上或其他地方的事。对大部分人类历史来说，为了某种更大的东西牺牲自我、孩子或工作是正常的，因为征兵制度很平常。但很多国家在几十年前就已摆脱了这一处境，在这些国家，不久之前还可以理所当然地要求为了国家而冒险，牺牲自己及家庭成员的性命。也许，没有了这种更古老的责任形式，对家庭的责任感就会扩展并取而代之，以至于现在看起来为了事业而牺牲家庭变得不自然并且极端了。

在一九〇六年，哲学家威廉·詹姆斯做了一个题为"战争的道德等价物"的演讲。詹姆斯说他渐渐意识到，像他这样的和平主义分子过去沉湎于对战争造成的流血、暴力与浪费的谴责之中，却没有看到这些论证根本没有触及对手的论点。"军事政党既不否认兽行、恐惧,也不否认花费,"他说,"它只是说战争自有价值,将人类本性作为一个整体来考虑的话,战争是懦弱的自我的最好保护。"和平主义者们不能理解的是,促使国家进行战争的并不仅是卑鄙的征服与掠夺欲。生活在危急状态中的士兵是一个努力、奋发、勇敢的生命,随时准备着牺牲一切。对这样一个人而言,和平时期看起来可能是懒惰、软弱而堕落的存在,没有高于追求享乐的目标,在那样的时期,对人的要求就只剩下不要侵扰自己的邻居。"锐利和险峻哪里去了?对生活的蔑视哪里去了,不管是你自己的还是别人的?"詹姆斯想象着这个士兵这样问:"野蛮的'是'与'否'、无条件的责任哪里去了?"

詹姆斯觉得,在这一军事化的蔑视中有某种深刻而正确的东西。如果战争永远地结束了,必定会有其他同样可敬而困难的东西取而代之。这样的东西是不可想象的:为什么只有在战争期间人们才会为了某种更大的东西而甘冒生命危险呢?詹姆斯建议在和平时期征用苦工——"去挖煤矿与铁矿,开货运车,随十二月的渔船队出海,洗碗,洗衣服,擦窗户,修路,修隧道,去铸造厂,当司炉工人"——这样既绑住了这个国家的年轻人,也以某种方式对不平等(有人过着舒适的生活,有人深受贫穷的困扰)进行了纠正。既然人们会因祖国面临被征服的威胁而奋起抗争,那为什么不能被国家的不公正刺激从而奋起行动呢?他很纳闷。为什么战争年代的奉献精神、友谊和迫切不能嫁接在日常生活的道德上呢?

听说我在写作有关行善者的内容,有人对我说,难道他们不是精神上有病吗?过度的责任感在很多人看来似乎是一种疾病——一种自我惩罚的自虐需要,也或许是一种令人感到快乐毫无价值的抑郁。当然,那些遭受这类疾病的人必定过着阴暗、狭隘的生活,被责任所笼罩着,强迫自己总是想到他人的不幸并忍受自己的不幸。当然,他们必定终生都蜷缩在某个阴湿的办公室,在奔向下一个紧急任务之前吞咽一碗重新加热的面条。

事实上,有些行善者是快乐的,有些则不是。快乐的行善者之所以是快乐的,其原因与其他人没什么两样——爱、工作、目的。不同的是行善者的不快乐——不仅是由于爱或者其他日常东西的匮乏与羞耻感,还是由于知道了世界是充满不幸的,而多数人并没有真的注意到或关心,以及不管怎么努力他们都不能对以上两种情况做些什么。行善者缺少的不是幸福而是无幸。他们缺少那种对幸福的盲目,而这可以让多数人在多数时间对不可忍受之事关闭心扉。行善者迫使自己知道,并一直让自己知道,他们做的每件事都影响了他人,以及有时(虽然不总是)他们的快乐是通过别人的快乐得来的。记住了这一点,他们就将自己奉献给了一种无限的责任感了。

当然,任何活着或到三十岁还持有不可救药偏见的行善者,为了活下去都已学着习得一定程度的盲目。亚伦·皮特金在贩卖机旁边不再看挨饿的孩子,苏与赫克托·巴多决定不再收养第二十三个孩子,不管他有多绝望。行善者学会将他们的恐惧编纂成例行公事与他们能据此生活的一套习惯。他们知道为了保持头脑清醒,必须这样做。但这局部的盲目是有选择的、被迫的且相当没有说服力。行善者需要很强的承受力来看待这个世界上的不幸,他们感到对此有种做些什么的责任感,然后对自己说,我做的已经够了,现在我要闭上眼睛和耳朵,转过身去了。持久的行善者有很强的承受力。

这本书里提到的行善者都很持久。对很多人(和鸡)来说,很多事情因此得到了改善。所有这些行善者都在冒险靠近自毁的边缘,但他们在抵达之前又退了回来。他们要么发现了自己的限制并接受了它,要么就是幸运的。多萝西·格拉纳达并没有绝食而死或被敌军射杀,亚伦·皮特金并没有依旧无家可归或独自生活,茱莉亚·怀斯并没有坚持不孕,巴巴·阿美特并没有感染麻风病,他的孩子们也没有被豹子吃掉,普拉卡什·阿美特并没有被迫将自己的孩子切成片来救妻子,也没有被他养的动物咬死,金伯利·布朗-威尔的儿子没有在莫桑比克死于心脏病,她的女儿也没有被绑架,根本一彻没有过劳死,苏和赫克托·巴多保全了他们的家庭。但这些故事中的任何一个都可能有不同的结局。再往前多迈出一步,他们的奉献看起来就可能是疯狂或者残忍的。

行善者之所以不同于一般人,是因为他们愿意将自己的生活以及他们的家人同陌生人的需要进行权衡。他们愿意为了另一个而让其中一个冒风险。他们就像其他人一样,相信他们对家人负有责任,但他们并不画线来区分家人和陌生人。这并不意味着他们将陌生人看得更重,而是他们记得陌生人也有生命和家人。当这些意愿只是导致有计划的牺牲时,那是一回事;当它导致破坏时,又是另一回事。事情最终会如何发展,部分取决于行善者的选择,但也依靠运气。道德判断似乎不应该依靠运气——你当然不应该因为某些无法控制的事受到责备,但事实上,运气一直都影响着道德判断。一个试图谋杀但未遂的人受到的判决与杀人成功者是不一样的。过行善者生活的某个人试着在不破坏自己身边人生活的前提下减轻陌生人的痛苦,也会因为成功与否而得到不同的评价。

要是人人都像行善者那样想问题,世界会是什么样?要是那快乐有用的盲目消失,突然人人都从理智上和实际上意识到这世上的全部苦难,世界会是什么样?要是人人都觉得有义务将自己的工作放在一边,对这世界上的苦难做些什么呢?要是人人都认为,比起减轻他人的痛苦,自主、自我表达、某种美或某种自由都不那么重要或急迫呢?要是人人都不再相信尽可能地保护家人、让家人过得舒适是他的责任,开始觉得他的家庭并不比别人的家庭更重要或更有价值呢?

如果人人都像行善者那样思考,这个世界就不再是我们的世界,取而代之的新世界将是完全不同的,几乎无法想象。人们谈论着要改变世界,但那通常并不是他们的本意。他们想要说的是,提供足够多的帮助,就可以少一些可避免的痛苦,人们也能够以一种体面的方式继续生活;他们并不是说要创造一个新世界，其中唯一的生活方式就是帮助别人。

另一方面，如果没有行善者的话，世界将和我们现在的世界相似，但会更糟。没有他们展示一个人如果下定决心，能够为陌生人做些什么，尝试的人就会更少。不是每个人都应该成为行善者，的确是这样。但正是这些古怪的、怀有希望的、强硬的、理想主义的、苛求的、让生命受到威胁的、无情的人有些过度的榜样让那些维护生命的品质得以更好地留存，这也是真的。

致　谢

当然，对本书最重要的人是书中的主角们。我极其感谢他们和我长时间地对话，多数情况下这个过程长达数年。我想感谢他们所有人信任我，告诉我他们的故事，我希望他们最终感到他们的信任是值得的。

在构思这本书的过程中，我采访了很多了不起的人，他们帮助我理解带着强烈道德责任感的生活会有的愉悦与困难。我感谢他们和我对话，特别是弗里达·贝里根、杰里和莫利·梅希滕贝格-贝里根、伊丽莎白·麦卡利斯特、丹尼尔·贝里根、乔和利亚·普拉罗、拉比·以法莲·西蒙、理查德·塞姆勒、朱迪·布克曼和里沙、布伦达和保罗·米西格、马克·李、吉尔·沃伦、皮拉尔·冈萨雷斯、本·劳文特，还有埃拉·巴哈特。

我还要感谢一些人，是他们帮我找到了本书的主题：安妮和克里斯多夫·埃林格尔、西尔维亚·哈特·莱特，以及乔纳森·瓦特（他也是我在日本时的翻译）。作为一名护士，钱达·阿塞尔每年都去阿南德万和贺莫卡萨的一个诊所工作并拜访阿美特家的人，当我在这些地区的时候，她是一个热心的同伴。许多人在我写作的过程中帮助过我。安娜·哈特福特、希瑟·罗杰斯和茱莉亚·朗格利亚帮助我进行研究。马洛里·福克、梅里尔·汉布尔顿、维罗妮卡·西蒙兹和萨姆·尼克尔斯记录了采访过程。詹尼弗·斯特尔和西莉亚·巴伯尔仔细并专业地检查了本书的各部分。安德里亚·穆诺茨翻译了关于多萝西·格拉纳达的文章。

有两个人恰巧和我有着相似的兴趣，他们是斯坦福大学的心理学家伯努瓦·莫宁和乌尔西努斯学院的哲学家凯利·索伦森，我在写这本书时和他们取得了联系，发现他们的工作令人惊喜。一些慷慨又有智慧的朋友阅读后对相关章节提出了建议：大卫·贝兹莫兹基斯、哈里特·克拉克、大卫·格兰、克里斯·詹宁斯和朱迪思·舒利瓦茨。我尤其要感谢玛丽·卡尔，她将整个稿子通读了两遍，这已经超出了她的职责。

纽约公共图书馆的多萝西和刘易斯·B. 卡尔曼·森特支持本书的写作长达九个月。对刘易斯·卡尔曼的礼遇我心存感激，我还要感谢珍·斯特劳斯、玛丽·多里尼、萨姆·斯沃普以及保罗·霍尔登格拉伯，是他们让那一年既有益又有趣。我要对苏珊·内曼、埃里克·比尔博姆、拉里·莱斯格、亚瑟·阿普尔鲍姆、查尔斯·R. 贝茨、安德里亚斯·摩根森、埃里克·班克斯和斯蒂芬妮·斯泰克表达我的感激之情，他们在我写作过程中邀请我做关于本书的报告，能在那些听众面前讲述本书是我莫大的荣幸。同时还得感谢苏珊·内曼对本书中的一章提出了启发性的意见。我特别感激罗布·莱克，感谢他对本书不倦的兴趣，阅读手稿并提出建议，多次邀请我去斯坦福中心探讨社会伦理，琼·贝里让我在这几次访问中感觉宾至如归。

本书有些内容曾以不同的形式在《纽约客》上第一次发表。我极其幸运地在那里遇到了和我合作了长达十八年的博学的编辑亨利·芬德，他以惊人的速度敏锐而认真地阅读了我所写的全部文章，也包括新近的这本书，这已超出了他的职责。我要感谢安·戈德斯坦，她以对语言敏锐的理解非常细致地阅读了我的所有文章。朗达·谢尔曼慷慨地邀请我在《纽约客》的庆祝会上谈论本书。此外，我非常感激《纽约客》的主编大卫·雷姆尼克对我的鼓励，感谢他对我这个不太靠谱的想法的首肯，最多只是皱皱眉头，感谢他允许我休假来写作这本要是他也许只用四分之一的时间就能完成的书。

怀利版权代理公司的萨拉·查尔方特给予我持之以恒的支持。我非常感谢企鹅出版社的凯伦·迈尔的帮助，以及本杰明·普莱特的耐心与建议。我要感谢英国企鹅出版社的编辑亚历克西斯·基施鲍姆，感谢她给我精神上的支持。另外，我还要向企鹅出版社的编辑安·戈多夫表达无尽的谢意，感谢她对本书有洞察力且敏感的编辑工作，感谢她始终不渝、启发灵感、让人勇敢的热忱。

我的丈夫菲利普·古列维奇不管从哪种意义上都一直是我最热心的读者，没有他的意见，这本书必将非常糟糕。没有他持久的支持我根本不可能写作本书。

我把本书献给我亲爱的父母罗德里克和埃米莉·麦克法夸尔。但很遗憾我的母亲再也没有机会读到它了，这是最令人难过的事。

图书在版编目（CIP）数据

陌生人溺水/（美）拉里莎·麦克法夸尔著；王燕秋译. —长沙：湖南人民出版社，2017.7
书名原文：Strangers Drowning
ISBN 978-7-5561-1704-8

Ⅰ.①陌… Ⅱ.①拉…②王… Ⅲ.①伦理学–研究 Ⅳ.①B82

中国版本图书馆CIP数据核字（2017）第125641号

©中南博集天卷文化传媒有限公司。本书版权受法律保护。未经权利人许可，任何人不得以任何方式使用本书包括正文、插图、封面、版式等任何部分内容，违者将受到法律制裁。

著作权合同登记号：18-2016-248

STRANGERS DROWNING
Copyright©2015, Larissa MacFarquhar
All rights reserved.

上架建议：畅销·社科

MOSHENG REN NISHUI
陌生人溺水

作　　者：	［美］拉里莎·麦克法夸尔
译　　者：	王燕秋
责任编辑：	彭富强
监　　制：	吴文娟
特约策划：	许韩茹
特约编辑：	宋　歌
版权支持：	辛　艳
营销支持：	李茂繁　李天语
装帧设计：	潘雪琴
封面插图：	HILDA
内文排版：	北京大汉方圆文化发展中心

出版发行：	湖南人民出版社［http://www.hnppp.com］
社　　址：	长沙市营盘东路3号
邮　　编：	410005
经　　销：	新华书店

印　　刷：	北京京都六环印刷厂
版　　次：	2017年7月第1版 2021年7月第2次印刷
开　　本：	700mm×995mm　1/16
印　　张：	19
字　　数：	253千字
书　　号：	ISBN 978-7-5561-1704-8
定　　价：	39.80元

质量监督电话：010-59096394
团购电话：010-59320018